ホノルル
HONOLULU

日本からの✈フライト時間
約7時間30分

ホノルルの空港
ダニエル・K・イノウエ国際空港
MAP 付録P.5 D-4
ワイキキまで車で約30分

ビザ
ビザは不要だが、ESTAの申請が必要

時差

通貨と換算レート
USドル (US$)

$1＝155円（2024年5月現在）

チップ
基本的に必要。チップはレストランやタクシーの場合18～25%が目安 ▶P.171

言語
英語、ハワイ語

日本
| 0 | 1 | 2 | 3 | 4 | 5 | 6 | 7 | 8 | 9 | 10 | 11 | 12 | 13 | 14 | 15 | 16 | 17 | 18 | 19 | 20 | 21 | 22 | 23 |

ホノルル
| 5 | 6 | 7 | 8 | 9 | 10 | 11 | 12 | 13 | 14 | 15 | 16 | 17 | 18 | 19 | 20 | 21 | 22 | 23 | 0 | 1 | 2 | 3 | 4 |

日本時間の前日

ホノルル

CONTENTS

ホノルルへ出発！ …4
出発前に知っておきたい …8
 オアフ島のエリアと街 …8
 ホノルルのエリアと主要ストリート …10
 ワイキキのストリートと観光スポット …12
 滞在のキホン …14
 NEWS&TOPICS …16
 至福のホノルル モデルプラン …18

ホノルルでぜったいしたい20のコト …25
BEST 20 THINGS TO DO IN HONOLULU

THEME 1
ワイキキ・ビーチを遊び尽くす …26
01 ハワイならではのアウトリガー・カヌー・サーフィン …28
02 青空の下でピクニック・ランチ …30
03 夕日を浴びてフラ・ショーにうっとり …32

THEME 2
ホノルルは朝がステキ …34
04 ビーチ・ヨガで島のパワーを感じて …34
05 風をきって走る！レンタル・ロードバイク …35
06 ホテルの朝食ビュッフェでパワーチャージ …36
07 ふわもちパンケーキがたまりません！ …38

THEME 3
トロピカル・ナイトに酔いしれる …40
08 夜の絶景スポットへ …40
09 ポリネシアの夜はディナーショーで盛り上がる …42
10 ライブ・バーでハワイアン・ミュージックに浸る …44
11 ホノルルの夜、クラフトビールもいいもんです …46

THEME 4
ホノルルのナチュラル&アートライフ …48
12 早起きしてファーマーズ・マーケットへ …48
13 ヘルシー志向のホールフーズ・マーケットへ …52
14 アートの街、カカアコ散策 …54
15 体験レッスンで知るハワイの伝統文化 …56
16 ロミロミ・マッサージに癒やされる …58

THEME 5
海と島の自然のなかでアクティビティ！ …60
17 絶景の海で遊ぶ！ …60
18 ドルフィン・ウォッチング …62
19 ダイヤモンド・ヘッドに登る …64
20 オアフ島を走り抜ける …66
 海沿いを東へ …66
 ノースショアから裏オアフへ …68

2

SHOPPING … 73
ショッピング

欲しいものであふれるホノルル … 74
ショッピングセンター … 76
アイテム別ショッピング … 80
ビーチウェア … 80
リゾートウェア … 82
定番Tシャツ … 84
ハワイアン雑貨 … 86
アロハシャツ … 88
ハワイアンキルト … 90
ウクレレ … 92
ハワイアン・ミュージックの
ルーツを知る … 93
ハワイアン・ジュエリー … 94
自然派コスメ … 96
ネイルサロン … 98
高級デパート … 100
オフプライスショップ … 102
コンビニ&スーパーマーケット … 104
ハワイみやげ … 106
　コーヒー／クッキー／チョコレート
　ハニー&スプレッド／パンケーキミックス

GOURMET … 111
グルメ

食べたいものを食べる！ … 112
アサイボウル&ピタヤボウル … 114
ロコモコ … 116
グルメバーガー … 118
エッグベネディクト … 120
プレートランチ … 122
フードコート … 124
コーヒー … 126
スイーツ … 128
ステーキ … 130
シーフード … 132
ファインレストラン … 134
ルーフトップ・バー … 136
ハワイアンフードと
ローカルフード … 138

AREA WALKING … 139
歩いて楽しむ

カイルアタウン … 140
ハレイワタウン … 142
ダウンタウン … 144
イオラニ宮殿 … 146
美術館・博物館 … 148
ハワイの歴史 … 150
　王朝時代のハワイ／日本人移民の変遷
　パールハーバーを襲った悲劇

HOTEL … 155
ホテル

憧れのラグジュアリー・ホテル … 156
眺めが素敵なホテル … 160
居心地抜群のホテル … 162
くつろぎのコンドミニアム … 164

旅の基本情報 … 165
インデックス … 174

本書の使い方

●本書に掲載の情報は2024年2〜5月の取材・調査によるものです。料金、営業時間、休業日、メニューや商品の内容などが、本書発売後に変更される場合がありますので、事前にご確認ください。
●本書に紹介したショップ、レストランなどとの個人的なトラブルに関しましては、当社では一切の責任を負いかねますので、あらかじめご了承ください。
●料金・価格は「$」で表記しています。また表示している金額とは別に、税やサービス料がかかる場合があります。ホテルの料金はスタンダードな客室の1室あたりの最低料金を記載しています。
●電話番号は、市外局番から表示しています。日本から電話をする場合には→P.165を参照ください。
●営業時間、開館時間は実際に利用できる時間を示しています。ラストオーダー(LO)や最終入館の時間が決められている場合は別途表示してあります。
●休業日に関しては、基本的に年末年始、祝祭日などを除く定休日のみを記載しています。

本文マーク凡例
☎ 電話番号　　　　　　　　￥ 料金
✉ アクセス　　　　　　　　HP 公式ホームページ
　R.H.C.=ロイヤル・ハワイアン・　J 日本語が話せるスタッフがいる
　センター(→P.77)の略称　　J 日本語のメニューがある
所 所在地 Hはホテル内にある　　予約が必要、または望ましい
　ことを示しています　　　　クレジットカードが利用できる
休 定休日

地図凡例
★ 観光・見どころ　R 飲食店　　　　e エステ・マッサージ
血 博物館・美術館　C カフェ　　　　i 観光案内所
★ アクティビティ　S ショップ　　　 ビーチ
E エンターテインメント　SC ショッピングセンター　空港
N ナイトスポット　H 宿泊施設

本書では、下記の略称を使用しています。
St.=Street　Rd.=Road　Dr.=Drive　Ave.=Avenue　Blvd.=Boulevard
Hwy.=Highway　Fwy.=Freeway　Pkwy.=Parkway

あなたのエネルギッシュな好奇心に寄り添って、
この本はホノルル滞在のいちばんの友だちです！

誰よりもいい旅を！ あなただけの思い出づくり
ホノルルへ出発！

ハワイは風がさわやか！だから朝がいいんです。
透明な光がカラダの中まで差し込んで、
海を眺め、海と遊んで。いうことなし！
食べて買ってアクティビティもぎっしり。
だから今年も行くんです！　アロ～～ハ～ッ！

MARINE ACTIVITY

全員で力を合わせて、アウトリガー・カヌー（→P.28）を漕いで波に乗る！

ハワイならではの
アクティビティが楽しみ！

シーライフ・パーク・ハワイ（→P.63）でイルカやウミガメとふれあう感動体験

GOURMET

オーガニックグルメが充実
ビーチで食べて大満足

ハワイのパンケーキ（→P.38）を食べ比べ。とろけるような食感に感動

キアヴェの木の下で
幻想的なフラ・ショーにうっとり

ハウス ウィズアウト ア キー（→P.32）のハワイアンミュージック＆フラ

ファーマーズマーケットで
ロコと一緒にお買い物

RESORT HOTELS

ヒルトン・ハワイアン・ビレッジ・ワイキキ・ビーチ・リゾート（→P.160）

憧れのリゾートホテルで
優雅なバカンスを

「ピンクパレス」と称されるロイヤル ハワイアン ラグジュアリー コレクション リゾート ワイキキ（→P.156）

出発前に知っておきたい

ハワイ観光はどの島から？

島はこうなっています！
オアフ島のエリアと街

大きく分けて5つのエリアから構成されるオアフ島。ホノルルはもちろん、小さな街にも足を運びたい。

ハワイ / カウアイ島 / オアフ島 / マウイ島 / ハワイ島

古き良き時代の面影が残る、サーファーの聖地
ノースショア
North Shore

オアフ島北部にありビッグウェーブを求めて世界中からサーファーが訪れる。中心となるハレイワは、懐かしい雰囲気が残るノスタルジックな街。

↑冬になると多くのサーファーが訪れる、サーフィンのメッカ
↑サーフショップやフードトラックが点在する開放的な街並み

広大な畑に囲まれた内陸部
セントラル
Central

プランテーション時代の名残をとどめるオアフ島中心部。北部には広大なパイナップル畑が広がり、古代ハワイ王族ゆかりの神聖なスポットなどもある。

↑クカニロコ・バースストーン

名だたる高級ホテルが集まる一大リゾート地
リーワード
Leeward

素朴なビーチが連なる西海岸エリア。南部のコオリナには高級ホテルやコンドミニアムが立ち並び、ワイキキに次ぐ第2のリゾート地として注目を集める。

↑コオリナ・ビーチ・パークは夕景のビューポイント
↑街の喧騒から逃れてくつろげるコオリナ・ビーチ

オアフ島
Oahu Is.

ハワイ観光の拠点となる島。ホノルルを中心にホテルやショッピング施設が集まり、歴史的建造物や史跡も多い。ハワイ諸島では3番目の大きさ。

ノースショアの街
ハレイワ Haleiwa P142

のどかな空気が漂うビーチタウン。サーファー御用達のおしゃれなカフェやショップも多く、街歩きが楽しい。

セントラルの街
ワヒアワ Wahiawa

素朴な雰囲気の田舎町。古代王族の出産場所だったとされるバースストーンが有名。

リーワードの街
マカハ Makaha

地元の人々が生活を営むローカルタウン。冬にサーファーが訪れる以外、観光客はほとんどいない。

リーワードの街
コオリナ Ko Olina

1980年代から開発が進んだリゾート地。4つのラグーンやゴルフ場があり、芝生のビーチパークも美しい。

サンセット・ビーチ / ノースショア / ハレイワ / ノースショア・ソープ・ファクトリー / ドールプランテーション / ワヒアワ / セントラル / マカハ / ワイアナエ / ワイケレ・プレミアム・アウトレット / リーワード / パールハーバー / コオリナ

0　　5km

ハワイのそのほかの島々

カウアイ島 Kauai Is.
「ガーデンアイランド」とも称される緑豊かな島。ハワイ諸島で最も古く、ダイナミックな自然が残る。特にワイメア渓谷の絶景は素晴らしい。

マウイ島 Maui Is.
雄大なハレアカラ火山、緑深い渓谷や紺碧の海など美しい自然の宝庫。古都ラハイナをはじめ風情ある街が点在し、高級リゾートも充実。

ハワイ島 Hawaii Is.
ハワイ諸島最大の島で、「ビッグ・アイランド」とも。世界遺産のキラウエア火山やハワイ最高峰のマウナケアなど、自然の驚異にあふれる。

全米屈指の美しい白砂ビーチに恵まれた東海岸
ウィンドワード
Windward

コオラウ山脈を挟んでホノルルの東側に位置。海岸沿いには美しいカイルア・ビーチ、ラニカイ・ビーチなどが点在し、マリンアクティビティが盛ん。

➡ トカゲ退治の伝説が残るライエポイントには、奇岩が点々と浮かんでいる

➡ おしゃれなショップが並び、買い物歩きが楽しいカイルアタウン

オアフ島の中心はココ！

観光の拠点となるハワイ随一の賑やかなエリア
ホノルル
Honolulu

政治や経済の中心を担うハワイの州都。国際空港や港があるオアフ島の玄関口でもある。ホテルやショッピング施設が集中しており、世界中からツーリストが訪れる。

➡ 一年を通して大勢の観光客で賑わうワイキキ・ビーチ

➡ 幻想的なサンセットが魅力のマジック・アイランド

地図

ウィンドワードの街
ライエ
Laie
島の北東にある小さな街。不思議な形の岩が海に突き出したライエ・ポイントはパワースポットとして名高い。

○ ライエ
● ポリネシア・カルチャー・センター

● クアロア・ランチ

ウィンドワードの街
カネオヘ
Kaneohe
コオラウ山脈とカネオヘ湾に挟まれた住宅街。沖合のサンドバーや平等院を目指して観光客も訪れる。

ウィンドワード

● サンドバー

ウィンドワードの街
カイルア
Kailua ▶P.140
個性的なブティックやレストランなどが並ぶおしゃれな街。豊かな自然に囲まれ、スローな空気感が心地よい。

○ カネオヘ ○ カイルア
● カイルア・ビーチ
● ラニカイ・ビーチ

● ワイマナロ・ビーチ

ホノルル

○ ワイキキ
● ダイヤモンド・ヘッド

● ハナウマ湾

➡ 火山の噴火によってできたクレーター状のダイヤモンド・ヘッド。頂上からのワイキキの眺めが素晴らしい

出発前に知っておきたい　オアフ島のエリアと街

街はこうなっています！
ホノルルのエリアと主要ストリート

ホノルル観光の前に、各エリアの特徴と場所をチェック。
それぞれの街の個性を把握して、効率よく見てまわろう。

どこに何がある？
どこで何する？

> **ルナリロ Fwy.**
> 6代目の王の名を冠した高速道路。ホノルルの街を東西に貫く。

ホノルル Honolulu

A ハワイカイ
B ダウンタウン
・パンチボウル
・ホノルル美術館
S. ベレタニア St.
・イオラニ宮殿
S. キング St. / S. King St.
S. Beretania S
D ワード
・アラモアナセンター
・ソルト・アット・アワ・カカアコ ・ワード・ビレッジ
Ala Moana Blvd.
アラモアナ Blvd.
C カカアコ

ホノルル中心部

閑静な住宅街とマリーナの風景が美しい
A ハワイカイ　Hawaii Kai
ホノルル中心部からやや離れたマリーナ周辺に広がる高級住宅地。ココ・マリーナ・センターなどの複合施設があり、クルーザーが停泊する水辺の風景を眺めながらのんびり過ごせる。
🚗 ワイキキから車で30分

歴史ある建造物が点在　▶P144
B ダウンタウン　Downtown
人々の暮らしが垣間見られる庶民的なエリア。イオラニ宮殿やカメハメハ大王像など、ハワイ王朝時代の面影を伝える建造物も多い。最近は個性的なショップやレストランも増加中。
🚗 ワイキキから車で15分

倉庫街がウォールアートの街へ　▶P54
C カカアコ　Kakaako
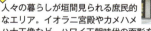
かつての倉庫街が、ウォールアートに彩られたおしゃれな地区へと変身。洗練されたカフェやショップも誕生し、複合施設のソルト・アット・アワ・カカアコが街のランドマークに。
🚗 ワイキキから車で15分

個性派ショップで買い物を満喫
D ワード　Ward
アラモアナに隣接する絶好のショッピングエリア。広大な敷地に多彩なショップやレストラン、映画館などが集まるワード・ビレッジが人気スポット。ロコデザインのブランド店も豊富。
🚗 ワイキキから車で10分

歴史ある日系タウンと、緑に囲まれた虹の街
E モイリイリ／マノア　Moiliili／Manoa
日本人移民が築いたモイリイリは、今も日系カルチャーが感じられる街。隣接するマノアは緑豊かな住宅地で、降水量が多いため虹がよく見られる。滝のある渓谷はトレッキングが人気。
🚗 ワイキキから車で10～20分

ショッピングやゆったりと公園散策を
F アラモアナ　Ala Moana
いちばんの注目タウン

ハワイ最大級のショッピング施設、アラモアナセンターがある人気エリア。ワイキキに比べてのんびりとした雰囲気が漂う。アラモアナ・ビーチ・パークは散策やピクニックにぴったり。
🚗 ワイキキから車で10分／TheBus ワイキキからザ・バス8・20・23番などで20分、アラモアナセンター下車

10

ワイアラエ Ave.
カイムキのメインストリート。通称「グルメ通り」とも呼ばれる。

カパフル Ave.
ローカルフードの人気店が並ぶ。センスの良いショップも充実。

モンサラット Ave.
洗練されたカフェやショップが点在。静かな雰囲気で散歩にも◎。

出発前に知っておきたい ホノルルのエリアと主要ストリート

ホノルルの中心はココ！

世界的に知られるビーチリゾート

G ワイキキ Waikiki

リゾート気分を満喫

ハワイで最も賑わうリゾートエリア。約3kmにわたるワイキキ・ビーチ沿いに、高層ホテルやコンドミニアムが並ぶ。大型ショッピングセンターやレストランなどあらゆる施設が充実。

✈ ダニエル・K・イノウエ国際空港から車で30分

ホノルルの中心地ワイキキには高層ホテルが立ち並ぶ

ロコに人気のグルメタウン

H カイムキ Kaimuki

古い街並みが残るノスタルジックなローカルタウン。静かな住宅街が広がる一方、メインストリートにはロコに評判のレストランやカフェが軒を連ね、グルメの街として話題を集める。

✈ ワイキキから車で10分

ホノルルのシンボル ▶P64

I ダイヤモンド・ヘッド Diamond Head

絶景スポット

ワイキキの南東部にそびえる、標高232mの休火山。山頂までは整備された山道を歩き40分ほどで到着。山頂から眺めるホノルルの景観は圧巻。
✈ ワイキキから車で15分

数々の豪邸が並ぶ高級住宅地

J カハラ Kahara

ダイヤモンド・ヘッドの北東に位置するハワイ有数の高級住宅地。著名人の別荘も多く、通りに沿って豪邸が立ち並ぶ。多彩な店舗が集まるカハラ・モールはショッピングや食事に最適。
✈ ワイキキから車で15分

11

ワイキキを歩くために！
ワイキキのストリートと観光スポット

定番から穴場まで多彩な見どころが集まるワイキキ。
主要スポットの位置を押さえて、街歩きを満喫しよう。

何を見る？
どこを歩く？

ワイキキはここ！

3 ワイキキの北側にある運河
アラワイ運河
Ala Wai Canal
MAP 付録P.15 D-1

ワイキキと山側を分ける運河。水辺の景色を見ながら散歩やジョギングをするロコの姿も。

A アラモアナBlvd.
Ala Moana Blvd.

アラモアナ・ビーチ・パーク沿いを走る通り。周辺には大型商業施設が多い。

アラワイ運河 3

Kalakaua Ave.

カラカウア大通り D

アラモアナセンター

A アラモアナ Blvd.

B ビーチ・ウォーク
Beach Walk

芝生とヤシの木に囲まれた敷地に、50以上のハイセンスなショップやレストラン、ホテルなどが集結。

2 アラワイ・ヨットハーバー

Ala Moana Blvd.

1 マジック・アイランド

1 穏やかなラグーンで水遊びも
マジック・アイランド
Magic Island ▶P.40
MAP 付録P.13 E-4

アラモアナ・ビーチに隣接する人工の半島。海に沈む夕日を望む絶景スポットでもある。

4 海底から淡水が湧く海
カヴェヘヴェヘ
Kawehewehe
MAP 付録P.16 A-4

古代の人々が病を癒やすため身を清めたとされる聖なる海。淡水と海水が混ざる場所にある。

2 サンセットが美しいスポット
アラワイ・ヨットハーバー
Ala Wai Yacht Harbor
MAP 付録P.14 A-4

青空を背景に多数のヨットやクルーザーが並ぶ光景は壮観。夕暮れどきの眺めも素晴らしい。

5 4つのパワーストーン
ワイキキの魔法石
Wizard Stones of Waikiki
MAP 付録P.17 D-3

16世紀にタヒチから来た4人の祈祷師が、万病を治す力をこの石に注ぎ込んだと伝わる。

C クヒオ通り
Kuhio Ave.
カラカウア大通りと並行して走る。上質なショップやホテルが増え、最近注目のエリアに。

---

7 ナイトツアーも見逃せない
ホノルル動物園
Honolulu Zoo
MAP 付録P.7 E-3

カピオラニ・パーク内にある動物園。自然に近い環境で動物を放し飼いにしたアフリカン・サバンナが人気。
☎808-971-7171 交ワイキキから車で5分 所808-151 Kapahulu Ave. 時10:00～16:30 休12/25 料$21

この距離で徒歩15分くらい

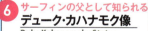

6 サーフィンの父として知られる
デューク・カハナモク像
Duke Kahanamoku Statue
MAP 付録P.17 D-3

オリンピックの水泳競技で金メダルを獲得し、伝説のサーファーとしても活躍した英雄の銅像。

---

8 緑が美しい芝生の公園
カピオラニ・パーク
Kapiolani Park
MAP 付録P.7 E-3

約60万㎡の広大な公園。野外ステージやテニスコート、動物園など幅広い施設がある。
交ワイキキから車で5分 所3840 Paki Ave. 時入園自由 料無料

D カラカウア大通り
Kalakaua Ave.
東西約2.5kmにわたるワイキキのメインストリート。高級店が多く洗練された雰囲気が漂う。

---

9 小規模ながら見応え十分
ワイキキ水族館
Waikiki Aquarium
MAP 付録P.7 E-3

約400種以上の海洋生物を飼育。ハワイ固有のアザラシ、ハワイアン・モンクシールは必見。
☎808-923-9741 交ワイキキから車で5分 所2777 Kalakaua Ave. 時9:00～17:00 休12/25、ホノルルマラソンの日 料$12

まずはこれをチェック！
滞在のキホン

ホノルルへ出発する前に知っておきたいフライトや交通、通貨と物価、季節のイベント情報などをチェック。

✈ 日本からの飛行時間
◆ 約7時間30分。直行便は日本各地から就航

日本からホノルルまでは約7時間30分。羽田空港、成田国際空港など主要な空港から複数便就航。ホノルルの玄関口はダニエル・K・イノウエ国際空港。オアフ島に隣接するハワイ諸島へのハブ空港でもある。
ダニエル・K・イノウエ国際空港 MAP付録P.5 D-4

💴 為替レート＆両替
◆ $1（USドル）=155円。銀行、両替所を利用

通貨の単位はUSドルで、$1＝155円（2024年5月現在）。両替はハワイではレートが悪く高いので、日本で済ませるのがベスト。現地での両替は、空港の両替所や銀行、大手ホテルのフロントで可能。安全性や利便性を考慮して、手持ちの現金は最小限にしたい。

🛂 パスポート＆ビザ
◆ ビザは不要だがESTA渡航認証が必要

90日以内の観光ならビザは不要だが、ESTA渡航認証が必要。搭乗前にオンライン上で取得することが義務付けられている。登録を怠ると搭乗拒否、入国拒否されることがあるので渡航72時間前には手続きを済ませたい。パスポート残存期間は90日以上が目安。

オアフ島の基本

- **地域名（国名）**
  アメリカ合衆国 ハワイ州 オアフ島
  Oahu Island, State of Hawaii, U.S.A.
- **州都**
  ホノルル Honolulu
- **人口**
  約130万人（2023年4月推計）
- **面積**
  約1548km²
- **言語**
  英語、ハワイ語
- **宗教**
  キリスト教、仏教など 全体の60％は無宗教
- **政体**
  大統領制、連邦制
- **大統領**
  ジョー・バイデン（2021年1月〜）

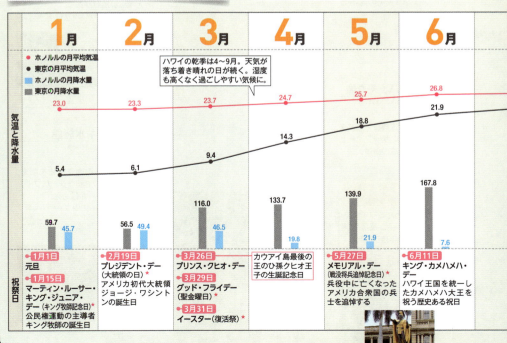

ハワイの乾季は4〜9月。天気が落ち着き晴れの日が続く。湿度も高くなく過ごしやすい気候に。

	1月	2月	3月	4月	5月	6月
ホノルル月平均気温	23.0	23.3	23.7	24.7	25.7	26.8
東京月平均気温	5.4	6.1	9.4	14.3	18.8	21.9
ホノルル月降水量	45.7	49.4	46.5	19.8	21.9	7.6
東京月降水量	59.7	56.5	116.0	133.7	139.9	167.8

祝祭日

- **1月1日** 元旦
- **1月15日** マーティン・ルーサー・キング・ジュニア・デー（キング牧師記念日）* 公民権運動の主導者キング牧師の誕生日
- **2月19日** プレジデント・デー（大統領の日）* アメリカ初代大統領ジョージ・ワシントンの誕生日
- **3月26日** プリンス・クヒオ・デー
- **3月29日** グッド・フライデー（聖金曜日）*
- **3月31日** イースター（復活祭）*
- カウアイ島最後の王のひ孫クヒオ王子の生誕記念日
- **5月27日** メモリアル・デー（戦没将兵追悼記念日）* 兵役中に亡くなったアメリカ合衆国の兵士を追悼する
- **6月11日** キング・カメハメハ・デー ハワイ王国を統一したカメハメハ大王を祝う歴史ある祝日

出発前に知っておきたい

🕐 日本との時差
❖ **日本との時差は−19時間。日本が正午のとき、ハワイは前日の午後5時となる**

東京	0	1	2	3	4	5	6	7	8	9	10	11	12	13	14	15	16	17	18	19	20	21	22	23
ホノルル	5	6	7	8	9	10	11	12	13	14	15	16	17	18	19	20	21	22	23	0	1	2	3	4

前日／同日

🅰 言語
❖ **基本は英語。道路名や地名はハワイ語が多い**

ハワイの使用言語は英語。道路名や地名、料理名などにはハワイ語が使われている。「Aloha(アロハ)＝こんにちは」などのあいさつ、「Mahalo(マハロ)＝ありがとう」など簡単な言葉は覚えたい。日本語が通じる場所もあるが、ワイキキなど限られている。

🚖 飲酒と喫煙
❖ **飲酒と喫煙は21歳から**

飲酒と喫煙は21歳からと定められている。違反すると違反者と提供施設ともに罰金が科せられる。飲酒、喫煙は、公共の場やビーチ、公園、大型施設で禁止されている。ホテルは禁煙で、施設の出入口から20フィート(約6m)以内も禁煙区域となるので注意が必要。

👛 チップ＆物価
❖ **チップの支払いが必要。物価は日本より高い**

日本ではなじみのない習慣だが、チップは「労働賃金の一部」とされ払うのが当たり前。レストランでは料金の18〜20%、タクシーでは18%、ホテルのルームキーパーやポーターには$1〜2を目安に、サービスに対する感謝の気持ちとしてスマートに支払いたい。

🛡 治安
❖ **スリや置き引きなどの盗難に注意**

犯罪の発生率は全米の平均に比べると低く、治安は比較的落ち着いているが、バスなど混雑する場所でのスリやビーチでの置き引きなどの盗難が多発している。荷物から離れない、ビーチに貴重品は持っていかない、声をかけられても注意を怠らないなどの安全対策を。

滞在のキホン

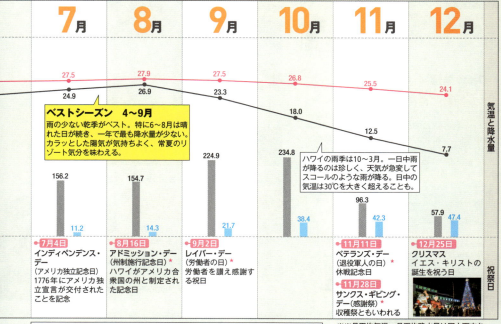

※月平均気温、月平均降水量は国立天文台編『理科年表2023』による

祝祭日、イベントの日程は2024年のものです。祝祭日が土・日曜にかかる場合は前後の日が代休になることもあります。★は年によって日にちが変動する祝祭日

HONOLULU 2023-2024
NEWS & TOPICS

ハズせない街のトレンド！

ホノルルのいま！最新情報

気になるホノルルの最新ニュースをお届け。話題のスポットを押さえて、旅のプランに組み込もう。

2023年1月オープン

ワイキキ・ビーチへも徒歩5分の立地
ウェイファインダー ワイキキ

ハワイの風景と文化の融合にインスパイアされたブティックホテル。部屋数228、ビーチへは徒歩5分ほどの立地。屋外プールがあり、館内はハワイのエネルギーあふれる地元のアートが飾られている。

ワイキキ MAP 付録P.17 D-1
☎808-862-2363　R.H.C.から徒歩6分
2375 Ala Wai Blvd.
https://www.wayfinderhotels.com/hotels/waikiki

↑→キングサイズベッドが置かれているスタンダードルーム。ロビーの奥にはオープンエアのカフェもある

ゆったりとくつろげる静かなプールサイド

ハワイの鉄道
スカイライン が始動！

駅名はすべてハワイ語。第1区間は西カポレイからアロハスタジアムまで9駅を結ぶ。2025年には空港の近くカリヒトランジットセンターまで開通、2031年に空港に乗り入れ、アラモアナ周辺まで延伸予定。市バスのThe Bus同様に自転車を乗せることもできる。

運賃は片道$3。一日パスもある

2023年7月開通

2024年2月リブランド

毎週金曜の花火も客室から楽しむことができる

トランプインターナショナルが
カ ライ ワイキキビーチ、LXRホテルズ＆リゾーツ
に名称変更

2009年から親しまれていた「トランプ・インターナショナル・ホテル・ワイキキ」が改名。今後はヒルトンのホテルブランドのひとつであるLXRホテルズ＆リゾーツの下で運営される。2025年から大規模な改修工事を行う予定。

▶P.162　ワイキキ MAP 付録P.15 F-3

↑6階から眺める素晴らしい夕景

無料の本格フラショーがスタート
キロハナ・フラショーがアツい

2002年の終了まで60年以上にわたって開催されていたコダック・フラショーが、キロハナ・フラショーとして復活。本物のハワイアン・フラと文化を無料で見ることができる。

ワイキキ MAP 付録P.7 E-3
ワイキキから車で5分 トム・モファット・ワイキキ・シェル 2805 Monsarrat Ave. 日〜木曜の9:30〜10:30

2024年2月スタート

フラ関係のグッズも会場で販売。撮影スポットも多数

←アンティやミスフラ、カヒコも登場

注目のショップ&レストランがオープン!

2023年から2024年にかけて次々とオープン、旅行客も戻ってきて活気づいているホノルルを楽しもう。

ドジャース・クラブハウス
Dodgers Clubhouse

アラモアナ MAP 付録P.13 D-2

公式のストアで帽子、アパレル、アクセサリーを販売。大谷選手のレプリカの背番号17のユニフォームはマスト買い。キッズや犬用など、種類も豊富。

☎808-829-3614
アラモアナセンター(→P.76)3F
11:00〜20:00
無休

2023年4月オープン

ストレイツ・ハワイ
Straits Hawaii

ワード MAP 付録P.11 E-1

シンガポール・フュージョン料理の名店。ブラックペッパー・クラブやアヒ・タルタル、味わい深いラクサなどアジアの複雑な味と香りが美味。

☎808-888-0683 アラモアナセンターからすぐ ワード・エンターテイメント・センター1060 Auahi St., Suite 2 11:00〜14:00(土・日曜10:00〜) 月〜金曜16〜18:00はハッピーアワー 無休

2023年11月オープン

パイナップル・カウンティー・マーケット
Pineapple County Market

ワイキキ MAP 付録P.15 F-2

新フードコートがオープン。バーガー、寿司、そしてドリンクなどのフードコートが集結。今後もさらにレストランやフードコートがオープンする予定。

☎808-926-8835 R.H.C.から徒歩3分 342 Lewers St. 11:00〜20:00(変動あり) 無休

2023年12月オープン

マンゴーマンゴー・デザート
MangoMango Desserts

カパフル MAP 付録P.18 B-3

ハワイで3軒目となるカパフル店がオープン。マンゴーを存分に使った香港スタイルのデザートは大人気で、カパフル店の限定メニューにも注目。

☎808-367-1640 ワイキキから車で10分 755 Kapahulu Ave. 12:00〜22:00 無休

2023年6月オープン

出発前に知っておきたい ニュース&トピックス

TRAVEL PLAN HONOLULU
至福のホノルル モデルプラン

とびっきりの 4泊6日

明るく陽気なリゾートエリア、鮮やかな絶景ビーチ、最旬トレンドなど、ホノルルを満喫するための、よくばり王道プランをご提案。

旅行には何日必要?

初めてのホノルルなら
4泊6日以上

グルメ、買い物、体験、エンタメなど、体験したいことが盛りだくさんのホノルル旅。フライト時間を含め、4泊6日を目安にするとゆとりをもって参加できる。

プランの組み立て方

❖ **レストラン、アクティビティは出発前に日本で予約**
メディアに取り上げられる人気レストランが多く、予約がおすすめ。アクティビティも事前予約が必須の場合が多いので確認を。

❖ **ツアーを効率よく利用する**
サンドバーやダイヤモンド・ヘッドの日の出など、ツアーに参加すれば時間帯や見どころをしっかり押さえて巡ることができる。

❖ **ザ・バスのデイパスを購入**
観光名所を網羅するザ・バス。ホロカード(→付録P.26)を購入するのがお得。

❖ **レンタサイクルで自由に移動**
レンタサイクルのbikiで予定に合わせてラクラク移動。ワイキキに多数のポートがあり乗り捨て自由。

❖ **曜日限定イベントをチェック**
ショッピングセンターやホテルではフラ・ショーや体験プログラムが開催。曜日限定なので施設の公式HPで調べておきたい。

❖ **ショッピングは夜時間を活用**
夜遅くまで営業しているショッピングセンターが多いので買い物は夜に。日中はアクティビティや散策をメインに楽しみたい。

【移動】日本 ➡ ホノルル

DAY 1

時差ボケ防止のためには、機内でなるべく睡眠を。
1日目はワイキキで過ごし早めに就寝。

10:00 ホノルル到着 ✈
エアポート・シャトル30〜50分
日本時間の夜に出発するとホノルルの午前着。時間を有効に使える!

↑美しい海とアロハの精神が根付くリゾート。大人の旅を満喫しよう

12:00 荷物を預けてワイキキのカフェでランチ ▶P.114
徒歩10〜15分
到着後はカジュアルにお手軽ランチを。アサイボウルはヘルシー&さっぱりとした味わい。
➡ヘルシーなアサイボウルでパワーチャージ

13:00 ワイキキでショッピング ▶P.80
徒歩10〜15分
ビーチウェアなどは現地で調達。ABCストアで日焼け止めなども忘れずに。

南国デザインに身を包み、ハワイ気分アップ

15:00 ホテルにチェックインしてワイキキ・ビーチへ
チェックインを済ませたら、さっそくワイキキ・ビーチへ。夕方のやわらかい日差しで肌を慣らす。

17:00 出張ロミロミでリラックス ▶P.58
ハワイ伝統のロミロミ・マッサージ。ホテルの部屋でむくみを取り、旅の疲れを癒やしたい。
徒歩5〜10分
➡ホテルの部屋で受けられるのでプライベート感満載のくつろぎが魅力

19:00 ワイキキでステーキディナー ▶P.130

迫力あるリブアイのステーキに大満足

夜は豪華にステーキを。最高品質の熟成肉はジューシーで、サイズも大きいのでシェアするのがおすすめ。

Steak

【移動】サンドバー ➡ カイルア ➡ ワイキキ

DAY 2

ツアーに参加して神秘の絶景に出会う。
午後はカイルアの街歩きとフラ・ショー！

シュノーケリング体験やウミガメに出会えるスポットもある

7:45 ▶P60
サンドバー＆カイルアのツアーに参加
天国の海と呼ばれる、エメラルドグリーンの海に白い砂浜が浮かぶ絶景。透明度の高い遠浅の海でアクティビティが楽しめる。

キッズも楽しめるので家族での参加も！

朝ワイキキのホテルでピックアップ

Beach & Activities

サンゴでできた真っ白な砂浜が出現するのは干潮時のみ。幻想的な光景に感動

13:00
カイルア街歩き＆ショッピング ▶P140
ちょっぴりスタイリッシュな雰囲気漂うカイルアの街を、おしゃれな雑貨を探しながらのんびりおさんぽ。

ツアーのバスでワイキキまで移動

個性的なセレクトショップや、こだわりのグルメスポットが集まるカイルアタウン

Kailua

青空マーケットも開催されている

➡ ナチュラル＆オーガニックにこだわるラニカイ・バス＆ボディの石鹸

アドバイス ツアー内容は催行会社ごと異なります。レンタカーを利用するのもOK

17:30
ワイキキ到着
徒歩で5～15分
ツアーはホテルまでの送迎付き。夕方に終了するのでナイトライフも楽しめる。

18:30
クヒオ・ビーチでフラ・ショーを鑑賞 ▶P33
夕方開催される人気のフラ・ショー。地元のアーティストが日替わりでステージを盛り上げる。無料なのでぜひ訪れたい。

子どもたちやダンサーがフラを披露

徒歩で5～10分

20:00
ルーフトップ・バーで食事＆カクテル ▶P136
ハワイで大ブームのルーフトップ・バー。美しい海の景色を眺めながらカクテルで乾杯。

➡ 昼夜問わず楽しめる

出発前に知っておきたい 至福のホノルルモデルプラン

Diamond Head

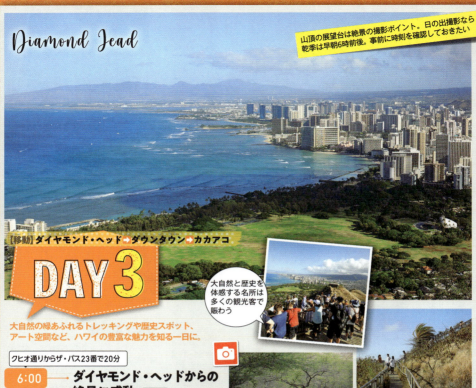

山頂の展望台は絶景の撮影ポイント。日の出撮影なら乾季は早朝6時前後。事前に時刻を確認しておきたい

【移動】ダイヤモンド・ヘッド ➡ ダウンタウン ➡ カカアコ

DAY 3

大自然と歴史を体感する名所は多くの観光客で賑わう

大自然の緑あふれるトレッキングや歴史スポット、アート空間など、ハワイの豊富な魅力を知る一日に。

クヒオ通りからザ・バス23番で20分

6:00　ダイヤモンド・ヘッドからの絶景に感動 ▶P64

オアフ島の南端から日の出や海を見渡す絶景スポット。片道約30〜45分のトレッキングで海と街並みを一望。

アドバイス
登山道は砂利道なのでサンダルは避け歩きやすい靴で

↑急な坂道や階段、トンネルもある。無理のないペースで歩こう
←入口付近は舗装された道が続く

ザ・バス23番で5分

8:30　モンサラットAve.のカフェで朝ごはん ▶P114

ロコ御用達のカフェで朝ごはん。軽めのメニューやコールドプレスなどが人気。

クヒオ通りからザ・バス2番または13番で30分

↑←名物のエッグベネディクトやアサイボウル。ロコのヘルシーライフを体感

土曜日なら訪れたい

ファーマーズ・マーケット
Farmers Market

毎週土曜に開催されるサタデー・ファーマーズ・マーケットKCC(→P.48)は、100以上のストール(露店)が大集合。ソーセージやシーフード、ドリンクなど屋台メニューが楽しめる。

20

【移動】ワイキキ ➡ ワード ➡ アラモアナ

DAY 4

ナチュラル志向のロコライフを体感できるヨガや、人気のショッピングセンターは外せない！

徒歩5〜10分

6:30 ビーチで朝ヨガ ▶P34

朝は海辺で開催するヨガで爽快にスタート！すがすがしい空気を全身に取り込めば、心も体もリラックス。

ハッピー・ハツミ・ヨガは予約制。日本語の公式HPで簡単に手続きできる

Beach Yoga

徒歩5〜10分

8:00 ホテルの朝食ビュッフェでリゾート気分 ▶P36

豪華なホテルビュッフェは朝食メニューを好きな分だけ選べるのがうれしい。

サーフ ラナイ（→P.39）では海景色を眺めながら食事ができる

breakfast

フルーツたっぷりのパンケーキは写真映え間違いなし！

徒歩5〜10分

11:00 ワイキキ・ビーチで海遊び ▶P28

ハワイで唯一のアクティビティ、アウトリガー・カヌー・サーフィンに挑戦！安全性も高く、初心者でも安心。

海岸でレクチャーを受けてから海へ

ザ・バス20番で20分

スピード感もあって興奮！ワイキキの海を満喫

22

13:00 ホールフーズ・マーケットでショッピング ▶P52

エコンシャスなロコいち押しのスーパーマーケットでゆったりお買い物。

↓↑ヘルシー食品が多く、デリでの食事もおすすめ

デザイン性の高いエコバッグに注目

食材の種類も豊富。おみやげ探しも◎

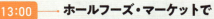

Shopping

徒歩10分

14:30 アラモアナセンターをじっくり制覇 ▶P76

ハワイが誇る巨大ショッピングセンター。デパートやローカル御用達のショップ、日本未上陸など、約350店舗以上が集合。

ニーマン・マーカスやノードストロームなどの有名デパートは必訪スポット

フォトジェニックな緑あふれる中庭はリラックススペースにぴったり

【アドバイス】
施設内は広大！フロアマップを入手して館内の構造を把握しよう

↑ターゲットなどのスーパーマーケットも

←↑水着やウェア、Tシャツなど現地ですぐに使えるアイテムも

←↑フードコートではポケやロコモコなどハワイのカジュアルランチを堪能

ザ・バス8番で20分

17:00 ワイキキのオン・ザ・ビーチでライブを堪能 ▶P44

モアナ サーフライダー ウェスティン リゾート&スパ内にあるオーシャンフロントの「ザ・ビーチ・バー」。食事中にライブを楽しむことができ、美しい音色に耳を傾けたい。

→ワイキキ最古のホテルとして長い歴史を持つ。ライブの美しい音色は感動的

心地よい演奏にアロハ気分も盛り上がる

出発前に知っておきたい　至福のホノルル モデルプラン

【移動】ワイキキ⇒空港

DAY 5

甘さ控えめのホイップクリームが美味

ワイキキで過ごす最終日。ゆるやかな時間の流れを感じるカフェやビーチを気ままにおさんぽ。

徒歩5～10分

7:00 ハワイの老舗ダイナーでパンケーキを味わう ▶P38

ハワイの旅、最後の朝食は、王道メニューのパンケーキをいただく。

徒歩5～10分

8:00 ワイキキ・ビーチをおさんぽ

美しい8つのビーチからなり、約3kmにわたる海辺。カラカウア大通り沿いは、飲食店やショップが並ぶ一大観光名所。

サーフィンやマリンスポーツを楽しむロコでいっぱい！

徒歩5～10分

観光客で賑わうカラカウア大通りを散策。ビーチから近いので海遊びの途中で利用する人も

Walking around Waikiki Beach

10:00 チェックアウトして空港へ

ダニエル・K・イノウエ国際空港には豊富な品揃えの免税店があり、旅の最後に立ち寄りたい。

エアポート・シャトル30～50分

アドバイス
出国手続きは混雑するのでフライトの2時間前には到着しておきたい

➡レストランや免税店もあり帰国の前に楽しめる

【移動】ホノルル⇒日本

DAY 6

たくさんのおみやげを詰めて楽しいハワイの旅から帰国。復路のフライトは約8時間程度で日本に到着。

BEST 20 THINGS TO DO IN HONOLULU

ホノルルでぜったいしたい20のコト

Contents

- 01 ハワイならではの
アウトリガー・カヌー・サーフィン ▶P.28
- 02 青空の下でピクニック・ランチ ▶P.30
- 03 夕日を浴びてフラ・ショーにうっとり ▶P.32
- 04 ビーチ・ヨガで島のパワーを感じて ▶P.34
- 05 風をきって走る！レンタル・ロードバイク ▶P.35
- 06 ホテルの朝食ビュッフェでパワーチャージ ▶P.36
- 07 ふわもちパンケーキがたまりません！ ▶P.38
- 08 夜の絶景スポットへ ▶P.40
- 09 ポリネシアの夜はディナーショーで
盛り上がる ▶P.42
- 10 ライブ・バーでハワイアン・ミュージックに浸る ▶P.44
- 11 ホノルルの夜、クラフトビールもいいもんです ▶P.46
- 12 早起きしてファーマーズ・マーケットへ ▶P.48
- 13 ヘルシー志向のホールフーズ・マーケットへ ▶P.52
- 14 アートの街、カカアコ散策 ▶P.54
- 15 体験レッスンで知るハワイの伝統文化 ▶P.56
- 16 ロミロミ・マッサージで癒やされる ▶P.58
- 17 絶景の海で遊ぶ！ ▶P.60
- 18 ドルフィン・ウォッチング ▶P.62
- 19 ダイヤモンド・ヘッドに登る ▶P.64
- 20 オアフ島を走り抜ける ▶P.66

BEST 20 THINGS TO DO IN HONOLULU

世界で唯一、年中超満員のしあわせビーチ！

THEME 1

ワイキキ・ビーチを遊び尽くす

ハワイに来たらやりたい、ビーチの楽しみ方をご紹介。
アクティビティから優雅なフラ・ショー、ごはんだって欠かせない！
選択肢が豊富なので自分に合うものを選ぼう。

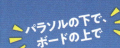

パラソルの下で、ボードの上で

8つのビーチで構成される
魅力満載のワイキキ・ビーチ

ワイキキ・ビーチとは、約3kmにわたって連なる8つのビーチの総称。西端のデューク・カハナモク・ビーチから、東端のアウトリガー・カヌークラブ・ビーチまで、それぞれに個性あるビーチが並ぶ。マリンアクティビティが盛んで、最近は気軽に遊べるSUPが人気急上昇。お腹がすいたら、白砂のビーチでピクニック・ランチを楽しむのもいい。夕方は華やかなフラ・ショーも必見。思い思いのスタイルで、多彩な魅力を味わい尽くしたい。

ワイキキ・ビーチで気をつけよう!

貴重品の持ち歩きは危険
観光客が集まるワイキキ・ビーチは、窃盗や置き引きの多発エリア。貴重品は極力持ち歩かず、どうしても必要なものは防水ケースなどに入れて肌身離さず管理しよう。

環境に配慮したノンケミカルの日焼け止めクリームを
2021年1月から、サンゴ礁に有害な成分を含む日焼け止めクリームの販売が禁止となった。日焼け止めクリームを使う場合は、環境にやさしいノンケミカルの製品を選ぶとよい。

公共の場所での飲酒はNG
ハワイでは、ビーチを含む公共エリアでの飲酒は厳禁。ビーチでBBQをする際も当然お酒は飲めない。酔って公共の場に行くことも禁止されているので、飲酒後は外出を控えて。

水着の着替えはホテルの部屋で
ワイキキ・ビーチには更衣室がないので、ホテルで水着に着替えてから出かけるのがベスト。水着の上にシャツなどを羽織り、ビーチに着いたらすぐ脱げるようにしておこう。

ホノルルでぜったいしたい20のコト / **ワイキキ・ビーチを遊び尽くす**

爽快感あふれる海遊び
アウトリガー・カヌー・サーフィン ▶ P28

食べたいものをチョイス!
海を見ながらお手軽ランチ
ピクニック・ランチ ▶ P30

ハワイ伝統の音楽や踊りを
南国気分で鑑賞
フラ・ショー ▶ P32

27

BEST 20 THINGS TO DO IN HONOLULU

ハワイの海を満喫するアクティビティ

01 ハワイならではの アウトリガー・カヌー・サーフィン

ハワイに来たら、やっぱり海で遊びたい。
おすすめは、ハワイならではのアウトリガー・カヌー・サーフィン。
アウトリガー・カヌーで波乗りをすれば、まるでサーファーの気分♪

エキサイティングなアクティビティが充実!

Marine Activities

**ハワイ唯一の
カヌーサーフィンに挑戦!**

アウトリガー・カヌーはとても安定しているため、海上保安庁もライフベストの着用を必要としていないほど。泳げない人も参加が可能で最小年齢は5歳から。客が座れるスペースは6名分あり、そのうち4名は前方向きで、カヌーを漕ぐ。あとの2名は「ライダー」として波乗りをエンジョイできる。サーファー気分で、カヌーから眺める景色は格別。

↑ビーチでカヌー・キャプテンがパドルの持ち方などをレクチャー

↑全員で協力して、アウトリガー・カヌーを岸から海へ入水させる

↑カヌー・キャプテンの声に合わせてパドルを漕いで沖へ出る

ワイキキのホテル群を目の前にカヌーを漕ぐのは感動もの

ここで体験!

ワイキキ・ビーチ・サービス
Waikiki Beach Services

ワイキキ MAP 付録P.16 B-3

☎808-388-1510 交R.H.C.から徒歩2分 所Hロイヤル ハワイアン ラグジュアリー コレクション リゾート ワイキキ(→P.156)内。プールデッキのサービスカウンターにて受付 営9:00、10:00、11:00、13:00 休日~火曜 料$48.12(最小催行人数3名、定員6名)

01 MARINE ACTIVITIES

ダイヤモンド・ヘッドを眺めながら、大きなしぶきを上げて、波乗り

↑サーファーと同じ波乗りの感覚を味わえる

ホノルルでぜったいしたい20のコト

01 アウトリガー・カヌー・サーフィン

ビーチ&ラグーンでの楽しみ方いろいろ

サーフィン・レッスン

基礎から学んで初心者も上達
サーフィンの元世界チャンピオンが創立したスクール。基本から教えてくれるので、初心者でもすぐ波に乗れるようになる。

ハンズ・ヒーデマン・サーフスクール
Hans Hedemann Surf School
ワイキキ MAP 付録P.17 F-2
☎808-924-7778 交R.H.C.から徒歩16分 所Hクイーン カピオラニ ホテル(→P.163)内 体験データ サーフィングループレッスン 営8:00〜、11:00〜、14:00〜、2時間 休無 料$95〜 hhsurf.com

カタマラン・クルーズ

爽快な風を受けて海上を遊覧
古代ポリネシアから伝わるカタマラン(双胴船)に乗ってクルージング。運が良ければイルカやウミガメに会えることも。

マイタイ・カタマラン
Maita'i Catamaran
ワイキキ MAP 付録P.16 B-3(乗船場所)
☎808-922-5665(予約) 体験データ カタマランクルーズ(要予約) 乗船場所 Hシェラトン・ワイキキ・ビーチリゾート〜Hハレクラニ間のビーチ 営11:00、13:00、15:00、17:00(サンセット・クルーズ) ※乗船は15分前 休無休 料$50、アフタヌーン&サンセットクルーズ $60 www.maitaicatamaran.net/newcat/

SUP

最新の水上アトラクションを楽しむ
ワイキキ郊外の複合リゾート、ワイカイ。波の影響を受けない穏やかな水面でパドルを漕ぐことができ、初心者でも安心。

ワイカイ
Wai Kai
カラエロア MAP 付録P.2C-4
☎808-515-7873 交ワイキキから車で40分(シャトルバスあり) 所91-1621 Keoneula Blvd, Suite 1100 Ewa Beach 体験データ スタンドアップパドル 料スタンドアップパドル・レンタル1時間 $25 営9:00〜18:00 休無休 atthelineup.com

BEST 20 THINGS TO DO IN HONOLULU

スーパーやカフェで調達！

02 青空の下で ピクニック・ランチ

波音がBGM！

ワイキキは街とビーチが近いから食事の入手が簡単。選択肢も豊富でクオリティの高い料理をお供にピクニックが可能。水着のまま、贅沢な青空ランチを楽しもう。

オーガニックでヘルシーなメニュー

タッカー＆ベヴィー・ピクニックフード
Tucker & Bevvy Picnic Food
ワイキキ MAP付録P.17 D-2
ベーコンや卵も排除するのではなく、オーガニックや抗生剤不使用飼育など安全な素材でおいしく食事を楽しむのがこの店のポリシー。食材はできる限りハワイ産を使う。

☎808-922-2088 交R.H.C.から徒歩3分 所ハイアット リージェンシー ワイキキ ビーチ リゾート＆スパ(→P.162)内 営6:30〜19:00 休無休 J

Picnic Lunch

どこで食べるか、何を食べるか ワイキキでなら選択肢は無限

　ヘルシーなオーガニックフードからボリュームたっぷりの上質ステーキ・プレートまで、海のすぐそばにあらゆる選択肢が広がるワイキキ・ビーチ。せっかくこだわりメニューにはこだわりたい。高級スーパーマーケットのデリはおいしいけれど、ワイキキの浜まで歩くのはちょっと遠い。そこで、海から徒歩数分の距離にあるおすすめピクニック・フード店3軒を厳選。ちなみにハワイでは公共の場での飲酒は法律違反。ビーチでのお酒も厳禁なので注意しよう。

ゲッチャ・グリーンズ・ジュース $8.99
ケール、ホウレン草、パセリなど緑の野菜をメインにしょうがとレモンをプラス

パイナップル・ジュース $8.99
ハワイ産パイナップルをコールドプレス。お店にはスムージーやアサイボウルもある

フレッシュ・フルーツ $6.99
パイナップルにスイカ、グレープ、イチゴ。季節のフルーツを食べやすいサイズにカット

パニーニ $10.99
パニーニは6種類から選べて、最後に仕上げとして軽くトーストしてくれる

サラダ各種 $12.49〜
卵やキュウリなどが入ったグリーンサラダ、3種類のチキンが入っているものなど

02 PICNIC LUNCH

チキン・プレート170g $11.89
日本人の大好きな甘辛ダレのチキン・プレートはご飯がすすむ。たっぷり添えられたサラダもいい

ステーキ・プレート170g $12.89
テイクアウトでこのクオリティのビーフ・ステーキが食べられるのはうれしい

ホノルルでぜったいしたい20のコト

02 ピクニック・ランチ

おしゃれフードをカフェで調達
ノッツ コーヒー ロースターズ
Knots Coffee Roasters
ワイキキ MAP 付録P.17 F-2
ハワイのトレードウインドが吹き込む、明るいオープンエアのペットフレンドリーカフェ。ハワイを含む世界中のコーヒー豆を焙煎したオリジナルフレーバーの香り高いハウスコーヒーを提供。
DATAは ▶P.126

ビーチに一番近いステーキ店
ステーキ・シャック
Steak Shack
ワイキキ MAP 付録P.15 F-4
ガッツリランチの気分なら、ここがおすすめ。ビーチから徒歩0分の距離にあり、アツアツ焼きたて料理でピクニックが可能。テイクアウトもいいが、お店のテラス席で食べるのもあり。
DATAは ▶P.123

(右から時計回りに)朝食ブリート$8.50、アサイ・ボウル$17、宇治抹茶・ラテ$6.50、バタフライ・ピー・ラテ$6

➡ カピオラニ公園にほど近いロケーションのノッツで朝食アイテムをピックアップ。ダイアモンドヘッドを眺めながら、公園のベンチでいただく。心地よいトレードウィンドが頬をなで、この上ない贅沢

31

BEST 20 THINGS TO DO IN HONOLULU

ハワイアンソングに癒やされながら

03 夕日を浴びて フラ・ショーにうっとり

黄昏どきには優雅な
シルエットが揺れる

Hula Show

ビーチで、ホテルで、ショッピングセンターで。ワイキキでは、毎日どこかでフラ・ショーが催されている。いずれも無料で楽しめるが、ダンサー、ミュージシャンともに一流のプロがショーを務めるので見応えがある。

海を背景に舞う
元ミス・ハワイのフラ

樹齢100年以上のキアヴェの下でライブ

夕暮れや灯りの幻想的な雰囲気でフラとハワイアン音楽を楽しむ

ワイキキでは、サンセットとともに青空が紫色を帯びてきたらフラの時間が始まる。ビーチ沿いに立ち並ぶリゾートホテルの屋外バーやカラカウア大通りに面したショッピングセンター、パブリックビーチの上にしつらえられたステージなど、街じゅう、そこかしこにハワイアン・ミュージックが響き、優雅なダンスが披露される。それぞれに趣向を凝らした演出が素晴らしく、ハワイを代表する一流ダンサー、ミュージシャンのパフォーマンスが楽しめる。観覧無料のプログラムも多く、ツーリストはもちろん、買い物帰りのロコたちにも大人気。

暮れゆく空の変化も絶景
ハウス ウィズアウト ア キー
House Without A Key
ワイキキ **MAP** 付録P16 B-3

一流ホテル、ハレクラニのオープンエア・ダイニングで催されるハワイアンミュージック＆フラ。踊り手はミス・ハワイにも選ばれたことのある美しいダンサーが務め、海をバックに優雅に踊る。

☎ 808-923-2311
R.H.C.から徒歩4分
所 ハレクラニ（→P.157）内
朝食7:00～10:30、ランチ11:00～17:00、ディナー17:00～21:00 休 無休

←朝食、ランチ、カクテル、ディナーと一日中楽しめる。ハワイ音楽のライブも素敵

03 HULA SHOW

バニヤンツリーの大木の下で開催
クヒオ・ビーチ・フラ・ショー
Kuhio Beach Hula Show
ワイキキ MAP 付録P.17 D-3

クヒオ・ビーチで催される人気のショー。音楽、ダンスともに伝統的で、歌詞やフラのポーズの意味なども解説してくれる。芝生の上に座って鑑賞するには少し早めの到着が必要。

☎808-843-8002 交R.H.C.から徒歩10分 所クヒオ・ビーチ・パーク 営火・土曜18:30〜19:30 休日・月・水〜金曜

伝統的な音楽とダンスが素敵

日替わりでダンサーが変わるので、毎回異なるショーが楽しめる

夕日が沈みゆく幻想的な時間帯

ホノルルでぜったいしたい20のコト

✳✳✳✳✳✳✳✳✳✳✳✳✳✳✳✳✳✳✳

←古代フラからチアまで、さまざまなフラを見ることができる

クイーンズコートのセンターステージで行われる

日暮れとともにスタート　トーチに誘われてステージへ

舞台照明もロマンティック
エンターテインメント・ショー
Entertainment Show
ワイキキ MAP 付録P.16 C-2

ショーはカラカウア大通りに面したエントランスに置かれたトーチに火を灯してスタート。そのままダンサーの先導でステージに赴き、ダンス・ショーへと誘われる。

☎808-931-6105 交R.H.C.から徒歩5分 所インターナショナル・マーケットプレイス(→P.78)1F 営19:00〜(45分)(3〜8月18:30〜、9〜2月18:00〜) 休無休

✳✳✳✳✳✳✳✳✳✳✳✳✳✳✳✳✳✳✳

のんびりフラをリラックスして鑑賞
ク・ハアヘオ
Ku Ha'aheo
ワイキキ MAP 付録P.15 F-3

ステージと客席が同じ高さでもあり、迫力満点。芝生の上にゆったりと座りながら楽しめる。トラディショナルとモダン、両方のスタイルのパフォーマンスが見られるのが魅力。

☎808-931-3591 交R.H.C.から徒歩2分 所ワイキキ・ビーチ・ウォーク(→P.77)1F 営火曜16:30〜18:00 休水〜月曜

03 フラ・ショー

✳✳✳✳✳✳✳✳✳✳✳✳✳✳✳✳✳✳✳

芝に座ってショーを満喫
ロイヤル・グローブ・エンターテインメント
The Royal Grove Entertainment
ワイキキ MAP 付録P.16 B-3

ロイヤル・ハワイアン・センター中庭の木陰に設けられたステージで催される。暮れゆく街の気配を感じながら、月明かりの下で行われるハワイアン音楽とダンスのショー。

☎808-922-2299 交R.H.C.(→P.77) 所ロイヤル・グローブ 営火〜土曜17:30〜 休日・月曜 J

ステージと観客たちとの距離の近さが魅力

ハワイ王朝ゆかりの場所で古典フラを堪能

かわいい子どもたちのダンスが見られることも

子どもと大人のダンサーがフラを披露

33

BEST 20 THINGS TO DO IN HONOLULU

新鮮でさわやかな海風を吸い込み今日もハッピー！
ホノルルは朝がステキ

HAPPY MORNING

THEME 2

ハワイで朝活！

澄みわたる早朝の空気が気持ちいい。ビーチに出て軽く体を動かし、いつもより時間をかけて朝食をとれば、体中の細胞が一気に目覚める。今日もいいことありそうな予感。

眠りから徐々に目覚め、体がほぐれていくのが実感できる

水平線から届く波音を聞いて

Beach Yoga

夕暮れどきに行うサンセットヨガも催行されている

朝の光がカラダに差し込んでくる！

04 ビーチ・ヨガで島のパワーを感じて

美しい海を前に、波の音や鳥の声を聞きながら、マナ（生命エネルギー）を体中に取り入れよう。

体を思いきり伸ばして深呼吸。エネルギーを取り入れる

朝日が昇るワイキキ・ビーチでヨガに挑戦
ハワイの一日が快適にスタート

　空気が澄んでいる早朝、ビーチに出てヨガ体験。大自然を感じながら深くゆっくり呼吸をすれば、エネルギーが満ちあふれ、五感を刺激されること間違いなし。資格を持つインストラクターがていねいに指導してくれるので初心者でも安心だ。参加するときには下に敷くビーチタオルと飲料水を持参しよう。

ここで体験！
ハッピー・ハツミ・ヨガ
Happy Hatsumi Yoga
ワイキキ MAP付録P.15 D-4（集合場所）
体験データ ビーチ・ヨガ R.H.C.から徒歩15分 所 ヒルトン・ハワイアン・ビレッジ・ワイキキ・ビーチ・リゾート(→P.160)近くのビーチ（集合場所はヒルトン・ハワイアン・ビレッジ・ワイキキ・ビーチ・リゾート内トロピックス・バー&グリル入口海側）6:30～7:30（集合は6:25）休不定休（完全予約制）料$30 www.happyhatsumiyoga.com/beach-yoga

34

ひんやりとした朝の空気を頬に受けて

05 風をきって走る！レンタル・ロードバイク

自分のペースでオアフ島を駆け抜ける

ハワイの風をしっかりと感じることができるロードバイク。湿度が低いので、思いっきり体を動かすことができ、良い運動にもなる。この爽快感はハワイでしか味わえない貴重な体験だ。

**ワイキキで借りられるロードバイク
人気のビーチ巡りも！**

ロードバイクを借りて、ワイキキから郊外へ足を延ばしてハワイを堪能できることもあり、人気を集めているレンタルバイク。パンク修理キットのチューブやヘルメットも付いている。申し込みは希望の日より3日前まで。1時間から最高1週間連日借りることができる。ワイキキより少し離れたオアフ島東のハナウマ湾やマカプウ岬(往復約40km程度)、さらに東海岸を走れば全米トップビーチに選ばれるカイルアビーチ(往復約75km)まで走れば、美しい海を眺められること間違いなし。

ラニカイ・ビーチ近くの撮影ポイント。自転車を停めて撮影も！

人気のデューク・カハナモク像の前で記念撮影♪

空がどこまでも高い。この爽快感がたまらない

ここで体験！
スポナビハワイ
Sports Navigator Hawaii

ワイキキ MAP 付録P.16 B-2 (受付場所)
体験データ レンタル・ロードバイク
交 R.H.C.から徒歩2分 所 集合場所：ワイキキ・ギャラリア・タワー7階 営 9:00~17:00
休 土・日曜 料 1日$75
URL www.sponavihawaii.com

スポナビハワイのオフィスはワイキキの中心地DFSビル

BEST 20 THINGS TO DO IN HONOLULU

輝く海が見える! 朝から贅沢です

06 ホテルの朝食ビュッフェでパワーチャージ

フルーツもコーヒーもおいしい!

Breakfast Buffet

日差しまでもがフレッシュな朝はハワイの特別な時間。一流ホテルが用意したビュッフェラインから好みの料理を好きなだけ味わう贅沢な一日の始まりだ。

できるだけ早起きをしてたっぷり時間をかけて味わいたい

ハワイの朝は早起きが鉄則。さわやかな空気のなか、青い海と白い砂浜が間近に迫るビーチ沿いのレストランへ。色とりどりのビュッフェラインから、好きな料理を取り分けていただく。搾りたてのフレッシュジュース、焼きたてのオムレツなど、一流ホテルのビュッフェならではの、こだわり満載のメニューが味わえる。

ビュッフェ **$44**
アラカルトでも人気のエッグベネディクトやパンケーキも並ぶ

ビーチとプールに面したテラス席が素敵
ザ・ベランダ
The Veranda
ワイキキ MAP付録P.16 C-3
チェックイン時より元気になってチェックアウトしてもらうというのがモットーのウェスティンらしく、食材の質と鮮度が抜群。週末の11:30以降はアフタヌーンティーも人気。

☎808-922-3111 R.H.Cから徒歩6分 モアナサーフライダーウェスティンリゾート&スパ(→P.158)内 6:00～10:30(アフタヌーンティーは金～日曜の11:30～14:00) 無休
※朝は予約不可

1.洋食だけでなく、和の朝ごはんも並ぶ 2.テラス席の目の前にはホテルのシンボルでもあるバニヤンツリーが屹立。白いコロニアルなしつらえも素敵 3.室内には窓辺のテーブル席、広いソファ席も用意されている

06 BREAKFAST BUFFET

地元でナンバーワンのビュッフェ
ワンハンドレッド セイルズ レストラン&バー
100 Sails Restaurant & Bar
ワイキキ MAP付録P.14 B-3

弧を描く大きな窓の外にハーバーが広がり、まるで豪華客船のダイニングのよう。洋朝食はもちろん、和食も充実。焼き魚などのほかカレーも用意されている。

☎808-956-1111 ✈アラモアナセンターから徒歩7分
🏨 プリンス ワイキキ内 100 Holomoana St.
🕒 6:00〜22:00 休 無休

ビュッフェ $32
目の前でオムレツを調理してくれるホットステーションも大人気

1. 新鮮なサラダやフルーツから温かい料理まで、和洋を問わず種類豊富な料理が並ぶ
2. 開放感あふれるダイニング。忙しい朝には簡単に食べられるエクスプレス朝食も用意

ホノルルでぜったいしたい20のコト

朝食ビュッフェ $44.99
エッグベネディクトは卵の焼き加減が絶妙。焼きたてのオムレツもおすすめ

地元の素材にこだわった朝食
マカナ ラニ
Makana Lani
ワイキキ MAP付録P.17 E-2

フレンチトーストにはハワイのスイートブレッドとフルーツを使うほか、新鮮なシーフード、プライムリブ、パスタなど50種類以上。大水槽の中を泳ぐ魚たちを眺めながらゆったりとした朝食を。

☎808-921-6198 ✈R.H.C.から徒歩10分 🏨アロヒラニ・リゾート・ワイキキ・ビーチ(→P.161)内 🕒7:00-11:00(土・日曜は〜14:00) 休 無休

1. ハワイアン、和食、洋食と種類も豊富 2. 改装したばかりのレストラン 3. アラカルトもあり

06 朝食ビュッフェ

海風を感じてハワイの朝を満喫
ショア
SHOR
ワイキキ MAP付録P.17 D-2

ハワイ産をはじめ、新鮮食材をふんだんに使用したメニューで人気。好きな具材を選べるオムレツステーション、新鮮な果物が並ぶジューススステーションも注目。

☎808-923-1234 ✈R.H.C.から徒歩3分 🏨ハイアット リージェンシー ワイキキ ビーチ リゾート&スパ(→P.162)内
🕒6:00〜11:00 休 無休

1. シロップをたっぷりかけて召し上がれ 2. ワイキキ・ビーチが目の前に広がるオープンエアのレストラン 3. フレッシュなフルーツが盛りだくさん。ハワイで人気の朝食メニューもある

ビュッフェ $40
ソーセージや温野菜、できたてのオムレツなどバラエティ豊富

37

BEST 20 THINGS TO DO IN HONOLULU

ハワイだから100倍おいしいんです！

07 ふわもち**パンケーキ**がたまりません！

Pancake

毎朝お店を替えて食べ比べ

ひとくちにパンケーキといっても味わってみると多彩。たっぷりのホイップやシロップ、果実といったトッピングに加え、生地の食感や味わいも実に個性的。

ハワイを代表する超有名パンケーキ店

フレッシュ・ストロベリー・ホイップクリーム・パンケーキ $16.95
山のように盛られたホイップクリームも甘さ控えめ。卓上に置かれた特製シロップとの相性も抜群

エッグスン・シングス
Eggs 'n Things
ワイキキ MAP付録P.15 F-2
日本にも出店している有名店。ハワイにはパンケーキ店が多いが、食べてみると圧倒的なおいしさで、ボリュームの多さに反してペロリと平らげてしまえる軽さに驚く。
☎808-923-3447 ㊥R.H.C.から徒歩3分 ㊟343 Saratoga Rd. ⌚7:00〜14:00 ㊡無休

↑日本など、海外にも出店しているが、本店はこのサラトガRd.店

↑卵料理やロコモコなど、朝食やランチにぴったりのメニューも充実

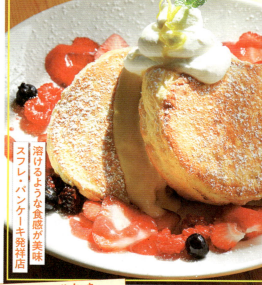

溶けるような食感が美味 スフレ・パンケーキ発祥店

リコッタスフレ・パンケーキ $27.50
溶けるような口当たりのふわふわパンケーキ。ミックスベリー、メープル添え

クリーム・ポット
Cream Pot
ワイキキ MAP付録P.15 D-1
味と食材にこだわったブランチが食べられる。フレンチトーストなど甘い朝食だけでなく、ふわふわのオムレツやご飯とマグロのエッグベネディクトなども人気。
☎808-429-0945 ㊥R.H.C.から徒歩10分 ㊟444 Niu St. ⌚8:00〜14:00 ㊡火・水曜

↑スイートなインテリアがキュート。きめ細かいサービスも人気の理由

↑メープルシロップ以外はソースにいたるまですべて手作り

07 PANCAKE

バサルト
Basalt
ワイキキ MAP 付録P.16B-2

ABCストアが手がけるカジュアルでありながら、良質の食材を使用した料理を提供するレストラン。店内はスタイリッシュな雰囲気でバーカウンター、テーブル席、テラス席に分かれている。

☎808-923-5689　R.H.C.から徒歩4分　所デュークス・レーン・マーケット&イータリー1F 2255 Kuhio Ave.　営8:00（土・日曜7:00）〜21:00　休水曜

食用炭を使用した腸活パンケーキ

チャコール・バターミルク・パンケーキ $14
バサルトの意味は溶岩。食用炭使用なので、旅で疲れた胃腸をリセット

↑ワイキキ中心部のアクセスしやすいロケーション

↑バーカウンターでトロピカルなカクテルでリフレッシュ

ブーツ＆キモズ
Boots & Kimo's Homestyle Kitchen
カイルア MAP 付録P.3E-2

カイルアの人気店。パンケーキのほか、オムレツやフレンチトーストなどの朝食メニューが充実。行列が長く、長時間待ちたくないときにはテイクアウトがおすすめ。

☎808-263-7929　ワイキキから車で40分　所1020 Keolu Drive D1, Kailua　営8:00〜13:00（土・日曜は〜14:00）　休火・水曜

特製ソースが評判　行列必至の人気店

マカダミアナッツ・ソースのパンケーキ $18.99
生地の温かさで、秘伝の特製マカダミアナッツ・ソースがトロリと溶けて生地に染み込む

↑まずは受付で名前や人数を告げる。テイクアウトはここで注文

↑鮮やかな黄色の壁一面に、オリジナル・グッズなどがずらり

サーフ ラナイ
Surf Lanai
ワイキキ MAP 付録P.16 B-3

レストランからダイヤモンドヘッドやワイキキビーチが一望できる最高の場所。ピンクパレスというホテルの別名どおり、パラソルまでピンクで彩られている。

☎808-923-7311　R.H.Cから徒歩2分　Hロイヤル ハワイアン ラグジュアリー コレクション リゾート ワイキキ（→P.156）内　営6:30〜10:30　休無休

ピンクのパンケーキがピンクパレスらしさを醸し出す

ピンク・パレス・パンケーキ $27
ロイヤル ハワイアンの定番、ピンク・パレス・パンケーキ。ベリーとビーツの粉末を加えることで実現

↑青い空に映える、ピンクパレスといわれるホテル、ロイヤルハワイアン

↑レストランのすぐ前がビーチ。ゆったりとくつろげる空間

ホノルルでぜったいしたい20のコト　07 パンケーキ

BEST 20 THINGS TO DO IN HONOLULU

心地よいウクレレと波音に包まれて

THEME 3

トロピカル・ナイトに酔いしれる
TROPICAL NIGHT

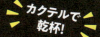
カクテルで乾杯!

夕日が海を赤く染めるころ、心地よい夜風のなかでトロピカルドリンクに酔う。優雅なフラのシルエット、きらびやかなエンタメショーと、ホノルルは夜も多彩。

ホノルルの賑やかな光の海を遠くから

08 夜の絶景スポットへ

ちょっと出かけてみませんか?

Superb View

明るい太陽に照らされた昼の顔とは一変、魅惑的な夜の表情を見せるホノルルの街。きらめく夜景やロマンティックな夕日、華やかな花火のイベントにも注目したい。

→いかにも南国らしいロマンティックな夕景が広がる

ワイキキの夜景とサンセット
忘れられない絶景に出会う

　夜景を見渡すタンタラスの丘、夕日の名所であるマジック・アイランドは、必ず訪れたい夜の絶景スポット。市街地から離れたタンタラスの丘はアクセスがやや難しいので、ツアーに参加するのもおすすめ。ワイキキ中心部では夜の散歩も楽しいが、用心は怠らずに。

海に突き出た夕景の名所
マジック・アイランド
Magic Island
アラモアナ MAP 付録P.13 E-4
アラモアナ・ビーチ・パーク内にある人工の半島。サンセットの絶景スポットとして知られ、水平線に沈みゆく夕日とパームツリーのシルエットは息をのむほど美しい。
アクセス アラモアナセンターから徒歩5分

08 SUPERB VIEW

ホノルルでぜったいしたい20のコト

03 絶景スポット — トロピカル・ナイトに酔いしれる

ハワイ随一の夜景を堪能
タンタラスの丘
Tantalus Mountain
マキキ MAP 付録P6 C-1

ホノルル北部にある小高い丘。眼下にはワイキキ市街が広がり、夜はきらめく夜景が目を奪う。ハワイではネオンサインが禁止されているため、オレンジ一色の光が印象的。
アクセス ワイキキから車で20分

↑展望台から望む昼の風景。街の向こうに海が見える

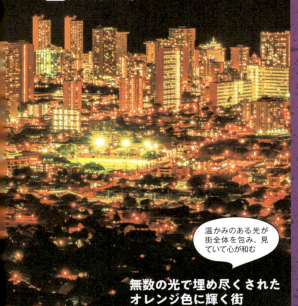

温かみのある光が街全体を包み、見ていて心が和む

無数の光で埋め尽くされたオレンジ色に輝く街

南国の夜空に咲くあでやかな大輪の花

目の前で打ち上がる花火は華やかで迫力たっぷり

金曜恒例の人気イベント
ヒルトンの花火ショー
Hilton Fireworks
ワイキキ MAP 付録P.15 D-3

毎週金曜の夜は、ヒルトン・ハワイアン・ビレッジのレインボータワー前で花火が打ち上げられる。ワイキキやアラモアナ周辺のビーチが絶好のビューポイント。
アクセス R.H.C.から徒歩15分
開 金曜19:45（夏季20:00〜）

↑打ち上げ時間は、19:45（夏は20:00）頃から5分程度

ビーチ周辺を彩る夜景は必見
ワイキキの街並み
Waikiki
ワイキキ MAP 付録P.14・15、P.16・17

遠くから一望する夜景もいいが、間近に望むワイキキの街も魅力的。明かりが灯ったビル群がビーチ沿いに立ち並び、海に反射した光が幻想的な景観を織りなす。

↑夕焼けの空とヤシの木が絵になる、夕暮れどきの景色も素晴らしい

夕日を背景にヤシの木のシルエットが浮かび上がる

一刻一刻と移りゆく黄昏どきの幻想的な風景

海辺に並ぶビル群の夜景と水面に映る灯りが美しい

海沿いの高層ホテルに泊まって夜景を眺めるのもいい

BEST 20 THINGS TO DO IN HONOLULU

Dinner Show

華やかで迫力あるショーに感動

09 ポリネシアの夜は ディナーショーで盛り上がる

迫力あるダンスや音楽など、ホノルルの夜を彩る感動のパフォーマンス。伝統料理とカクテルを堪能しながら、魅力的なショーの数々に心奪われる。

ワイキキ最大規模の華麗なるステージ

夜のホノルルは驚きと感動の連続

ワイキキ最大規模のキャストで贈るハワイアンショー

最先端の設備が揃った750席のプレミアシアター

ロックの要素を融合した壮大なハワイアンショー
ロック・ア・フラ®
Rock A hula®
ワイキキ MAP 付録P.16 B-3
ハワイアンとポリネシアン、ロックンロールが融合した新エンターテインメント。華麗なフラや迫力あるファイヤーナイフダンスのほか、エルビス・プレスリーなど伝説のスターを演じるアーティストのパフォーマンスも見もの。
☎808-629-7457(日本語可)
交所 R.H.C.(→P.77)B館4F 開16:50～21:00 休 金曜 料 $82～(3～11歳は$49～)

→本格的なハワイアン・ミュージックを背景に、楽しいパフォーマンスを繰り広げる

↑1920年代から現代までの「ハワイアンジャーニー」をテーマとしたステージ

↓ルアウビュッフェのディナー。その場で切り分けるまるごと豚のローストなどが並ぶ

サモア伝統のファイヤーナイフダンス。燃えさかるナイフを巧みに操る姿は迫力満点

→華やかな衣装で踊るタヒチアンダンス。鳴り響く音楽とともに熱気が伝わってくる

ファイヤーナイフダンス。巨大な炎の輪に目が釘付けに

太平洋の島々に伝わる美しく勇壮な踊り

09 DINNER SHOW

ポリネシア伝統のダンスと一流シェフの料理を堪能

ワイキキ・スターライト・ルアウ
Waikiki Starlight Luau at Hilton Hawaiian Village
ワイキキ MAP 付録P.15 D-3

「ルアウ」とはハワイ語で宴のこと。ホテルのシェフが織りなす料理を味わいながら、タヒチ、トンガ、サモアなど、ポリネシア各地の伝統舞踊ショーを鑑賞できる。4人の勇者によるファイヤーナイフダンスのフィナーレは必見。

☎808-949-4321 ❖R.H.C.から徒歩15分 所Hヒルトン・ハワイアン・ビレッジ・ワイキキ・ビーチ・リゾート(→P.160)内 開17:00～20:00 休月・土曜、悪天候時 料$185～(サービス料込み、税別、2ドリンク・ディナー含む)、11歳以下$120～、3歳以下無料。金曜$249～、11歳以下$130、3歳以下無料。※席により異なる

ホノルルでぜったいしたい20のコト

09 ディナーショー

↑カルア・ピッグ、フリフリチキン、魚のグリルなどハワイ伝統料理の数々

↑ホテルのルーフトップ・ガーデンで開催されるポリネシアンショー

ダンスや音楽を通してポリネシアの文化を体感できる

ナイトクルーズで豪華に

太平洋に沈む夕日を眺めながら、ホノルルの海をのんびり巡る船旅。贅沢なディナーやショーも楽しみ。

豪華客船に乗って優雅な夜のひととき

スター・オブ・ホノルル ディナー・クルーズ
Star of Honolulu Dinner Cruise
ダウンタウン MAP 付録P8 B-4(発着場)

4階建ての大型船で夕刻の海をクルーズ。4種類のプランが用意され、それぞれに趣向を凝らした食事やショーが楽しめる。カジュアルな「1スター」プランでは、特製ディナーとポリネシアンショーを満喫。

☎808-983-7879 ❖ワイキキから車で15分 所アロハ・タワー・マーケット・プレイス、ピア8より発着 1 Aloha Tower Dr. 開17:30前後出港 休無休 料$117～(コースにより異なる)

→船上から眺める幻想的なサンセットはため息が出る美しさ

↑ストーリー仕立てのポリネシアンショーや情熱的なダンスが披露される

→最も豪華な「5スター」プランのディナーは5品のフルコース。高級感のあるプライベートテーブルで味わえる

↑ステーキとカニをメインに3品が揃う「1スター」プランのディナー

BEST 20 THINGS TO DO IN HONOLULU

Live Bar

色鮮やかなグラスが「映えてる！

10 ライブ・バーで ハワイアン・ミュージックに浸る

ほろ酔い気分でテンションアップ

地元で大活躍する実力派ミュージシャンの演奏が気軽に、しかも間近に楽しめるのがライブ・バーのスゴイところ。ダンサーの加わるライブはさらに華やか。

ハワイでのくつろぎに欠かせない独自の発展を遂げた癒やしの音楽

陽気なウクレレの音色でゆったりとしたメロディを奏でるハワイアン・ミュージックは、リラックスタイムにぴったりの音楽。食事をしながら、あるいはカクテル片手に、ライブが楽しめるレストラン＆バーで心地よいひとときを。

菩提樹の木陰でリラックス
ザ・ビーチ・バー
The Beach Bar
ワイキキ MAP付録P.16 C-3

モアナ サーフライダーのシンボルでもあるバニヤンツリーの下にしつらえられたステージで演奏される。正午過ぎと夕方に催されるが詳細は公式HPで要チェック。

☎808-922-3111 ✈R.H.C.から徒歩6分 ⓜモアナ サーフライダー ウェスティン リゾート＆スパ(→P.158)内 ⏰11:00〜22:30 休無休

ブルー・ハワイとリップタイド各$20。おつまみ系のほかハンバーガーなど食事メニューも充実

10 LIVE BAR

テラスからのサンセットも素敵
デュークス・ワイキキ
Duke's Waikiki
ワイキキ MAP 付録P.16 C-3

伝説のサーファー、デューク・カハナモク氏の名を冠したダイニング＆バー。海側の席からはビーチやダイヤモンド・ヘッドが望め、ボリューム満点の料理も美味。
☎808-922-2268 R.H.C.から徒歩5分 アウトリガー・ワイキキ・ビーチ・リゾート(→P.160)内 7:00〜24:00 無休

↑16:30〜18:00、19:00〜21:00、21:00から深夜にかけて、海側のステージでライブを開催。詳細は公式HPを確認

←↑ビーチ席、テラス席のほか屋内の広いダイニングやバーも居心地がいい。人気店のため、特に朝どきには予約が無難

↑2種類のラムとアロハ成分たっぷり、デュークス・マイタイ$16が人気

→カクテルはグラスのほか、パイナップルでのサーブもリクエスト可能。マイタイ$12、パイナップル入りは$20

↑プールからそのまま水着での利用も可能

ライブは毎日18:00〜21:00
カニ・カ・ピラ・グリル
Kani Ka Pila Grille
ワイキキ MAP 付録P.15 F-4

ホテルのプールサイド・バー。フライド・カラマリやミックスグリルなど食事が充実。ベジタリアン向けの料理やププスも多く、ヘルシー志向の人々にも支持されている。
☎808-924-4990 R.H.C.から徒歩5分 アウトリガー・リーフ・ワイキキ・ビーチ・リゾート内 2169 Kalia Rd. 11:00〜22:00 無休

砂浜間近の席もおすすめ
マイタイ バー
Mai Tai Bar
ワイキキ MAP 付録P.16 B-3

マイタイの世界的流行の火付け役となったバー。オリジナル、スタンダードを含めてカクテルの種類は多いが、特にマイタイは5種類を数える。
☎808-921-4600 R.H.C.から徒歩2分 ロイヤル ハワイアン ラグジュアリー コレクション リゾート ワイキキ(→P.156)1F 11:00〜23:00 無休

↑おすすめはロイヤル・マイタイ $21と各種ドラフトビール$11

↓地元ミュージシャンによる演奏は毎晩開催

ホノルルでぜったいしたい20のコト

10 ライブ・バー

↑ステージに近いプレミアム・シートは、お酒や食事などでの1人あたりの利用金額$35以上で予約も可能

45

BEST 20 THINGS TO DO IN HONOLULU

ブリュワリーへ行ってみよう!

11 ホノルルの夜、クラフトビールもいいもんです

新しい味が続々登場

世界的にクラフトビールの人気が高まり、近年、ハワイにも食事が楽しめるブリュワリーが増加。それぞれに個性的なビールを飲み比べ、こだわりの料理とともに味わう。

Craft Beer

いろいろなビールが楽しめる、ビアフライト・サンプリングセット$12

クリーンでスッキリ飲みやすいクラフトビールの数々

ビールだって鮮度が命
醸造タンクからすぐに卓上へ

　気候や風土に合っているのか、どこの地域だって地元の酒がいちばんうまい。そのうえ、醸造所のレストランだからビールがおいしいのはもちろんのこと、マリアージュも完璧な料理も最高だ。

料理の質と種類も完璧
アロハ・ビア・カンパニー
Aloha Beer Company
カカアコ MAP 付録P.9 F-4

店内奥に大きなタンクを並べた醸造所から新鮮なビールが直接ダイニングに運ばれてくる。充実したフードメニューは盛りもよく、スモール・プレートと称した料理もビッグサイズ。

☎ 808-544-1605 ワイキキから車で5分 所 700 Queen St. 営 11:00～22:00(金曜は～23:00) 土・日曜 10:00～22:00(土曜は～23:00) 休無休

みんなで取り分けて食べられるBBQチキンピザ$26

ブリューパブ・バーガー・フレンチフライ付き$19

↑店内ダイニングの奥では、今まさにビールを醸造中

↑外側にはテラス席があり開放的な雰囲気がいい

11 CRAFT BEER

↑野菜もお肉もたっぷり、イタリアン・ホーギー・サンドイッチ $20

プロにも評価の高いビールが自慢
マウイ・ブリューイング・カンパニー
Maui Brewing Company
ワイキキ MAP付録P.16 C-2

マウイ島の醸造所によるレストラン。晴れた日にルーフトップ・テラスで飲むビールが最高だ。夕方から始まるライブ演奏やみんなで楽しめるゲームもある。

☎なし ✈R.H.C.から徒歩4分 🏠ワイキキ・ビーチコマー・バイ・アウトリガー内 2300 Kalākaua Ave. 🕐11:00～23:00 休無休

→キッズメニューも用意。ファミリーにもおすすめだ

カカアコらしさも魅力
ホノルル・ビアワークス
Honolulu Beerworks
カカアコ MAP付録P.10 C-2

元倉庫街のアート・タウン、カカアコらしく、広々とした店内にアート作品が飾られている。定番ビールのほか、季節によって入れ替わるものもあり楽しい。

☎808-589-2337 ✈ワイキキから車で5分 🏠328 Cooke St. 🕐11:00～22:00(金・土曜は～24:00) 休日曜

↑店内奥のタンクでビールを醸造している

↑フードは軽いおつまみも用意されている

←地元産食材を使った自家製ピザ($12 ハッピーアワー時)はビールやセルツァーとの相性抜群

ワイキキ唯一の醸造所
ワイキキ・ブリューイング・カンパニー
Waikiki Brewing Company
ワイキキ MAP付録P.15 D-2

醸造所を備えたダイニングとしてはワイキキ・エリアで唯一。客席のすぐそばに鎮座するタンクでビールを造っている。地元の農場産食材を使った季節のビールもおすすめ。

☎808-946-6590 ✈R.H.C.から徒歩11分 🏠1945 Kalakaua Ave. 🕐10:30(金～日曜8:30)～23:00 休無休

↑店はワイキキとカカアコの2カ所にある

↑15:00～17:00、21:00～閉店までのハッピーアワーも見逃せない

←サンプル・サイズのビールは$2.50～

地ビール醸造所のビアガーデン
ビアラボ・ハワイ
BeerLab Hawaii
アラモアナ MAP付録P.6 C-2

2016年創業のローカル経営の醸造所。併設のレストランでは、地元食材を使った料理と醸造された地ビールが楽しめる。ベレタニア店は最新の旗艦醸造所で屋外ビアガーデンのスペースもあり。

☎808-888-0500 ✈ワイキキから車で10分 🏠1318 S Beretania St. 🕐11:00～22:00(日曜は～19:00) 休火・水曜

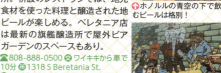

↑ホノルルの青空の下で飲むビールは格別!

↑目を引く壁画はローカル・アーティストによるもの

←ローカルが好きなポケとビール。ヘルシー志向の豆腐ポケもぜひ

ホノルルでぜったいしたい20のコト　11 クラフトビール

47

BEST 20 THINGS TO DO IN HONOLULU

NATURAL & ART

トレンドはエココンシャス！
ホノルルのナチュラル
&アートライフ

THEME テーマ 4　HONOLULU LOVE

あなたもハワイで
ヘルシー志向！

自慢の農作物や料理をひっさげて、
地元の猛者が集結。さわやかな朝の空気を
お祭り気分で歩きながら、
ハワイで採れた地元の幸を堪能したい。

お祭り気分で食べ歩き

12 早起きして Farmers Market
ファーマーズ・マーケットへ

ライブにごちそう、おみやげ探しと朝からテンション・マックス。
これだけ多くの宝物と出会えるのなら、早起きの甲斐もあったというものです。

地元の人々に交じって
普段着のハワイを満喫

　人気のマーケットは出店のため
の競争率も高く、居並ぶのはどれ
も質と人気の高い名店ばかり。
ファーマーズ・マーケットで評判
となり、街で行列店となってから
も出店を続ける店も多く、縁日気
分で気楽に名店の味と出会えるの
も大きな魅力。

土曜7:30～11:00

ハワイを代表する朝市
サタデー・ファーマーズ・マーケットKCC
Saturday Farmers Market KCC
カイムキ MAP付録P.19 D-3

オリジナル・ロゴ入り商品が作ら
れるほどの人気マーケット。屋台
の数、動員数ともにオアフ屈指。
フライド・グリーン・トマトやハ
ワイ島産アワビなど名物も多い。

☎ 808-848-2074(事務局) 🚌 トロリー
の場合：ダイヤモンド・ヘッド観光コース(グ
リーンライン)、KCCファーマーズ・マーケット
で下車／ザ・バスの場合：ワイキキから2・
23番で15分、カピオラニ・コミュニティ・カ
レッジ前で下車 🅿 カピオラニ・コミュニ
ティ・カレッジ敷地内 4303 Diamond
Head Rd.

←KCCオリジナルのキャ
ップ$16、トートバッグ
$18は入口近くで販売

←崩しつつ、ク
リームを合わせ
て食すコーヒー
ゼリー$7も美味

アイカネ・プランテーション・
コーヒー・カンパニー
Aikane Platation Coffee Company

近年、その味の良さで人気、知名度
ともに急上昇中のカウ・コーヒー。
ここはその牽引役ともいえる会社で、
マウナロアの斜面に農園を持つ

農薬を一切使わず、
手摘み、天日干し
で作っています

←ホットコーヒー$3。自社
農園の豆に適したミディア
ム・ダーク・ロースト$4

焙煎後、1杯分ずつ即パック。
飲み比べをして楽しみたい

↑10:00過ぎには売り切れ仕舞いの
店もちらほら。たっぷり楽しむには
9:00頃には到着したい

12 FARMERS MARKET

人気ベンダーが大集合

混み合っているが、テント下にテーブル席も用意

ロコ・アーティストのライブが楽しめる。お祭り気分！

ラニカイ・モチ
Lanikai Mochi

しっとりしたカステラ風のもち粉ケーキに小豆、ストロベリー、ウベ、リリコイ、コナコーヒーなどをミックス。各$3

ペットと一緒にお買い物する人も多いよ

→ザワークラウトとハラペーニョを挟んだデラックス・ドッグ$8

オール・ハワイアン・ハニー
All Hawaiian Honey

その店名どおり、ここで販売するハチミツはすべてハワイ産。オアフ島などの高品質ハニーを販売

うちで採れたハワイ産のハチミツ。食べてみてね

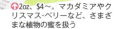

↑2oz、$4〜。マカダミアやクリスマス・ベリーなど、さまざまな植物の蜜を扱う

ククイ・ソーセージ
Kukui Sausage

地産がモットーのソーセージ屋さん。地元で大人気で、冷凍されたソーセージをまとめ買いする人も多い

↑マーケット内でもひときわ長い行列ができることも

ヒバチ・ホノルル・マーケット
Hibach Honolulu Market

冷凍の魚は使用せずにその日市場から仕入れた新鮮なマグロだけを使用している。味付けもグッド！

↓ミニ・ポケ・ボウル$10。マグロ、リム（海藻）などがのり、とっても新鮮！

ラ・トゥール・ベイクハウス
La Tour Bakehouse

ベーカリー内に設けられたアサイボウル・セクション。サイズ感があり$12とコスパ上々

→アマゾンのスーパーフード、アサイのスムージーをグラノーラのボウルに。イチゴやバナナ、ハニーをトッピング。$12

ホノルルでぜったいしたい20のコト　ナチュラル&アートライフ 12 ファーマーズ・マーケット

49

BEST 20 THINGS TO DO IN HONOLULU

Farmers Market

お客さんは地元の人が多め

雑貨もさまざまで、見ていて飽きない

土曜 8:00～12:00

少数精鋭。質の高い店が並ぶ

カカアコ・ファーマーズ・マーケット
Kakaako Farmers Market
ワード MAP付録P.11 D-2

2018年秋、現在の場所に移転してパワーアップ。店舗数などはKCCに比べて少ないが、どの店もクオリティが高い。特にフードやドリンクのおいしい店が多く、週末の朝食を楽しむロコで賑わう。

☎808-388-9696　アラモアナセンターから徒歩15分　ワード・ゲートウェイ・センター駐車場 919&1011 Ala Moana Blvd.

シェフ・アーナウド
Chef Arnaud
注文を受けてから焼くオムレツがおいしい。ハワイ産トマトやチーズなど具材もたっぷり

➡ポルトギー・ソーセージとグリーン・オニオンのオムレツ $15

シーゴニア・クラブ
Seagonia Crab Co.
新鮮なアラスカ産のカニを使用したクラブ・ミート・サンドイッチやバーガーを提供している

➡ブリオッシュ・ロールに贅沢なクラブ・ミート・スプレッドが。自分へのご褒美ランチに。クラブ・ロール $26

➡麺は張りがあるちぢれ麺で強い食感がある。ソースは味噌ダレで、ラー油の風味が食欲をそそる。オリジナル・マゼメン $12

えぞ菊
Ezogiku
ひと昔前はハワイでラーメンといえば「えぞ菊」。今でもロコに長年愛され続けられている。ワイキキに店舗もある

カネ・レイ
Kane Lei
ハワイでは珍しいフランス・ボルドーの上品なお菓子カヌレ。オールナチュラルでハンドメイド

➡クラブ・バーガー $20。ブリオッシュ・のバンにクラブ・バーガー・パテ、レタス。タルタルソースのまろやかな酸味がよく合う

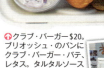

➡ココナッツ、リリコイ、チョコレートなどなどフレーバーがたくさん。各 $3.50～

➡ベストセラーのマンゴ・マジック＋ピンク・パッション。ココナッツ・ヨーグルトがミックスされてとてもヘルシー。$9

カフェ・カナ
Cafe Kana
フレッシュ・コールドプレス・ジュースとヨーグルトをミックスした映えるオーガニック・スムージー

12 FARMERS MARKET

日曜8:00〜12:00
ローカルらしさを楽しむ
カイルア・タウン・ファーマーズ・マーケット
Kailua Town Farmers Market
カイルア MAP付録P.20 B-3

このページで紹介する他のファーマーズ・マーケットに比べてローカル色が濃厚。お店の人もお客さんもどこかのんびりしていて癒やされる。
☎ 808-388-9696　ワイキキから車で40分
所 640 Ulukahiki St., Kailua

→日本ではあまり見かけることのない、トロピカルな生花も素敵

ファット・ア・マーノ
Fatto A Mano
店名はイタリア語で「手作り」という意味。ウッド・ファイヤー・オーブンで仕上げたサワードウ・ピザは風味が良く絶品！

→マルゲリータピザミニ$9。モッツァレラ、エクストラバージンオリーブオイル、羊のミルクのペコリーノ・ロマーノのピザ

→プレーン・ジェーンミニ$9。モッツァレラチーズ、パルメザンチーズのシンプルなピザ

シュガー・パピ・ファーム
Sugah Papi Farm
ノースショア・ワイアルアで収穫された新鮮で美しい色とりどりのフルーツをその場でカットしてくれる

→フルーツ・ボウル。シーズンごとのカットフルーツを提供。2〜3人分で$14

オマオ・マン
Omao Man
体の細胞の隅々が覚醒する濃厚でヘルシー・スーパーフード・グリーンスムージー

→ロコが大きなボトル持参で買いに来る7種の野菜やフルーツが入ったグリーンスムージー$11

ジャーニー
Journey
オーナーがファーマーズ・マーケットにおいしい朝食がない！と作ったこだわりのアメリカン・ブレックファスト

→ローデッド・ハッシュブラウン$14。ハッシュブラウンに卵、ベーコン、アイオリソースをのせたもの

→ブレックファスト・バーガー$14。炭火焼きのブリオッシュのグルメバーガー

オアフ・オーガニックス
Oahu Organics
主にハワイ産の材料を使って作る自然派コスメのお店。自分の肌に合わせて作るコスメ・キットもユニーク

→環境にも配慮した製品作りがモットー

火・水曜16:00〜20:00
ワイキキのど真ん中のマーケット
ワイキキ・ファーマーズ・マーケット
Waikiki Farmers Market
ワイキキ MAP付録P.17 D-2

ハイアット リージェンシーの1階のスペースを使って開催。すぐに食べられる軽食のほか、カットフルーツやハワイ産のフレッシュな野菜も買えるので、ワイキキ近くのコンドミニアムに滞在の人に便利。ハワイらしいジュエリーや手作りコスメも。
☎ 808-923-1234　R.H.C.から徒歩3分　所 H ハイアット リージェンシー ワイキキ ビーチ リゾート&スパ（→P.162）内

→ハワイの貝のジュエリーは一点もの（上）。マラサダはフレーバーを選べる

→ハイアット リージェンシーホテルの1階に店が並ぶ

月曜16:00〜20:00
気軽に立ち寄れるマーケット
ワイキキ・ビーチ・ウォーク・オープン・マーケット
Waikiki Beach Walk Open Market
ワイキキ MAP付録P.15 F-3

ワイキキの街なかで開催しているので、気軽に立ち寄れるのがいい。店舗数は少ないが、購入した料理やフルーツを芝の上で食べるのも楽しい。
☎ 808-931-3591　R.H.C.から徒歩2分　所 ワイキキ・ビーチ・ウォーク（→P.77）1F

→ワイキキ散策の途中にふらっと立ち寄れる

→カットされたトロピカルフルーツは手軽に食べられると人気。鮮度は抜群！

こだわりスーパーの代表格

13 ヘルシー志向の *Supermarket* ホールフーズ・マーケットへ

> 充実のデリコーナーも必見

食材やお惣菜、コスメに雑貨となんでも揃う巨大スーパーマーケットは、ハワイとアメリカの日常がぎゅっと詰まったテーマパーク。食事や休憩スペースも完備しており、ランチ利用もOK。

ハワイで一番ホットなマーケット
ホールフーズ・マーケット クイーン店
Whole Foods Market Queen
ワード MAP付録P11 E-1
2018年オープン。カハラに足を運ばずともワイキキ近くにホールフーズが出現した。クイーン店にはオリジナル・グッズ専門コーナーや広々イートイン・スペースもあり大好評。
☎808-379-1800 🚗ワイキキから車で10分
📍388 Kamakee St. Suite 100 🕐7:00～22:00 無休

↑購入したデリは店内で食べることもできる

イートイン・スペース

充実のデリ・コーナー
コンテナーに好きな料理を好きな分量だけ盛る量り売りのほか、すでにパックされたサンドイッチやサラダ、注文販売コーナーとチョイスは多彩。

↑料理を詰めたコンテナーはレジで重量を量り精算

→ターキー・ベスト・サンドイッチ $9.99

↑人気のタッカー&ベヴィーのロースト・ビーフ・ラップも扱う

↑ピザ 各種。1スライス $4.79～

13 SUPERMAKET

大人気！注目のエコバッグ （オリジナル）

種類豊富で今やハワイの定番みやげでもあるオリジナル・トート。ハワイ限定、店舗限定品も注目度が高い。

↑人の心を癒すハワイの虹のあしらい $24.99

→ターコイズブルー地にパイナップル。おみやげに最適！$14.99

↑ホールフーズのロゴとハワイの太陽を思わせるカラーのバッグ $24.99

↑これぞホールフーズのエコバッグ $24.99

↑オーガニックの麻×コットンのトートバッグ $19.99

おみやげにヘルシー食品

←チョコレート＆ピーナッツバター $6.79。遺伝子組み換え植物不使用のクッキー

←ピーナッツバター $7.49。良質な脂質、たんぱく質を豊富に含み、動脈硬化の予防に良いといわれている

→ホールウィートで食物繊維もたっぷり、パンケーキ＆ワッフル・ミックス $5.29

←オーガニック・ブラックベリー・スプレッド $4.69。ビタミンC、カリウム、マグネシウム、銅が豊富に含まれていて、若さを保つにはとてもよいとされる

↑ハワイアン・マカデミア・ハニー $7.49。非加熱の100%マカデミアナッツ・ハニーは持ち運びに便利なパウチ

←オーガニック・ホット・ココア $6.49。良質のカカオの成分を豊富に用いている、ホット・ココア・パウダー・ミックス

←ビタミン、ミネラル豊富で美容にもよいアーモンドバター $11.29

←ハワイで育て、製品化したお茶 $16.99 をティーバッグで気軽に楽しむ

365 のマークはプライベートブランド

水から食品、ボディケア用品、サプリまで揃うプライベートブランド。ホールフーズ品質を満たしつつ低価格が魅力。

ホノルルでぜったいしたい20のコト

13 ホールフーズ・マーケット

ちょっとひと休みスポット

さわやかなフレッシュジュース
ラニカイ・ジュース
Lanikai Juice

ストロベリー・シャカ
イチゴ、バナナ、パイナップル・ジュース、ハチミツが材料

ラニカイ発、人気のジュース、スムージー店。ホールフーズ店でも、もちろんすべてフレッシュ・フルーツと野菜を目の前で調理してくれる。アサイボウルも◎。
☎808-379-1777 ⏰8:00〜17:00（金〜日曜は〜18:00）休無休

疲れたら新鮮な果実の栄養を手軽に補給したい

おいしいビールで大人の休息タイム

トゥー・タイズ
Two Tides

ハワイで醸造されたものも含め、クラフトビールやワインを豊富に揃える。また、これらの飲み物に合うフードメニューも充実したフル・サービス・レストランだ。
☎808-379-1774 ⏰11:00〜22:00 休無休

↑軽いおつまみから寿司、ステーキなど料理も多彩に揃う

$7

ホノルル・ビア・ワークス・クワロズ・クリーム・エール

ハワイ限定ものもあり、20種類以上のビールが並ぶ

53

BEST 20 THINGS TO DO IN HONOLULU

bikiに乗ってウォールアートを見に行こう

14 アートの街、カカアコ散策

インスタ映えスポットも目白押し

ワイキキから車で15分と近距離にありながら、街の雰囲気はガラリと一変。巨大壁画におしゃれカフェなどが点在、散策も楽しいハワイ最先端タウンだ。

**倉庫街が華麗に変身
街全体がアートギャラリー**

カカアコはウォールアートの街として有名だが、街がアーティスティックに変化するにつれ、人気の高級スーパーや洗練されたショップ、話題の飲食店などが続々オープン。おしゃれなロコはもちろん、ツーリストにも人気のエリアとなった。ただし、もとはあまり治安の良くなかった倉庫街。散策は昼間にする、一人で路地に入らないなど気をつけて楽しみたい。

アクセス ◎ワイキキから車で15分

アメリカンな文具に注目
フィッシャー・ハワイ
Fisher Hawaii
カカアコ MAP 付録P.10 B-1

文具や什器などオフィス用品をメインに扱う。店内は倉庫のような雰囲気だが、ハワイで日常的に使われているアイテムに掘り出し物がたくさん。ラッピング用品も充実。

☎808-356-1800 ◎ワイキキから車で15分 所690 Pohukaina St. 営8:00〜18:00(土曜は〜17:00) 日曜10:00〜15:00 休無休

↑ダウン・トゥ・アースのすぐそばに位置。まとめてまわれば効率的だ

🚲 bikiの乗り方

カカアコ散策にこそ便利

小回りがきいて、徒歩よりも長距離移動できるレンタル自転車は、立ち寄りたいスポットが点在するカカアコでこそ本領を発揮する。事前登録なども不要で利用も簡単だ。

bikiストップの位置を把握

基本レンタル時間は30分。またカギもないので、ショップなどに入る際にはいったんbikiストップに返却する必要がある。事前にbikiストップの場所を把握しておくと便利。

詳しくは→付録P.23

ホノルル・ビアワークス ▶P47
Honolulu Beerworks
アート、開放感、クラフトビール。カカアコらしさが満喫できるビア・レストラン。

ジャナ・ラム・スタジオ・ストア ▶P87
Jana Lam Studio Store
キュートな手染めの雑貨を扱う。店内での作業風景も見られる。

🚲 =bikiストップ

14 WALL ART

大きなスペースを生かしたダイナミックでカラフルな作品が多い

カカアコのウォールアート

ロコ・アーティストに加えて世界から招いた芸術家によって描かれる。年に一度、約2週間にわたりPOW!WOW!HAWAIIと呼ばれる制作イベントを開催。大規模な描き替えが行われる。

思いがけないところにアート発見！

ホノルルでぜったいしたい20のコト

14 カカアコ

ホールフーズ・マーケット クイーン店 ▶P52
Whole Foods Market Queen

惣菜からおみやげ、人気のオリジナル商品まで揃うアメリカの高級スーパーマーケット。

フィッシュケーキ ▶P87
Fishcake

ハワイのデザイン・シーンを牽引。アーティスティックなショップ。

話題の店舗が集まるコンプレックス
ソルト・アット・アワ・カカアコ
Salt at Our Kakaako

カカアコ MAP付録P.10 B-2

感度の高いショップや話題のカフェなど、カカアコらしい店が出店。エリアの中ほどにあり、トロリーが停まるので、待ち合わせや休憩など、散策の拠点にするにも便利。

DATAは ▶P.79

↳オープンスペースではドリンク片手に犬の散歩をする人も

55

BEST 20 THINGS TO DO IN HONOLULU

フラやレイに込められた思いを知る

15 体験レッスンで知る ハワイの伝統文化

ハワイアンスピリットにふれましょう

ヤシの木に囲まれて、大勢の参加者と楽しく踊れる

古代から受け継がれてきた独自の伝統が息づくハワイ。
そこには、自然への畏怖や神への信仰が秘められている。
体験を通して文化を知れば、ハワイの奥深さが見えてくる。

Traditional Culture

予約不要で気軽に参加OK
プロが教える無料レッスン

　ショッピングセンターのロイヤル・ハワイアン・センター（→P.77）では、ハワイアンカルチャーを無料で体験できる教室を開催。フラやレイ作りなど多彩なプログラムがあり、その道を究めたプロの講師がていねいに指導してくれる。事前予約は必要なく、当日会場で申し込むだけで気軽に参加可能。1時間程度のレッスンで、ハワイをより深く知ることができる。

ここで体験！

ロイヤル・ハワイアン・センターの無料レッスン
Royal Hawaiian Center
ワイキキ MAP 付録P16 B-3
☎808-922-2299 所2201 Kalakaua Ave. 営10:00〜16:00 休無休
HP jp.royalhawaiiancenter.com

プログラム一覧
●フラ・レッスン　所ロイヤル・グローブ
　営11:00〜12:00 休水〜月曜
●レイ・メイキング　所C館2階
　営11:00〜12:00 休土〜木曜
●ラウハラ編み　所C館2階
　営11:00〜12:00 休木〜火曜
●ウクレレ・レッスン
　所B館1階 ヘルモア・ハレゲストサービス
　営11:00〜12:00 休火〜日曜

フラ・レッスン

優雅に体を動かして、気分リフレッシュ

　ハワイトップレベルのフラグループ「ハラウ・フラ・オ・マイキ」を卒業したプアケアラ・マン先生のフラ・レッスン。メレ（歌）やチャント（詠唱）に合わせた手足の動き、体の動かし方を学ぶ。先生の身振りを見ながら踊るので、英語がわからなくても大丈夫。

プログラムはこちら！

フラ・レッスン
Hula
所ロイヤル・グローブ 開火曜11:00〜12:00

↑1時間のレッスンで1曲踊れるようになる

↑基本から教えてくれるので初心者も安心

↑それぞれの動きに意味が込められている

15 TRADITIONAL CULTURE

レイ・メイキング

愛情や歓迎の気持ちを示す贈り物としてよく用いられるレイ。ここでは、針と糸を使って花をつなぐ「クイ」という手法で、生花のレイ作りを体験できる。カラフルな花を連ねて形を整え、輪にしたら完成。レッスンは先着25名までなので、早めに訪れよう。

プログラムはこちら！
レイ・メイキング
Lei-Making Class
所 C館2階　開 金曜11:00〜12:00

南国の美しい花々で、自分だけのレイ作り

やさしい花の香りに包まれているだけで心和む

↑「クイ」と呼ばれる手法で、花に糸を通していく

↑フレンドリーな先生が目の前で手本を見せてくれる

ラウハラ編み

ラウハラとは、ハラと呼ばれる木の葉でバスケットや帽子などを編むハワイの伝統工芸。長年の経験を持つケオウア・ネルソン先生によるレッスンでは、ブレスレットなどの身につけられるアイテムを作る。自然素材ならではの素朴な味わいとデザインが魅力。

プログラムはこちら！
ラウハラ編み
Lauhala Weaving
所 C館2階　開 水曜11:00〜12:00

先生の手元をよく見て、上手に編むコツを覚えよう

素朴な風合いが素敵なハワイの伝統工芸

↑編み方を工夫することで多彩なデザインが生まれる

↑細く裂いたハラの葉を交差させながら編み進める

ウクレレ・レッスン

1870年代にポルトガルから伝わった弦楽器、ウクレレ。1時間のレッスンでは、基本的なコードと歌を学ぶことができる。ウクレレはレッスン時に貸し出しなので、気軽に参加を。レッスンが終わる頃には簡単な曲演奏ができハワイの良い思い出に。

プログラムはこちら！
ウクレレ・レッスン
Ukulele
所 B棟1階　開 月曜11:00〜12:00

基本的なコードを参加者全員で、一緒に習っていく

ハワイの心地よい風に吹かれながら奏でる

↑みんなでゆっくりとコードを弾いていく

↑ベテランの先生がていねいに指導してくれる

ホノルルでぜったいしたい20のコト　15 伝統文化

BEST 20 THINGS TO DO IN HONOLULU

カラダもココロもリラックス
16 ロミロミ・マッサージに癒やされる

疲れた心と体を解きほぐすハワイ伝統のロミロミ。
高級ホテルのスパはもちろん
気軽に使えるサロンも人気。日頃の忙しさを忘れて、
極上の癒やしに酔いしれたい。

自然に溶け込むガーデンスパ
アバサ・ワイキキ・スパ
Abhasa Wikiki Spa
ワイキキ MAP付録P.16 B-3

豊かな緑に囲まれた、ワイキキ唯一のガーデンスパ。澄んだ空気や鳥のさえずりに癒やされながら、自然と一体になれる。熟練セラピストの高い技術力にも定評がある。

☎808-922-8200 ✈R.H.C.から徒歩2分 所Hロイヤル ハワイアン ラグジュアリー コレクション リゾート ワイキキ (→P.156)内 営10:00～18:00 休無休 JJ♡▫

緑が茂る静寂の庭で贅沢な癒やしのひととき

1.庭園の中に点在するカバナは、さわやかな風と光が心地よい 2.厳選したプロダクトを購入することもできる 3.ラグジュアリーなエントランス

波音を聞きながらうっとり夢見心地

海を望む絶好のロケーション
モアナ ラニ スパ
～ヘブンリー スパ バイ ウェスティン～
Moana Lani Spa, A Heavenly Spa by Westin
ワイキキ MAP付録P.16 C-3

ワイキキ唯一のオーシャンフロントスパ。波音が響く静かな部屋で施術が受けられる。ハワイ伝統のロミロミはもちろん、ヒーリングストーンを使ったトリートメントもおすすめ。

☎808-237-2535 ✈R.H.C.から徒歩6分 所Hモアナ サーフライダー ウェスティン リゾート＆スパ(→P.158)内 営9:00～18:00 休無休 小♡▫

1.窓の外にはワイキキの海とビーチが広がる 2.ビシーシャワーがついたウォーターセラピールーム 3.施術後は絶景のジャクジーでリラックス

16 LOMI LOMI MASSAGE

「神の手」にとろけそう！

ロミロミ・マッサージとは？
ハワイ語で「揉む」「押す」を意味するロミロミは、古代ハワイアンから伝わるヒーリング療法。手のひらや腕などを使ってリズミカルに筋肉をほぐし、疲労やストレスを緩和する。

セラピストは全員が日本人
ルアナ・ワイキキ・ハワイアン・ロミロミ・マッサージ&スパ
Luana Waikiki Hawaiian Lomilomi Massage & Spa
ワイキキ MAP付録P.16 B-2

ワイキキ中心部で20年超の歴史を持つマッサージ&エステサロン。施術の時間に含まない無料足湯サービスで始まり、マッサージやフェイシャルで心も体もリラックス。

☎808-926-7773 ✉R.H.C.から徒歩2分 ⌂2222 Kalakaua Ave. #716 ⊙9:00〜18:00(最終受付17:00) ✕無休(土・日曜は予約のみ) J&J💳

1. 自分の好きな香りを選べるアロマオイルで至福の時を 2. バリアフリーな店内。カップルコースも人気。男性もウェルカム

たくさんの種類から選べるアロマオイルも無料

ホノルルでぜったいしたい20のコト

アットホームでコスパ抜群
カフナ&マナ・マッサージ2
Kahuna&Mana Massage2
ワイキキ MAP付録P.16 A-2

リーズナブルな料金ながら、技術の高さは折り紙付き。ゲストの体調やニーズなどに合わせて、メニュー内容をアレンジしてくれる。アットホームな雰囲気も魅力で、日本語対応もOK。

☎808-351-5038 ✉R.H.C.から徒歩5分 ⌂307 Lewers St. #809 ⊙10:00〜22:00 ✕無休 J&J💳

1. 大通りから一歩入った落ち着いた空間 2. シンプルな空間で気負わずくつろげるマッサージルーム

個々の体調に合わせて施術をカスタマイズ

ホテルの部屋でロミロミ体験
ロミノ・ハワイ
Lomino Hawaii
ワイキキ MAP付録P.16 B-2

女性とカップル限定の出張ロミロミ専門店。宿泊ホテルの自室でリラックスしながら、本格的なマッサージが受けられる。セラピストは全員日本人女性。

出張サービス

1. 肘など腕全体を使って筋肉を揉みほぐす 2. 確かなテクニックと細やかなサービスが好評 3. そのまま眠ってしまいそうな心地よさ

☎808-741-3534 ✉R.H.C.から徒歩3分 ⌂334 Seaside Ave. #817 ⊙9:00〜21:00 ✕無休 J&J💳

16 ロミロミ・マッサージ

BEST 20 THINGS TO DO IN HONOLULU

でっかくてオモシロい オアフ島!

THEME 5

ワイキキを離れて青空満喫

NATURE

海と島の自然のなかでアクティビティ!

潮の満ち引きによって見え方が変わる白いサンドバー

ワイキキからほんの少し足を延ばすだけで、とてつもなく美しい絶景に出会うことができる。海や森や大地が息づく大自然のなかへ飛び出してみよう。

エメラルド色に輝く澄んだ海と幻の砂浜

バツグンの透明度

一度は行きたい感動の海
17 絶景の海で遊ぶ！

Superb View Ocean & Beach

賑やかなワイキキ・ビーチとは異なる魅力を持つ、静かで美しい海へ。透き通った海と白い砂浜を見ていると、まるで楽園を訪れたような気分に。

美しいサンゴ礁が広がることでも知られる
サンドバー
Sandbar
カネオヘ湾 MAP 付録P3 E-3
オアフ島の北東、カネオヘ湾沖にあり、訪れる際はツアー参加が原則。周囲は360度見渡す限りの海で、圧倒的な美しさに魅了される。潮位が低いときは、海の上を歩いているような不思議な感覚も体験できる。

ツアーデータ
キャプテン・ブルース Captain Bruce
キャプテンブルース 天国の海 シュノーケリングツアー
時7:30～13:15(9:00港を出航、11:45港に帰着) 休日曜、祝日 料$149～、2～12歳$139～、2歳未満無料(ワイキキからの送迎、シュノーケル用具、ライフジャケットなどのレンタル、スナック、ソフトドリンク代含む)
※シーズンにより時刻、料金など変更あり

天国の海モーニングツアーの流れ

❶ 港を出航して、全米最大のサンゴ礁が広がる海をゆったりクルージング

❷ ウミガメがよく顔を出すポイントに到着。船上から愛らしい姿が見える

❸ サンドバーに上陸後、熱帯魚が泳ぐサンゴ礁の海でシュノーケリング

❹ 澄み切った穏やかな海で、さまざまなアクティビティを満喫

キラキラと光る透明な海に感動！

17 SUPERB VIEW OCEAN & BEACH

住宅街に面した静かなビーチ
ラニカイ・ビーチ
Lanikai Beach
カイルア MAP付録P.20 C-2

ラニカイとはハワイ語で「天国の海」の意味。淡いブルーの海ときめ細かな白砂ビーチが織りなす絶景は、まさに天国を思わせる。カイルア・ビーチの東側にあり、高級住宅街に隣接。

交ワイキキから車で40分/(TheBus)67番でアラモアナセンターから50分、カイルア・タウン・センター下車、車で10分 所Mokulua Dr., Kailua

静かな波が打ち寄せる天国のような場所

沖合には、2つの小島からなるモクルア島が浮かぶ

案内板を目印にビーチへアクセス

ホノルルでぜったいしたい20のコト ／ 海と島の自然のなかでアクティビティ！ 17 絶景の海で遊ぶ！

↑海に突き出た小高い丘の向こうにラニカイ・ビーチがある

↑カイトサーフィンなどのアクティビティを楽しむ人も多い

全米トップレベルの美しさ
カイルア・ビーチ
Kailua Beach
カイルア MAP付録P.20 B-1

透明な海と白砂が美しく、2019年全米ベストビーチで1位を獲得。一年を通して貿易風が吹き、ウインドサーフィンをはじめとするスポーツが盛ん。更衣室やシャワーなどの設備も充実。

交ワイキキから車で35分/(TheBus)67番でアラモアナセンターから50分、カイルア・タウン・センター下車、徒歩20分 所526 Kawailoa Rd., Kailua

さらさらとした真っ白なパウダーサンドが気持ちいい

青く澄んだ海と白砂がコントラストを描く

多様な海の生き物が生息
ハナウマ湾
Hanauma Bay
ハワイカイ MAP付録P.3 F-4

サンゴ礁が広がる浅瀬の湾は、絶好のシュノーケルスポット。多様な海洋生物が暮らす自然保護区でもあり、ビーチ入場前に環境に関するレクチャーを受けることが義務付けられている。

☎808-396-4229 交ワイキキから車で30分/(TheBus)22番でワイキキから50分 所100 Hanauma Bay Rd. 開7:00〜19:00(冬季は〜18:00) 休火曜 料$7.50 ※要オンライン予約

↑穏やかな浅瀬の海はシュノーケリング初心者にも最適

↑色とりどりの魚やウミガメなどを間近に観察できる

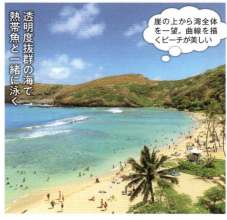

崖の上から湾全体を一望。曲線を描くビーチが美しい

透明度抜群の海で熱帯魚と一緒に泳ぐ

61

BEST 20 THINGS TO DO IN HONOLULU

Dolphin Watching

人なつっこさにメロメロです

18 ドルフィン・ウォッチング

青い海で泳いでいるイルカを見ているだけで、心が癒やされて元気になれるから不思議。かわいい海の天使と仲良くなって、夢のような時間を存分に満喫しよう。

海の守り神であるウミガメの姿も

愛らしい表情に胸キュン

野生のドルフィン・ウォッチングツアー

オアフ島ウエストコーストへ野生のイルカに会いに行こう！

1989年にスタートしたドルフィンツアーの先駆け。大型のボートに乗って美しいウエストコーストの海へ野生のイルカを見にいくツアー。ドルフィン・ウォッチングだけでなく、魚やウミガメと泳いだり、貴重な体験の連続。海へ飛び込むウォータースライダー、カヤック、パドルボードなどのアクティビティも楽しめる。

ドルフィン＆ユー
Dolphins & You
ワイアナエ MAP 付録P2 B-3
☎8:00(ホテルピックアップ6:10〜)〜13:15/12:00(ホテルピックアップ10:10〜)〜17:15
休ホノルルマラソン開催日 料$189、2〜11歳$146（送迎、シュノーケル用具のレンタル、ランチ、飲み物含む）2歳未満は参加不可
問い合わせ先 ドルフィン＆ユー事務所
☎808-696-4414 所304 Lewers St., Waianae 営8:00〜18:30 休無休
URL http://www.andyoucreations.com/ja

1
↑Wi-Fi完備の大型バスでウエストコーストへ。日本語ガイド同行で安心

2
↑「Ariya号」に乗ってイルカを探しに出発。船は揺れが少なくトイレも完備

3
↑エホマイというハワイアンチャントを唄い、海の神様に安全を祈るセレモニー

4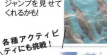
↑イルカに癒やされるハッピータイム。イルカたちがジャンプを見せてくれるかも

5
↑たくさん遊んだ後は、楽しいランチタイム。美味しいサンドイッチをどうぞ

各種アクティビティにも挑戦！

↑長さ4.5mのウォータースライダー。ボートの上から勢いよく海へドボン！

↑カヤックに乗って大海原をゆったりと散策。魚たちが近寄ってくるかも

↑今話題のスタンドアップパドルボードにチャレンジ。バランス感覚を発揮しよう

18 DOLPHIN WATCHING

イルカと遊んでふれあえる多彩な体験プログラムを用意

オアフ島の東に位置するハワイ最大のマリンパーク。自然に溶け込む広大な施設で、さまざまな海洋生物たちに出会える。なかでも、イルカとふれあう体験プログラムが人気。一緒に泳いでスピード感を満喫できるほか、愛らしい姿に心癒やされる。イルカやアシカのショーやイベントも開催。

シーライフ・パーク・ハワイ
Sea Life Park Hawaii

ワイマナロ MAP 付録P.3 F-4
☎808-259-2500　ワイキキから車で30分　41-202 Kalanianaole Hwy. #7, Waimanalo　10:00～16:00(最終入園)　無休　入園料$62.82、3歳以下無料(ワイキキからの送迎付) J J
日本での予約先 03-3544-5281

↑東海岸のマカプウ岬に近く、この看板が目印

↑美しい海と緑に囲まれ、広大な敷地を誇る

イルカと泳げる人気プログラム

ドルフィン・エクスプロレーション
Dolphin Exploration

プールのプラットフォームに立ち、腰の深さまでの水中でイルカと遊んだり、エサをあげたりする特別プログラム。プールの深い場所に移動して、泳ぐイルカとふれあう貴重な経験もできる。
09:45、11:00、14:00、所要時間45分(水中30分)　$283(入園料、プログラム参加料、写真1枚含む)※送迎は別途料金が必要　※8歳未満、妊娠中の人は参加不可

↑イルカを抱くようにしての写真撮影

イルカと友だちになろう♪

ドルフィン・エンカウンター
Dolphin Encounter

プールのプラットホームに立ちイルカにふれたり、遊んだり、餌付けができる。イルカが目の前で泳ぎ、かわいらしいパフォーマンスを披露してくれる。
9:45～、11:00～、14:00～、所要時間45分(水中30分)　$199(入園料、プログラム参加料、写真1枚含む)※送迎は別途料金が必要　※4歳以上から参加可、妊娠中の人は参加不可

→イルカの生態について学ぶこともできる

→イルカと握手の写真撮影
↑イルカの優しい表情が最高！

アシカやペンギンにも会えるショー&イベント

↑ペンギン生息区でのレクチャー。ヨチヨチ歩きの姿に目が釘付け

↑イルカたちが華麗な技を披露するドルフィン・ラグーン・ショー
→ダイナミックなイルカのジャンプ。その高さにびっくり

↑アシカとふれあえる、シーライオンエンカウンタープログラム

↑希少な海洋生物たちと気軽にふれあえるタッチプール

ホノルルでぜったいしたい20のコト　18 ドルフィン・ウォッチング

BEST 20 THINGS TO DO IN HONOLULU

登った人だけが出会えるパノラマビュー

ホノルルの
シンボル

19 ダイヤモンド・ヘッドに登る

眼下に広がるのは、紺碧に輝く海と美しい街並み。
細い山道や階段を登って山頂にたどり着けば、
ここでしか味わえない感動が待っている。

Diamond Head

遠くから眺める雄大な山
姿も美しいが、山頂からの
景観も一見の価値がある

絶景の山頂を目指して
片道約40分の道のりを歩く

　約30万年前の噴火によって誕生したダ
イヤモンド・ヘッド。その標高は232mと
低く、初心者でも気軽に登山が楽しめる。
約1.1kmのトレッキングコースが整備され、
片道40分ほど。途中には急勾配の階段や薄
暗いトンネルなどがあるので、足元に注意
しよう。頂上に着くと突如視界が開け、
360度の大パノラマを一望できる。

青い海を背景にホ
テル群が林立。公
園の緑が鮮やか

ダイヤモンド・ヘッド
Diamond Head
ダイヤモンド・ヘッド周辺 MAP 付録P.19 E-4
アクセス ワイキキから登山口駐車場まで車で15分
/ TROLLEY ワイキキから登山口までトロリー・グ
リーンラインで30分、ダイヤモンド・ヘッド・ク
レーター下車すぐ TheBus ワイキキ・クヒオ通り
の海側のバス停から、ザ・バス23番で20分、ダ
イヤモンド・ヘッド・クレーター入口(バス停
241)下車、徒歩15分 時 6:00～18:00(入山は
～16:30) 料 入山料$5、3歳以下無料(車の場
合、駐車場は1台$10) ※予約が必要

19 DIAMOND HEAD

南側の海岸には、ダイヤモンド・ヘッド灯台が建つ

力強い自然の息吹を感じさせる巨大なクレーター

ホノルルでぜったいしたい20のコト

19 ダイヤモンド・ヘッド

登山コース＆アドバイス

比較的登りやすい初心者向けのコースながら、歩きやすい靴と服装は鉄則。日差しが強いので、日焼け予防も欠かせない。飲料水も必須で、入口付近の自販機で買うこともできるが、持参したほうが安心。こまめな水分補給を忘れずに。

↑入口にあるビジターセンター。登山コースの地図やパンフレット、記念グッズなどが手に入る

↑ここから登山スタート。コースの途中にトイレはないので、登り始める前に済ませておきたい

↑出発から5分ほど歩くと未舗装の曲がりくねった山道となり、しだいに登山らしくなってくる

↑ゴツゴツとした岩場の道は足元に注意。道幅が狭いので、下山者とすれ違う際は譲り合って

↑中腹にある展望台から巨大クレーターを一望。ここを過ぎると、最初の階段が出現。全部で76段

↑狭くて薄暗いトンネルは、人とすれ違うのが難しいほど。洞窟の中を探検する気分で進もう

↑最大の難所となる99段の階段。隣には傾斜のゆるい迂回路もあり、道はどちらかを選べる

↑開放的な景色が見渡せるビューポイントに到着したあとは、最後の階段を上っていよいよ頂上へ

65

BEST 20 THINGS TO DO IN HONOLULU

車でホノルルを飛び出そう

20 オアフ島を走り抜ける Drive

爽快ドライブ！
南国の緑の中を潮風とドライブ

海沿いに、あるいは熱帯植物とハワイらしい住宅が点在する道を走って、島をひとまわりすれば、ワイキキとひと味違うオアフの顔に出会える。

Drive Route 1

絶景ビーチを目指して海沿いを東へ

ウィンドワードと呼ばれるオアフ島の東海岸は美しいビーチが続く。まずは絶景ビーチを求めて東へ出発。

ワイキキでは出会えない景色やショップを体験

ワイキキから東海岸を目指す。いきいきとした熱帯植物や南国らしい家並みを眺めながら海岸線に出る。海洋生物保護に熱心な自然公園内のビーチや、東海岸の美しい自然の眺めに心洗われつつカイルアへ。カイルアタウンでショッピングを楽しみ、王室の離宮で歴史をたどり帰路につく。

オアフ随一のビュースポット

6 ヌウアヌ・パリ展望台
Nuuanu Pali Lookout

ヌウアヌ MAP 付録P.3 E-3

ハワイ語で「パリ」は崖を意味する。ハワイの歴史上、最も重要な戦いがあったという場所に設置されている。ここからのウィンドワード・コーストの眺望は、まさに息をのむ美しさだ。

⏰毎日6:00～18:00まで入場可。車1台につき$7必要
🚗ワイキキから車で20分

エマ王妃の夏の離宮 ▶P.151
Queen Emma's Summer Palace

エマ王妃と王子が夏を過ごした離宮。王妃の遺品や王族に伝わる古美術品、装身具など興味深い品々も展示。

絶景の湾で澄んだ海に遊ぶ

1 ハナウマ湾
Hanauma Bay

ハワイカイ MAP 付録P.3 F-4

火山の火口が波の浸食で美しい入り江となった自然公園で、シュノーケリング・スポットとして人気。入口の海洋生物保護センターを見学し、透明度の高い海を満喫したい。

▶P.61

📷写真を撮るならハナウマ湾入口から歩いて10分ほどの展望台で

ドライブチャート

Start	ワイキキ
	H1-72、カラニアナオレHwy. 17km
1	ハナウマ湾
	H1-72 6km
2	ペレの椅子
	H1-72 1km
3	マカプウ展望台
	H1-72 4km
4	ワイマナロ・ビーチ
	H1-72、カイルアRd. 12km
5	カイルアタウン
	カイルアRd.、H1-61、ヌウアヌ・パリDr. 12km
6	ヌウアヌ・パリ展望台
	H1-61 15km
Goal	ワイキキ

走行距離 約70km

パンチボウル タンタラスの丘
マノア
アラモアナ ハワイ大学マノア校
アラモアナセンター
ホノルル
ワイキキ カハラ
Start/Goal
ワイキキ・ビーチ
ダイヤモンド・ヘッド

66

20 DRIVE

ワイキキに次ぐ人気の街
5 カイルアタウン
Kailua Town
カイルア MAP付録P20下図

カイルアとラニカイの美しいビーチで知られる。素朴なたたずまいだが、スーパーマーケットやおしゃれなセレクトショップ、カフェなどがある。 ▶P140

🚗 ワイキキから車で30分

↑小さなショップやカフェが並ぶ通り

↑飲食店やショップはないので、自然を満喫できる

観光客の少ない海を独占！
4 ワイマナロ・ビーチ
Waimanalo Beach
ワイマナロ MAP付録P3 F-4

山側にコオラウ山脈を望むビーチパークにある。カイルア同様、白砂と透明な水が特徴の美しいビーチで、人が多くなく人気が高い。

🚗 ワイキキから車で30分

簡単トレッキング
カイヴィ・ショアライン・トレイル
MAP付録P3 F-4
Kaiwi Shoreline Trail

初心者向けの平坦なトレイルコース。片道30分ほどでペレの椅子に到着する。日を遮るものがまったくないので、午前の早い時間帯がおすすめ。日焼け対策も忘れずに。

↑ペレの椅子が小さなビーチを見下ろす

運が良ければクジラも登場
3 マカプウ展望台
Makapuu Lookout
ワイマナロ MAP付録P3 F-4

カラニアナオレHwy.沿いにあり、透明な海と岩、白砂のビーチなど東の海岸線が一望できる。マカプウ一帯はクジラの保護区域で、展望台からクジラが見られることもある。

🚗 ワイキキから車で25分

↑無料の駐車場がハイウェイ沿いにあり、展望台は歩いてすぐの距離

ライトハウス・トレイル
Lighthouse Trail

無人のマカプウ灯台の周辺はカジュアルなトレイルコースとなっている。

カイヴィ・ショアライン・トレイル
Kaiwi Shoreline Trail

奇岩のパワースポット
2 ペレの椅子
Pele's Chair
ハワイカイ MAP付録P3 F-4

マカプウ岬からビーチに続くトレイルをたどると、大きな岩にたどり着く。その昔、火山の女神ペレが腰かけたという神話が残り、パワースポットとしても知られる。

🚗 ワイキキから車で25分

↓オアフの女神、ペレが休憩したとされる岩。海の眺めが素晴らしい

サンディ・ビーチ
Sandy Beach

砂の多い美しいビーチ。波が高く強い潮流があり、サーフィンやボディボードも上級者向け。

ハロナ潮吹き穴
Halona Blowhole

大波がくると天然の溶岩洞から潮が轟音とともに噴き上がる。高さ20mに及ぶこともあり壮観な眺めだ。

海岸線を走ってハワイ感を満喫

カイルア・ビーチ
ラニカイ・ビーチ

ワイマナロ

カイオナ・ビーチ

シーライフ・パーク・ハワイ

ハワイカイ

ホノルルでぜったいしたい20のコト

20 ドライブ

BEST 20 THINGS TO DO IN HONOLULU

Drive Route 2 *Drive*

広大な台地をひたすら北上
ノースショアから裏オアフへ

古くから栄えていた街の風情と、新しい世代の活気が共存する土地。のどかで新しさもあるエリアで、ショッピングやグルメを堪能しよう。

ハレイワと書かれたノースショアの看板

ビッグウェーブを求めてプロサーファーが集結

サーファーの聖地、ノースショア。だが、このエリアの魅力はそれだけではない。ワイメア湾をはじめ、散策したり景色を眺めたりするだけでリラクゼーションになる絶景ビーチも多い。プランテーション時代の雰囲気を味わいながら、おしゃれなショップや名物のシェイブアイスほか、ご当地グルメを楽しみたい。

ドライブチャート

Start ワイキキ	H1, H2, 80, 99号線 43km
1 ドールプランテーション	99, 82号線 12km
2 ノースショア・ソープ・ファクトリー	カメハメハHwy. 5km
3 ハレイワタウン	カメハメハHwy., 83号線 7km
4 ワイメア・ベイ・ビーチ	83号線 22km
5 ライエ・ポイント	83, 63号線, H1 56km
Goal ワイキキ	

走行距離 約145km

フリーウェイを走りノースショアを目指す

ファクトリーにショップを併設
2 ノースショア・ソープ・ファクトリー
North Shore Soap Factory
ワイアルア MAP付録P.2 B-2

オリジナルのボディケア用品を製造、販売。すべてケミカル・フリーで、保湿力の高いククイオイルを主原料としており敏感肌でも安心だという。やさしい香りで使い心地も抜群。

☎808-637-8400 ワイキキから車で50分 67-106 Kealohanui St., Waialua 10:00(土曜8:30、日曜11:00)～16:00 無休

↑全身に使えるククイオイル$13.95(2oz)

↑石鹸$5.50～。ここで購入すると刻印が押せる

↑店内にあるのはすべてここで作った製品

パイナップルを味わい尽くす施設
1 ドールプランテーション
Dole Plantation
ワヒアワ MAP付録P.2 C-2

世界的な食品ブランド、ドールが運営しており、全長4kmの巨大迷路はじめ、家族で楽しめるアクティビティ、ドールホイップが名物のグリル、みやげ店が揃っている。

☎808-621-8408 ワイキキから車で40分 64-1550 Kamehameha Hwy., Wahiawa 9:30～17:30 無休 入園無料、パイナップルガーデン迷路$9.25、パイナップルエクスプレス・トレインツアー$13.75

パイナップルガーデン迷路

↑ギネスブックに世界最長と認定されたこともある迷路。記録を超えて抜け出た人には賞品が進呈され入口に名前が刻まれる

プランテーショングリル

←シェルボウル入りのスライス・パイナップル$9.50

←シッパー・カップ・フロート$12.95

パイナップルエクスプレス・トレインツアー

←絵本の中から出てきたような汽車でのどかな景色のなかを走り、パイナップルやドールの歴史が学べる

↓施設内の8つのガーデンで、コーヒーの木やエキゾチックな果実を眺めプランテーション時代を体感

68

歴史ある街、ハレイワの看板

人気のガーリック・シュリンプの店

おしゃれなサーフィンの街
3 ハレイワタウン
Haleiwa Town
ノースショア MAP付録P.21

プランテーション時代のたたずまいを残しながら、スタイリッシュなサーフショップやレストラン、ギャラリーなどが点在。ノースショアの情報発信地。 ▶P.142

🚗 ワイキキから車で1時間

➡ まだあまり有名でない、おしゃれな店を見つけるのも楽しい

20 DRIVE

ホノルルでぜったいしたい20のコト

20 ドライブ

世界中のプロサーファーの聖地
4 ワイメア・ベイ・ビーチ
Waimea Bay Beach
ワイメア MAP付録P2 C-1

有名なサーフスポットが点在するノースショアでも、ビッグウェーブ・サーフィン発祥の地として知られるビーチ。全長約500mの広大な白い砂浜は、リラックスするにも最適だ。

⬆ 夏の波は穏やかで、海水浴客で賑わう。冬は波が大きく、プロサーファーが集結

🚗 ワイキキから車で1時間

立ち寄りスポット ▶P70
ポリネシア・カルチャー・センター
Polynesian Cultural Center
伝統的な遊びやストーリー仕立ての壮大なショーを楽しみながら、ポリネシア体験ができるテーマパーク。

立ち寄りスポット ▶P72
クアロア・ランチ
Kualoa Ranch
山や海、草原など自然が残る広大な敷地で、各種アクティビティが楽しめる。パワースポットとしても有名。

⬆ 海に投げ捨てられた悪い大トカゲの胴体が島になったという勇者伝説が残る

冬は高波が打ち寄せてさらなる絶景を描く
5 ライエ・ポイント
Laie Point
ライエ MAP付録P3 D-1

ライエの住宅街を抜けると岬があり、風光明媚な景色が待っている。前方のククイホオルア島の穴を波が通り抜けるさまに時を忘れる。

🚗 ワイキキから車で1時間10分

69

BEST 20 THINGS TO DO IN HONOLULU

ドライブ立ち寄りスポット *Drive*

ポリネシア・カルチャー・センターで伝統文化にふれる

ハワイを含めたポリネシアの島々の先住民族の暮らしを再現。当時の生活の技、工芸品を生み出す手仕事、伝統食などが体感できる壮大なテーマパーク。

↑ノースショアの街、ライエにあり、ポリネシア文化を伝える

ポリネシア5000年の歴史を再現 ハワイのルーツを旅する

ポリネシア・カルチャー・センター
Polynesian Cultural Center

ライエ MAP付録P3 D-1

5万坪の敷地にポリネシアの6つの島々が、村に見立てて再現されている。フラなどのカルチャー体験や迫力満点のナイトショーなどで楽しみながら、ポリネシアを体験できる。ハワイで最も人気のある有料アトラクションだ。

☎808-924-1861
🚗ワイキキから車で1時間 📍55-370 Kamehameha Hwy. ⏰12:30〜21:00 フキラウ・マーケットプレイスは11:00〜19:30 休水・日曜(6月下旬〜8月下旬は日曜のみ) 💰ゲートウェイ・ビュッフェ$144.95、ゲートウェイ・ビュッフェ&ナイトショー(トワイライト)$113.95
※パッケージプランにより異なる。日本語ガイドが付くルアウ・パッケージもあり

（王族に捧げるルアウ（祝宴）の再現など見どころが満載）

アリイ・ルアウ
Alii Luau

ビュッフェ・ディナー後にナイトショー「HĀ：ブレスオブライフ」鑑賞 付き

ハワイの女王リリウオカラニを称えリニューアルされたルアウ、「オニ・パア」。ハワイ王族の入場、ハワイ古来の調理法「イム」、フラショーが楽しめる。

ポリネシアの6つの村

サモア村
Islands of Samoa

ヤシの木を登る若者に感動し サモアの伝統にふれる

サモア諸島の伝統の火のおこし方や、ヤシの木登りの実演が見ものだ。命の木といわれるココナッツのジュースや、ローカルフードなどが試食できる。

↑ハイビスカスの乾燥した木を使ったサモアの伝統的な火おこしに挑戦

フィジー村
Islands of Fiji

茅葺きの高い屋根が目印 職人技が特徴の民族を再現

優れた船乗りで家造りも優秀、組縄の高い技術も持っていたフィジーの民族。村では親しみ深い村人が迎えてくれ、伝統楽器デルアなどの体験ができる。

↑さまざまな種類から好きな模様を選べる、水で落とせるタトゥー体験は大人気！

トンガ村
Islands of Tonga

ポリネシア美術工芸のなかで 特に優れた品を生む民族

村内の建物は美しいタパ(桑の樹皮製の織物)で覆われ、ほかの村と印象が大きく違う。ヤシの葉で魚作り、槍投げ、カヌー漕ぎなどが体験できる。

↑ハイライトはナファと呼ばれる大太鼓を使った観客も巻き込んでのショー

おすすめのナイト・ショー

HĀ:ブレス・オブ・ライフ
HĀ:Breath of Life

総出演数100名以上！
ポリネシアの歌とダンスを堪能

主人公マナが6つのポリネシアの島で人生の喜びや試練を経験する物語。ダンスや音楽、アニメーションで誰もが理解できる、感動的なショーになっている。
🕐 19:30〜21:00

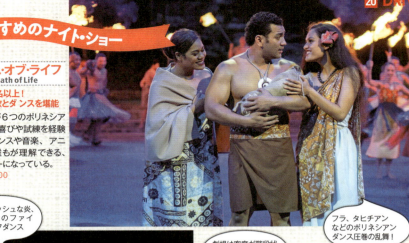

エネルギッシュな炎、迫力満点のファイヤーナイフダンス

フラ、タヒチアンなどのポリネシアンダンス圧巻の乱舞！

劇場は客席が階段状。どの席からも迫力のダンスが見られる

アオテアロア村
Islands of Aotearoa

アオテアロアとは
ニュージーランドのこと

マオリの歴史にふれるだけでなく、ポイボールやティティトレアなどの伝統的な遊びを体験できる。

↑マオリの戦士が披露する有名なハカは必見

ハワイ村
Islands of Hawaii

タロイモの水田に癒やされ
フラの体験で心穏やかに

先住民たちの生活様式が再現されている。伝統食材タロイモの調理法や、葉で編むバスケットをはじめ伝統工芸品の制作工程が見られるのも興味深い。

↑村人からフラの動きと意味を学び、実際にフラダンスを体験できる

タヒチ村
Islands of Tahiti

タヒチアンダンスやドラムの音
伝統的な踊りが受け継がれている

ドラムの音が響き渡る村でダンス衣装をまとった村人たち。タヒチのダンスは圧倒的なスピード感がフラと違う点。貝殻細工など伝統工芸品も魅力的だ。

↑槍投げやタヒチアンダンス、ココナッツブレッドの試食のほかに、魚釣りの体験も

71

BEST 20 THINGS TO DO IN HONOLULU

ドライブ立ち寄りスポット

大自然のなかで遊べる
クアロア・ランチへ

山々や草原、プライベートビーチもある大自然のなかで
映画ロケ地ツアーや多様なアクティビティを堪能しよう。

↑海を望むカフェやギフトショップがあるビジターセンター

自然の魅力が体感できる
エリアごとのアクティビティ
クアロア・ランチ
Kualoa Ranch
カネオヘ MAP 付録P.3 D-2

壮大な山並みや広がる草原、プライベート・ビーチを含む4000エーカーの広さを誇り、ハリウッド映画やテレビ、CMなどのロケ地としても知られる。UTVラプターツアー、乗馬ツアー、映画ロケ地ツアーほか、大自然を満喫できるツアーが開催されている。

☎808-237-7321 交ワイキキから車で50分 所49-560 Kamehameha Hwy., Kaneohe 営7:30～18:00(カフェは～16:30) 休無休 料パッケージにより異なる。エクスペリエンス・パッケージ$179.95(映画ロケ地ツアー、ジャングル・エクスペディション、クアロア・グロウン・ツアー、ビュッフェ・ランチ、ワイキキからの送迎を含む)、乗馬パッケージ$254.95(1時間乗馬ツアー、映画ロケ地ツアー、オーシャンボヤージ、ビュッフェ・ランチ、ワイキキからの送迎を含む) J E

ラプター ツアー Raptor Tour
2～6人乗り4WDで起伏に富んだ大自然を走り抜け、映画ロケ地も巡るエキサイティングなツアー。
2時間コース(ドライバー付) 料$149.95
時8:45～、1日31回催行
2時間コース(自分で運転) 料$149.95
時8:45～、1日31回催行

オーシャンボヤージ ツアー
Ocean Voyaging Tour
安定感のあるカタマラン(双胴船)に乗って、穏やかなカネオヘ湾内をゆったりと周遊。美しい景色が堪能できる。ウミガメに出会えることも。
料$54.95 時8:40～所要1.5時間、1日6回催行 休日曜・祝日

映画ロケ地ツアー
Movie Site Tour
有名なハリウッド映画やTVドラマのロケ地をバスで巡るツアー。美しいカアアヴァ渓谷と牧場の壮大な景色も楽しめる。
料$54.95 時8:20～所要1時間30分、1日20回催行

ジップライン ツアー
Zipline Tour
最大高低差約30mを安全装備のワイヤーで滑降。大草原や山々、大空をダイレクトに体で感じられる、スリル満点の遊びだ。
料$179.95 時8:30～所要2時間30分～3時間、1日13回催行 休日曜・祝日

乗馬ツアー
Horseback Tour
クアロアの温厚で優しい馬に跨り、2時間にかけて海や草原の眺望を満喫! 初心者でも参加OK。
2時間コース 料$149.95 時8:00～、1日11回催行

※各ツアーの開始時間、開催回数は変更になることがあります。

FIND YOUR FAVORITE ITEMS AND SOUVENIRS !

ショッピング
新しいハワイを買う!

Contents

- 欲しいものはなんでも揃う **ショッピングセンター** ▶P.76
- ビーチ・グッズからおみやげまで **アイテム別ショッピング** ▶P.80
- **ビーチウェア** は現地調達すべし ▶P.80
- 女子の憧れ! 南国の **リゾートウェア** ▶P.82
- カジュアルスタイル! **定番Tシャツ** ▶P.84
- 暮らしになじむ **ハワイアン雑貨** ▶P.86
- 色彩豊かな **アロハシャツ** 探し ▶P.88
- マナが宿る **ハワイアンキルト** ▶P.90
- 本場生まれの **ウクレレ** が欲しい ▶P.92
- 幸せを願う **ハワイアン・ジュエリー** ▶P.94
- **自然派コスメ** できれいになる! ▶P.96
- **ネイルサロン** で指先を華やかに ▶P.98
- 上質な品を求めて **高級デパート** へ ▶P.100
- お得がいっぱい! **オフプライスショップ** ▶P.102
- 便利さイチオシ! **コンビニ** & **スーパーマーケット** ▶P.104
- **ハワイみやげ** 定番5アイテム ▶P.106

SHOPPING

旅の思い出を手に入れる 欲しいものであふれるホノルル

常夏のハワイらしいリゾートアイテムや、ハイブランド、プチプラ雑貨や食材など、欲しいものであふれるハワイのショップ。ルールやお得な情報を確認して、ロコ気分で買い物しよう。

基本情報

まずはショッピングセンターへ

ハワイを代表する買い物スポットといえば巨大ショッピングセンター。高級ブランドやリゾートドレス、ビーチウェアや小物など、多様なアイテムが揃う買い物天国。施設内は広いので、行きたいお店をあらかじめ決めてから巡りたい。

ビジネスアワーは?

ショップは10〜19時が目安。大型ショッピングセンターは23時まで営業しているところも。日曜は早めに閉店するショップも多い。

買い物は夜が本番!

ショッピングセンターや免税店は23時まで営業し、夜遅くまで買い物が楽しめる。昼は外でアクティビティを満喫し、夜は買い物というのがホノルルでの上手な過ごし方。

クレジットカードは必須アイテム

ホノルルでは、ほとんどの店でクレジットカードが使用できる。現金が使えない店もあるのでカードは必須。

気軽に返品や差額返金できる

買い物したあとにサイズが異なる、汚れがあるなどはもちろん、気に入らない場合でも返品が可能。購入時のレシートが必要になるので必ず保管を。買ったばかりの商品が後日セールなどで安くなっていた場合、その差額分を返金してもらうことも可能。

アルコールを購入するなら

深夜0時〜早朝6時の間、アルコールの販売は禁止されている。購入時、パスポートの提示を求められることもあるので忘れずに。公園やビーチなど公共の場での飲食は禁止。

お得情報

バーゲンの時期は?

夏と冬の年2回あり、期間は7月4日の独立記念日前から8月中旬と、11月第4木曜の感謝祭翌日から正月までのホリデーシーズン。50〜80%割引でブランド品が購入できるなど、お得な期間を狙って買い物を楽しみたい。

フリーペーパークーポンも活用

ショッピングセンターやスーパーマーケットでは日本語のフリーペーパーが配布されており、割引クーポンが付いている。買い物の前に入手しておきたい。

シニアクーポンでさらにお得に

スーパーマーケットやオフプライスショップでは、曜日限定のシニア割引がある。ドン・キホーテ(→P.103)では毎週火曜、60歳以上は対象商品が10%オフ、フードランドファームズ(→P.105)では毎週木曜、60歳以上は5%オフに。パスポート提示が必要だ。

サイズ換算表

服(レディス)			服(メンズ)	
日本	ハワイ		日本	ハワイ
5	XS	0-2	—	—
7	S	4	S	34
9	M	6	M	36
11	L	8	L	38
13	LL	10	LL	40
15	3L	12	3L	42

パンツ(レディス)		パンツ(メンズ)	
日本(cm)	ハワイ(inch)	日本(cm)	ハワイ(inch)
58-61	23	68-71	27
61-64	24	71-76	28-29
64-67	25	76-84	30-31
67-70	26-27	84-94	32-33
70-73	28-29	94-104	34-35
73-76	30	—	—

デパートのビジター割引を利用

大型デパートでは、旅行客を対象に割引クーポンを発行している。ブルーミングデールズでは、JCBカードを持つ旅行者やJTBを利用した旅行者にセービング・パスを発行。15%オフで買い物できるほか、$250以上購入するとギフトがもらえる。モール レベルのコンシェルジュ エリア(b-Helpful)でセービングパスを入手できる。

店頭のPOPを見逃さないで!

店頭のPOPには、デイリーで変わるセール情報や割引率、まとめ買い情報などが表示されている。「Buy5 Get1」は5個購入するともう1個プレゼント、「$5=2」は通常価格が$3の商品を2個購入すると$5に割引になるという意味。見落としがちだが、店内をまわる際は意識してみると賢くショッピングを楽しめる。

靴	
日本	ハワイ(レディース/メンズ)
22	5/—
22.5	5.5/—
23	6/—
23.5	6.5/5.5
24	7/6
24.5	7.5/6.5
25	8/7
25.5	8.5/7.5
26	9/8
26.5	9.5/8.5
27	10/9
27.5	10.5/9.5
28	11/10
28.5	—/10.5
29	—/11

ショッピングセンター

日本語対応のカウンターへ
多くのショッピングセンターには日本語対応のサービスカウンターが設置されている。ショッピングセンターは多層階かつ広大な売り場面積なので、まずはフロアマップを入手したい。無料の情報誌の配布、日本語での案内もしてくれるので安心。

無料Wi-Fiが利用できる
ほとんどのショッピングセンターでは無料でWi-Fiが利用可能。施設の公式サイトの専用ページでメールアドレスなどを登録しておけば、施設内でネットワークに接続できる。

多彩な無料ショーを開催
施設内では、無料のフラ・ショーや体験プログラムを開催しており、買い物の途中でイベントを楽しめる。

ショッピングのマナー

まずはあいさつを
入店時は「Hi !」とスタッフに声をかけるのがマナー。「買い物を楽しみたい」という意思表示になるので心がけたい。

高級品は勝手にさわらない
ブランド店やデパートでは高級品の取り扱いもあるので手に取ってよいか確認を。試着する際もスタッフに声をかけよう。

高品質を保証する認証マークに注目
エココンシャスなロゴが商品や食材選びの基準としている認証マーク。高品質を保証するアイコンで、コスメや紅茶などを選ぶ際に参考にしたい。

● USDA ORGANIC
アメリカ農務省の高い基準をクリアしたオーガニック商品

● HAWAII SEAL of QUALITY
ハワイ産の商品のなかで、ハワイ州農務局の基準をクリアした高品質な食品

スーパーマーケット

マイカイカードで無料会員登録
フードランドファームズ（→ P.105）では、マイカイカード会員になると割引価格で商品やデリが購入できる。レジでカードの有無を聞かれた際にカードを作りたいと伝えよう。10桁の電話番号を言うだけで無料会員になれる。1回の買い物でも割引に。

バルク売りで必要な分だけ購入
コーヒー豆やグラノラ、ナッツ、グミなどはバルクコーナーで。必要な量を無駄なく購入できる。専用の袋とタグに商品番号を記入し、好きな分だけ詰めるのみ。

おしゃれなエコバッグを選ぼう
ハワイではビニール製レジ袋の使用が禁止されており、必要な場合は紙袋を¢15で購入する。各スーパーマーケットでデザイン性の高いおしゃれなエコバッグを販売しているので手に入れたい。

レジの支払い方法を確認！
レジでの精算は、スーパーマーケットでは各レーンに並ぶことが多いが、コンビニなどでは1列に並んで空いたところへ順番に進む。商品はカゴやカートから出して、一品一品ベルトコンベアに自分で並べる。最後に後ろの人の商品と区別するための専用バーを置く。レジ係が商品バーコードをスキャンし精算。商品はレジ係がショッピングバッグに入れてくれる。購入商品が10品未満なら、専用のエクスプレス・レーンでスピーディーに会計できる。セルフチェッカーと呼ばれるセルフレジ導入店もあるので利用してみたい。

おすすめのみやげ
ハワイならではのジュエリーやアロハシャツ、コスパの高いコスメや食材など、お気に入りを見つけたい。

ハワイアン・ジュエリー　▶P94
パイナップルやウミガメなど、ハワイモチーフの逸品を思い出に。

リゾートウェア　▶P82
現地で着用できるリゾートドレスやTシャツは種類豊富！

アロハシャツ　▶P88
ハワイの正装でもあるアロハシャツはデザイン性の高さが魅力。

自然派コスメ　▶P96
日本未上陸のオーガニックコスメなどハワイブランドが狙い目。

食品　▶P104・106
スイーツ店やスーパーマーケットの食材はばらまきみやげに◎。

コインが余っても大丈夫 コインスターで金券に交換できる
コインは日本に持ち帰っても円への換金は不可。かといって余らせないように買い物をするのは至難の技だ。そこで利用したいのがスーパーやコンビニに設置されている「コインスター」。コインを投入すれば、その場で金券に替えられるというスグレモノだ。現金のほか、amazon.comで使用できるギフトカードやiTunesカードにも交換可能。

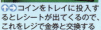

⬆➡コインをトレイに投入するとレシートが出てくるので、これをレジで金券と交換する

ショッピング

グルメ

歩いて楽しむ

アート＆カルチャー

ホテル

75

欲しいものはなんでも揃う
ショッピングセンター

ブランド品からリゾートウェア、雑貨まで揃っており、レストランやフードコートなどの飲食スポットも集まっている。広い館内を効率よくまわれるように事前にチェックしよう。

魅力ある350以上の店が勢揃い

アラモアナセンター
Ala Moana Center
アラモアナ MAP付録P.13 D-2

ハワイを訪れたなら一度は立ち寄る、島を代表する大型ショッピングセンター。2024年で65周年を迎えた歴史ある施設でもあり、デパート、ファッション、レストランが集結する。日本未上陸ブランドやギフトショップも見どころ。

☎ 808-955-9517
所 1450 Ala Moana Blvd. 営9:30～21:00 日曜10:00～19:00 休無休

見取り図は付録P30～33

創業65周年 ハワイ最大規模の買い物天国

→ オープンエアのモール内は明るい雰囲気

ヤシの木や南国の植物に囲まれて休憩ができる

←1～3階にショップ、4階には開放的なテラスも

攻略ポイント

■無料Wi-Fiも利用できる
一部エリアを除き施設内ではWi-Fiが利用できる。公式HPからeVIPクラブに無料登録する必要がある。

■ゲストサービスで情報収集
1階センターステージ裏にある。日本語対応可能で、無料の情報誌やフロアマップが常備されている。

■ホオキパテラスで休憩がおすすめ
4階のレストラン街の一角にファミリートイレやソファが置かれた休憩スペースがある。

■子連れにうれしいバギーの貸し出し
5歳以下の子どもが利用できるバギーを1回$6でレンタルできる。貸し出し場所は1階に3カ所ある。

■クーポンを賢く利用しよう
ゲストサービスなどで無料配布している情報誌には館内で使えるクーポンが付いているので要チェック。

■プレミアムパスポート
アロハ・レーンの定価商品20%オフ、バーバリーで10%オフなど各ショップでのディスカウントが受けられる。

■キッズエリアも随所に
無料で利用できるマウカウィング3階のキッズプレイエリアや1階にある1回$1のメリーゴーラウンドなどがある。

■デパートのトイレが◎
ホノルルでトイレを利用する場合は広くて清潔なデパートのトイレやファミリートイレが便利。

■見取り図で全体をチェック
建物は1～4階まであり、館内は広いので大型店舗やフードコートを目印にして位置を把握しよう。

ターゲット	4F
ノードストローム / メイシーズ / ニーマン・マーカス	3F
ターゲット	
ノードストローム / メイシーズ / ニーマン・マーカス / ラナイ@アラモアナセンター	2F
山側 フードランド・ファームズ / 海側 / マカイ・マーケット・フードコート / メイシーズ	1F

ハワイ特有のヤシの木が植えられている

王家ゆかりの土地に立つ老舗ショッピングセンター

↑B館とC館をつなぐ通路は3階にしかなく、2階にはないので注意

通路の中央には椅子が設置してあり、休憩できる

ショッピング / グルメ / 歩いて楽しむ / アート＆カルチャー / ホテル

ワイキキ最大級の広さが魅力
ロイヤル・ハワイアン・センター
Royal Hawaiian Center (R.H.C.)
ワイキキ MAP付録P.16 B-3

110以上の店舗が入り、広大な売り場面積を誇るショッピング＆エンターテインメント複合施設。高級ブティックや人気ブランドをはじめ、雑貨やレストランなどが充実。休憩におすすめのグリーンスペースや、無料のカルチャープログラムも体験できる。
☎808-922-2299 ⌂2201 Kalakaua Ave.
⌚10:00～22:00（店舗により異なる）休無休
▶見取り図は付録P.34・35

攻略ポイント

■**大まかな位置を把握**
ダイヤモンド・ヘッド側からC館、B館、A館と立ち並ぶ。B館とC館の間の中庭にはロイヤル・グローブがある。

■**Wi-Fiは2時間無料**
1～3階のエリアでは7:00～24:00の間、Wi-Fiを無料で利用することができる。公式サイトで利用規約の同意が必要。

■**情報収集はヘルモア・ハレ＆ゲストサービス**
B館1階にあり、施設内の店のお得情報やカルチャープログラムの最新スケジュールなどの情報が手に入る。

■**各種カルチャー体験が無料で**
フラやロミロミ・マッサージ、レイ・メイキングなどのハワイアンカルチャーのレッスンを実施。各詳細は公式HPを確認。

■**フラ・ショーも楽しめる**
毎週火～土曜の17:30からロイヤル・グローブでライブハワイアンエンターテイメントを開催。土曜は古典フラを楽しめる。

芝生エリアではショーやファーマーズ・マーケットを開催している

ウィンドーショッピングが楽しいビーチ沿いのショッピングモール

2階の通路には椅子があるのでここで休憩しよう

個性派ショップが勢揃い
ワイキキ・ビーチ・ウォーク
Waikiki Beach Walk
ワイキキ MAP付録P.15 F-3

カラカウア大通りから、海に向かって延びるルワーズSt.沿いに建つ大型ショッピングセンター。50以上のハイセンスなショップやレストランが並び、リゾートウェアやTシャツなどのアパレルが多く集まる。
☎808-931-3591
⌂R.H.C.から徒歩2分 ⌂226～227 Lewers St. ⌚店舗により異なる 休無休

攻略ポイント

■**ウクレレ・レッスンが無料**
毎日16:30と18:00からウクレストアでウクレレ無料体験レッスンを開催。ウクレレの貸し出しも行っている。

■**クハアヘオを楽しむ**
毎週火曜16:30～18:00にステージで伝統的なフラと現代的なフラが融合したショーを披露している。

■**無料フラレッスン**
日曜9:00～10:00に中央芝生エリアで開催。予約は不要。

▶見取り図は付録P.37

77

SHOPPING

1〜3階でさまざまな椅子が置いてあり、休憩に最適

カラカウア大通りからクヒオ通りまで突き抜ける大型ショッピングセンター

ハワイの歴史を感じる緑あふれる憩いの場

ニューフェイスが続々登場、進化を続ける大型施設
インターナショナル・マーケットプレイス
International Marketplace

見取り図は付録P.36

ワイキキ MAP付録P.16 C-2

樹齢約160年のバニヤンツリーやハワイらしい植物であふれ、心地よい雰囲気で買い物を楽しめるショッピングセンター。ターゲットが2024年秋に開店予定など、ハワイ初上陸のショップも多く入居する。

☎808-921-0536 ◉R.H.C.から徒歩5分 ◉2330 Kalakaua Ave. ◉10:00〜21:00（店舗により異なる）◉無休

▶中庭には施設のシンボルである、樹齢160年を超える巨大なバニヤンツリーが植えられている

攻略ポイント

▶**カスタマーサービスは日本語もOK**
1階にあるマウカ・コートにあるサービスカウンターでは日本語で対応してもらえるから安心。

▶**無料Wi-Fiが利用できる**
共用エリア内では無料でWi-Fiが利用可能。接続方法は館内にある看板をチェックしよう。

▶**ハワイの歴史を学ぼう**
ハワイの歴史や文化に関する看板が自然エリアに設置してあり、英語だがぜひ読んでみよう。

▶**エンタメショーが無料で楽しめる**
月・水・金曜18:30（9〜2月は18:00）〜オ・ナ・ラニ・サンセット・ストーリーズ・フラショーを開催。

▶**バニヤンツリーの中庭が楽しい**
子どもが遊べる広場や仕掛けがあり、ファミリーにはうれしい。ベンチもたくさんあるので休憩もできる。

▶**休憩スポットでスマホを充電**
館内の椅子やベンチの脇にはコンセントやUSB差し込み口が付いているボックスがある。変圧器が必要。

攻略ポイント

▶ **休憩するならココ！**
ワード・ビレッジ・ショップスのギャザリングスペースには椅子やテーブルが置かれているので休憩に便利。また、毎月第1土曜の13:00からはサウスショアマーケット内にて、パンの無料提供がある。

▶ **オフプライスショップは外せない！**
T.J.マックス、ノードストローム・ラック、ランドアンドシー・ゴルフなどが勢揃いしてる。うまく活用しよう。

▶ **人気ヨガ教室をチェック**
毎週水曜17:00から、IBMコートヤードでヨガのレッスンが開催されている。corepoweryoga.com

個性派からロコブランドまで最先端が集まる商業施設

進化し続ける開発エリア
ワード・ビレッジ
Ward Village

ワード MAP付録P.11 F-1

ワード・センター、ワード・ビレッジ・ショップス、ワード・エンターテインメント・センター、サウスショア・マーケットプレイスの4エリアからなる大型商業施設。ショップやレストランのほか、映画館など約100店舗が並ぶ。

☎ 808-591-8411　アラモアナセンターから徒歩5分　1240 Ala Moana Blvd.　11:00〜18:00(金・土曜は〜19:00)　無休

↑ワード・エンターテインメント・センターの映画館
↑おしゃれなレストランが並ぶカマケエ通り
↑ワード・ビレッジ・ショップスには人気店が揃う

個性的な店が続々と登場カカアコのランドマーク

倉庫をリノベーションした複合施設
ソルト・アット・アワ・カカアコ
Salt at Our Kakaako

カカアコ MAP付録P.10 B-2

カカアコの歴史ある倉庫や建物を改修したショッピングゾーン。5つの建物からなり、老舗のレストランやバー、ショップなど、ロコが愛用する個性あふれる店舗が集まる。流行最先端のカフェなど新店にも注目。

☎ 808-545-4835　ワイキキから車で15分　691 Auahi St.　店舗により異なる

↑1階にはパラソルのあるカフェ、インテリア雑貨やセレクトショップが並ぶ
↑デザインが不定期に変化する壁画。まるでギャラリーのよう
↑2030年の開発完了に向けてさまざまなジャンルのショップが誕生

攻略ポイント

▶ **施設内のウォールアートをチェック**
カカアコの倉庫街にあるウォールアートが有名。施設内にも壁画があり、写真スポットとしても人気だ。

注目のショップ&レストラン

パイオニア・サルーン カカアコ店
Pioneer Saloon Kaka'ako
プレートランチで有名なモンサラットのお店に続く2号店

ロノハナ・チョコレート・テイスティング・バー
Lonohana Chocolate Tasting Bar
ユニークなチョコレートがいろいろ。おみやげにもぴったり

アーバン・アイランド・ソサエティ
URBAN ISLAND SOCIETY
ハワイ発のブランドで、オリジナル商品に注目が集まる

アーヴォ
ARVO
オープンスペースのパラソルの下で飲むスタイルで大人気

SHOPPING

ビーチ・グッズからおみやげまで
アイテム別 ショッピング

ビーチウェアやアロハシャツなどのハワイで着たいファッションアイテムから、憧れのハワイアン・ジュエリー、自分用はもちろん、おみやげにも喜ばれる自然派コスメなどをアイテムごとにご紹介。

海辺で映える! 南国デザインに一目惚れ

ビーチウェアは現地調達すべし

カラフルなデザインが豊富でコストパフォーマンスがよいビーチアイテム。水着や小物など、ロコも愛用するショップで最旬アイテムを手に入れたい。

↑お腹部分の大胆なカッティングがアクセント
$220

↑ハワイらしいパイナップル柄で南国感を演出
$130

$130

↑オリジナルTシャツはユニセックスなので、男性でも着用できる
$34

美しいラインのビキニが評判
サン・ロレンゾ・ブラジリアン・ビキニ
San Lorenzo Brazilian Bikinis
ワイキキ MAP付録P.16 C-3

南米のペルーとブラジルに工場があり、約3カ月ごとに新デザインが登場。リバーシブルで着用できるのがポイント。

☎ 808-237-2591 ✈モアナ サーフライダー ウェスティン リゾート＆スパ(→P158)内 ◉9:00〜10:00 休無休

$130

↑トップスとボトムのミックスマッチにも挑戦を!

$130

35年以上続く人気店
スプラッシュ・ハワイ
Splash Hawaii
カハラ MAP付録P.19 E-1

オアフ島で3店舗を展開するローカルブランド。オリジナルのほかセレクト品もあり、ロコ風のスイムスタイルはおまかせ。

☎ 808-737-8080 ✈ワイキキから車で15分 ✈カハラモール1F 4211 Waialae Ave. ◉10:00〜20:00(日曜は〜18:00) 休無休

↑リサイクル素材を使用したエコなワンピースタイプの水着
$110

↑オリジナルブランドのビキニはシンプルながらカッティングが魅力
$49

$46

↑ラッシュガードはサイドの紐を調整してスタイル自由自在
$60

↑ビーチでもタウンでも活躍してくれそうなオリジナルキャップ
$26

↑水着だけでなくビーチ小物も豊富

←全方向に伸縮するのでどんな動きにもついてきてくれる $92

→日本の大手アパレルとコラボレーションした限定Tシャツ $42

日本人の体型にもぴったり
ロコ・ブティック
Loco Boutique
ワイキキ MAP付録P.16 B-2
ハワイで作られた高品質なスイムウェアは着心地が良く機能的でリピーター多数。定番デザインのほか新作が続々と入荷中。
☎808-200-4117 ❖R.H.Cから徒歩5分 所 358 Royal Hawaiian Ave. ⊙9:00〜21:00 休無休

↑強い日差しをしっかりカットするつばが広めの帽子もオリジナル $45

$82

←色鮮やかなプリントのワンピースは、大人の女性にも好評 $146

ハワイで創業20年
プアラニ
Pualani Hawaii
モンサラット MAP付録P.18 C-4
ロコのサーファーがデザインする水着は伸縮性に優れ、激しい動きにも完璧に対応。幅広い年齢層に合うデザインも人気。
☎808-200-5282 ❖ワイキキから車で10分 所 3118 Monsarrat Ave. ⊙9:00〜16:00(土曜は〜15:00) 休日曜

$45

←リバーシブルタイプのビキニ。日本人に人気のデザイン $60

→肌の露出が少なめなので、トライしやすいタンキニ $56

$50

↑水着とのコーデが楽しいハットやパレオも人気 $42

$38

←肌ざわりが良く、水着と合わせやすいリネンのロンパー $80

→オリジナルエコバッグはプチプラでおみやげにぴったり $5

←斜めがけにもウエストポーチとしても利用できるバッグ。別カラーでラメ入りもあり $30

↑直営店ならではの品揃え。家族で楽しめるサイズ展開

→ベビーサイズもあるブラジル国旗デザイン $30

直営店ならではの充実の品揃え
ハワイアナス
Havaianas
ワイキキ MAP付録P.17 D-2
最新デザインのサンダル、防水効果のあるバッグやキーホルダーも。サンダルを買うとその場でストラップにチャームをつけることもできる。
☎808-807-9855 ❖所ハイアット リージェンシー ワイキキ ビーチ リゾート&スパ(→P162)内 ⊙9:30〜19:00(日曜は〜18:30) 休無休

←ビーチで水分補給ができるステンレス製ウォーターボトル $30

↓ピンクの花模様のサンダル $34

ビーチの必需品はここで調達
ワイキキ・ビーチボーイ
Waikiki Beachboy
ワイキキ MAP付録P.16 B-3
おしゃれな水着を探すならここ!キッズから大人サイズまで揃い、小物も豊富。ファミリーショッピングにぴったり。
☎808-953-9436 ❖所ロイヤル ハワイアン ラグジュアリー コレクション リゾート ワイキキ(→P156)内 ⊙10:00〜21:00 休無休

→オリジナルラッシュガードはシンプルで飽きのこないデザイン $64

各$58

→大きめサイズのアロハコレクションとのコラボバッグ $78

←薄手のタオルは乾きやすく、敷物としても使用OK

→ハワイでデザインされ、バリで作られた水着 $84

$64

ショッピング / グルメ / 歩いて楽しむ / アート&カルチャー / ホテル

SHOPPING

明るい色が太陽にお似合いの常夏ファッション

女子の憧れ!
南国のリゾートウェア

優雅な旅を演出する、着心地のよいハワイファッション。地元デザイナーのオリジナル・デザインも多く、個性あふれる店を巡ってお気に入りの一枚を探そう。

ハワイのトロピカルスタイルに首ったけ

→ 中央にシャーリングが入った立体感のあるスタイル $49.90

→ フェミニンな印象のフラワープリント・ミニドレス $48

← エスニックな雰囲気のジャンプスーツは、さらりとした着心地 $59.90

シュガー・シュガー・ハワイ
Sugar Sugar Hawaii
カハラ MAP付録P.19 E-1

小さなブランドやアーティストの作品が多く、ほかにはないユニークなデザインのアイテムが見つかるかも。ドレスから小物までトータルコーディネートで、ショッピングが楽しめる。

☎なし ✈ワイキキから車で15分 所カハラモール1F 4211 Waialae Ave. 営10:00〜20:00(日曜は〜18:00) 休無休

個性的なセレクション

← サマースタイルに欠かせないストロー素材のバッグ $32

← フラットなサンダルは歩きやすくて価格も手ごろ $32

→ バラエティ豊かな品揃え。宝探し感覚でお気に入りを見つけよう

ファイティング・イール
Fighting Eel
カハラ MAP付録P.19 E-1

シワになりにくく着心地のいいドレスがロコから絶大な指示を得るローカルブランド。姉妹ブランドのアヴァ・スカイほか、ホームグッズなどのライフスタイルグッズも展開している。

☎808-738-4912 ✈ワイキキから車で15分 所カハラモール1F 4211 Waialae Ave. 営10:00〜20:00(日曜は〜18:00) 休無休

洗練のハワイアン・ブランド

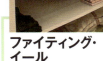

↑ ブランケットやシャワーカーテンなどの生活雑貨も充実

→ 脇の部分が開いたエレガントなドレスはフォーマルなシーンでもよく似合う $238

→ シンプルなドレスは伸縮性があり、アイロン要らずで機能的 $174

→ ストレッチ素材を使ったキッズのドレス。大人とのマッチングもOK $72

→ 魚をモチーフにしたプリントのチュニック $162

マヒナ
Mahina
カハラ **MAP** 付録P.19 E-1

スタイリッシュで手ごろな価格のウェアが中心。幅広い年齢層の女性が着用できる飽きのこないデザインが多い。セールを頻繁に実施しているのでこまめにチェックを！

☎ 808-200-1300 ✈ ワイキキから車で15分 🏠 カハラモール1F 4211 Waialae Ave.. 🕙 10:00〜20:00(日曜は〜18:00) 🈚 無休 💳

安くて質の良いドレスが豊富

$76 ↑ ドレスは、シンプルながらシルエットの美しさが魅力

$54 ↑ これ1枚でも重ね着しても楽しめるロンパーはオリジナルデザイン

$62 ↑ 丈が短めなのでハイウエストのパンツやスカートと相性抜群

$64 ↓ ボトム部分は裏地付きで1枚で着用してもOK。羽織物としても活躍してくれそう

↓ ファッション小物、アクセサリーのほか、オリジナルのスウェットも人気

↑ カラカウア大通りに面したシェラトン・プリンセス・カイウラニにも出店

$128 → さわやかな配色のクラドレスはロング丈のほか、ミニ丈も。フェザーが素敵なラウンドバッグが似合う

$75

$168 → ピンクのジャンプスーツにパイナップルの透かし刺繍が美しい羽織物をコーデ

$68 ← 女児用ワンピや男児用シャツなど、キッズ服も充実。ババも含めた家族コーデも楽しい

$55

$155

エンジェルズ・バイ・ザ・シー
Angel's by the Sea
ワイキキ **MAP** 付録P.16 B-3

モデルでもあるオーナーのニーナ・タイがデザインするアイテムは洗練されており、スタイリストなどプロの間でも人気が高い。自宅で洗濯できるなどお手入れも簡単。

☎ 808-926-2100 ✈ R.H.C.から徒歩2分 🏠 シェラトン・ワイキキ・ビーチリゾート(→P.161)内 🕘 9:00〜21:00 🈚 無休 💳

アパレルのプロにもファン多数

$125 → ストライプにパイナップルを組み合わせたプリントが素敵なロハドレス

ロベルタ・オークス
Roberta Oaks Hawaii
ダウンタウン **MAP** 付録P.8 B-2

オーナーのロベルタがデザインするアロハシャツやドレスはハワイらしさとシックで洗練された印象を併せ持つ。服やアクセサリーが中心だが、おみやげに適した雑貨も充実。

☎ 808-526-1111 ✈ ワイキキから車で15分 🏠 1152 Nuuanu Ave. 🕙 11:00〜18:00 🈚 日曜 💳

大人に似合うアロハ服

← 近年、おしゃれなお店が増加中のチャイナタウン、ダウンタウンの先駆けショップ

$148 ← ハワイの伝統的網漁をする漁師のデザイン。ハワイで手作業で染められている。同じ柄の女性用のドレスもあり

$135 → ホワイトジンジャーの花をモチーフにしたコットン製アロハシャツ。オリジナルデザインで、手作業で染められている

SHOPPING

タウンでも着こなしたいシンプルデザイン
カジュアルスタイル!
定番Tシャツ

ローカルブランドや限定デザイン、ビッグロゴなどが目を引くTシャツ。街歩きやビーチで愛用したい、おしゃれなアイテム探しを楽しんで。

↑パールハーバーとミズーリ艦をデザインしたミリタリー的なデザイン

←ノースショアのサーフィンライフをモチーフにしたシャツ

↑ハワイアンな図柄のサメをモチーフにしたデザイン

←ハワイのホヌをカラフルに彩った鮮やかなシャツ

↑お父さんと金のなる木をかけたジョークのデザイン

ハワイ発、老舗Tシャツ専門店
クレイジーシャツ
Crazy Shirts
ワイキキ MAP 付録P.16 C-2

1964年創業のパイオニア的なブランド。ハワイの活気あるカルチャーとアイランドライフのエッセンスがデザインのモチーフに。

☎808-377-6564
⊗R.H.C.から徒歩5分
所インターナショナル・マーケットプレイス(→P.78)2F 営10:00〜22:00 休無休

アパレル充実のサーフショップ
ハワイアンサウスショア
Hawaiian South Shore
カカアコ MAP 付録P.11 D-1

サーフィン関連のアイテムのほか、ハワイではここでしか手に入らないものや日本未発売をコンセプトにレアなブランドの品を取り扱う。

☎808-597-9055 ⊗ワイキキから車で10分 所320 Ward Ave. #112 営11:00(土曜10:30)〜19:00(日曜は〜18:00) 休無休 J

←Outerknownの Tシャツは日本より割安
$48

←1デザイン12枚のみ。買えるのはここだけ
$40

→オリジナルTシャツはバックプリント(右)がオシャレ
$30

お気に入りの一枚を探す
88ティーズ
88 Tees
ワイキキ MAP付録P.16 A-2

旅行者や日本の芸能人から長年愛され続けているハワイ生まれのアパレルショップ。オリジナルキャラクターのヤヤちゃんファミリーのTシャツはマストアイテム!

☎808-922-8832 ⊗R.H.C.から徒歩3分 ⌂2168 Kalakaua Ave. #2 ⌚11:30〜18:00 休無休

$29.99

↑ファンには歓喜の逸品!SEGA『龍が如く』x 88ティーズとのコラボTシャツ!

↑ハワイのロコが大好きなスパムむすびとシェイブアイスを持つヤヤちゃんとBFのククちゃん

$29.99

$29.99

人気マスコットのTシャツ
ハッピー・ハレイワ
Happy Haleiwa
ワイキキ MAP付録P.17 E-3

髪を2つに結んだハッピーちゃんがシグネチャー。ベビーからキッズ、レディス、メンズとあらゆるサイズがあり、家族でおそろいもキュート。

☎808-926-3011 ⊗R.H.C.から徒歩12分 ⌂ワイキキ・ビーチ・マリオット・リゾート&スパ内 2552 kalakaua Ave. ⌚10:00〜21:00(日曜は〜20:30) 休無休

↑ハッピー・ハレイワのマスコット、ハッピーちゃんがかわいいキッズ・サイズ
$34

$22.75
↑ハワイのシンボル、虹を描いたハロー・サンシャイン

ハワイ限定スヌーピー
モニ・ホノルル
Moni Honolulu
ワイキキ MAP付録P.16 B-3

スヌーピーなど、『ピーナッツ』のキャラクターがハワイ生活を満喫。日焼けしたり、サーフィンをしたりと限定イラスト・グッズを販売。

☎808-926-2525 ⊗R.H.C.から徒歩2分 ⌂シェラトン・ワイキキ・ビーチリゾート(→P.161)内 ⌚8:00〜22:00 休無休

↑みんなでサーフィンに出かけるところ。Tシャツはすべてユニセックス・デザイン

$40
↑パームツリーの下でウクレレを演奏。ウッドストックも楽しそう

$40
↑チャーリー・ブラウン、サリーと一緒にフラを踊るスヌーピー

ショッピング / グルメ / 歩いて楽しむ / アート&カルチャー / ホテル

85

SHOPPING

キュートな雑貨は迷わずお持ち帰り
暮らしになじむハワイアン雑貨

マリンやパイナップル、ハイビスカスなどがモチーフのアイテムが集まるショップ。自分に、みやげに、"楽園ハワイ"を思い出すオリジナルグッズを購入できる。

Ⓐ ウォールアート $65
↪ 甘い香りがしてきそう！パイナップルのウォールアート

Ⓒ コスメティック・バッグ $14.80
↪ 真っ黒なモンステラの葉をデザインした帆布製ポーチ

Ⓐ ボタニカル・ウォール・アート・クロック $95
↪ どんな部屋にもなじみがよさそうなクロック

Ⓐ ロングボードレター $49
↪ レインボウを背に踊るフラガールのロングボードレター

Ⓒ バッグ $34.80
↪ ラウンド型のカゴバッグ。真っ赤な布の手とタッセルがアクセント

Ⓒ クッションカバー $34.80
↪ 麻の質感が涼しげなクッションカバー。シンプルながらセンス抜群

Ⓑ ポスター $26
↪ ノースショア出身のニック・クッチャー氏によるハワイ諸島のさまざまな場所が描かれている

Ⓐ ウォール・アート・クロック $80
↪ ハワイアンミュージックファンにはマストアイテム

Ⓑ おくるみ $24
↪ 赤ちゃんをやさしく包むおくるみ。コットンでできたSweet Sweet Honey

Ⓒ マグネット $5.80
↪ ハワイらしいイラストやメッセージを描いたウッドボードが素朴で素敵

Ⓐ ウォールアート $195
↪ 美しいオアフ島のウォールアート。楽しい旅の思い出がいつまでも蘇る

Ⓒ 貝殻 $0.80〜6.80
↪ 洗面所や飾り棚にレイアウトしたり、砂と一緒にガラス器に入れて部屋を飾る本物の貝殻

	Ⓐ ウッド素材のカスタムアート	Ⓑ ハワイメイドの素敵雑貨	Ⓒ インテリア雑貨に注目
	ココネネ CocoNene ワイキキ MAP付録P.16 C-2	**レッド・パイナップル** Red Pineapple カイムキ MAP付録P.18 C-1	**ソーハリビング** SoHa Living カハラ MAP付録P.19 E-1
	ハワイの雑貨などを扱う。ウッド素材のパーツを使ってカスタムで作れるロングボード・レターズが人気。	ハワイで作られているインテリア雑貨やボディケア用品などをメインに販売。厳選された食品も要チェック。	ファッション雑貨もあるが、もともと家具店から始まったこともあり、インテリア雑貨のセンスは抜群。
	☎ 808-739-7500 R.H.C.から徒歩5分 インターナショナル・マーケットプレイス(→P.78)1F 10:00〜21:00 無休	☎ 808-593-2733 ワイキキから車で15分 1151 12th Av. 8:00〜17:00 無休	☎ 808-591-9777 ワイキキから車で15分 カハラ・モール1F 4211 Waialae Ave. 10:00〜21:00(日曜は〜18:00) 無休

86

C イヤリング $18.80
➡ リゾートドレスのアクセントに。モンステラの大ぶりなイヤリング

B ソープ $4
➡ マウイ発のソープ。ローズ、プルメリアなど5つの香り

C ジャーナル $14.80
➡ 大切に使いたいシックなモノトーンの表紙のモンステラ柄のジャーナル

D キャンドルホルダー $150
➡ ローカルデザイナーによるハンドメイド作品。ガラス製

D ランタン $50
➡ ローカルデザイナーによる陶器ランタン

E クラッチバッグ 各$42
➡ 約17×12cm。パスポート、お金、ギフトカードなどが入る便利サイズ

E ショッピングトート $86
➡ 買い物だけではもったいない。仕事や学校、遊びにもいろいろなシーンで使える大ぶりバッグ

C エコ・バッグ $24.80
➡ 美しいヘリコニアの葉のイラストのエコバッグは大人シックテイスト

D ジュエリー（シルバー $42～、ゴールド $62～）
➡ グリーン・ティー・リーブスの繊細なアクセサリー

E トラベルキット $40
➡ リップクリーム、シャンプー、ソープ、セラム、ターメリックオイルがセットに

> 併設のアトリエで作る手作業、一点モノ
> プリントから縫製まで店内の工房で作業。色の組み合わせも膨大でひとつとして同じ作品には仕上がらない。

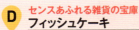

D センスあふれる雑貨の宝庫
フィッシュケーキ
Fishcake
カカアコ MAP付録P.11 D-1

アーティスティックな視点で集められた家具やインテリア雑貨が集結。服や茶葉、ソープなど小物も充実。
☎ 808-800-6151
🚗 ワイキキから車で10分
📍 307 Kamani St.
🕐 10:00～17:00
日曜 11:00～16:00
休 月曜

E 店内奥で手作り
ジャナ・ラム・スタジオ・ストア
Jana Lam Studio Store
カカアコ MAP付録P.11 D-1

ハワイで生まれ育ったジャナ・ラムがハワイの自然をモチーフにデザインするテキスタイルが素敵。店内で制作。
☎ 808-888-5044
🚗 ワイキキから車で10分
📍 331 Kamani St. Suite E
🕐 11:00～17:00
休 土～火曜
※2024年7月移転予定 https://janalam.com

ショッピング

グルメ

歩いて楽しむ

アート＆カルチャー

ホテル

SHOPPING

> ヴィンテージから現代柄まで選べるハワイの正装

色彩豊かな
アロハシャツ探し

正装としても着用されるアロハシャツは、鮮やかなデザインと着心地のよさが魅力。ロコ流のコーディネートに挑戦したい。

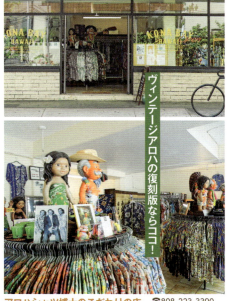

ヴィンテージアロハの復刻版ならココ！

モダンで着やすいアロハ
ロベルタ・オークス
Roberta Oaks Hawaii
ダウンタウン MAP付録P.8 B-2 ▶P.83

アロハシャツ博士のこだわりの店
コナ・ベイ・ハワイ
Kona Bay Hawaii
アラモアナ MAP付録P.14 C-2
☎ 808-223-3390
🚗 R.H.C.から車で5分
📍 444 Ena Rd.
🕙 10:00〜17:00
休 無休 J

1950年代のヴィンテージアロハシャツに魅せられたデザイナーKC木内さんのショップ。当時と同じこだわり抜いた製法を用いている、今や少数ないメイド・イン・ハワイのアロハシャツ。

⬅品のよいモンステラ柄のリゾートスタイルのシャツ **$248**

おみやげに適した小物も充実

➡ロベルタのシャツはスタイルが良くみえると評判 **$135**

⬅女性にも人気があるフラワープリント。ボトムスを選ばない配色で合わせやすい **$125**

➡ハワイ諸島の名前やワイキキの文字も入っている。ジーンズに合いそう **$125**

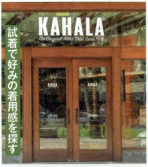

創業は1936年の名店
カハラ
Kahala Waikiki
ワイキキ MAP付録P.15 F-3
仕立ての良さで知られ、ビジネスやウエディングへの参列などにはここのアロハを着用するというロコ紳士も多数。
☎808-922-0066 所R.H.C.から徒歩2分 ワイキキ・ビーチ・ウォーク(→P77)1F 営9:00~22:00 休無休

ハワイ発の老舗ブランド
トリ・リチャード アラモアナ店
Tori Richard Ala Moana
アラモアナ MAP付録P.13 D-2
1956年創業のアロハシャツの老舗店。上質なコットンやシルクを使った繊細なアロハシャツは、海外でも人気。
☎808-949-5858 所アラモアナセンター(→P.76)2F 営9:30~21:00 日曜10:00~19:00 休無休

マニア垂涎のアンティーク
ベイリーズ・アンティークス&アロハシャツ
Bailey's Antiques & Aloha Shirts Inc.
カパフル MAP付録P.18 B-3
新作レプリカも扱うがヴィンテージならまずこの店。ファイヤーキングなど雑貨のアンティークも扱う。
☎808-734-7628 所ワイキキから車で5分 517 Kapahulu Ave. 営11:00~18:00 休無休

$118 ネイビー地にパープルの色合いの美しいシャツ
$228 「アロハ・オエ」という女性にも人気がありそうなシャツ

$118 デューク・カハナモクのパレオをイメージしたシャツ
$120 パイナップルプリントのシャツは女性も似合いそう
$120 クルーズにぴったりの「ボートデイ・アロハ」シャツ

$6000 店内で最も高価なアンティーク・アロハ。1950年代に手書きで作られたもの
$39.99 ポップなシャーク・アンティークシャツ
$39.99 1950年代の鯉の和柄レプリカシャツ

SHOPPING

伝統のモチーフ柄が特徴です

マナが宿る ハワイアンキルト

心がこもった手作りアイテム

独特の図柄は植物やウミガメなどの自然がモチーフ。自然が持つマナ（エネルギー）を大切に思う気持ちが、一針一針に込められている。

↑キルトアイテム以外にもハワイらしいギフトアイテムがずらり

アロハレーン
Aloha Lane

アラモアナ MAP付録P.13 D-2

手縫いの本格的なハワイアンキルトからばらまきにぴったりなキルト小物が揃う。卸売り業を営んでいるので、リーズナブルな価格の品が多くおみやげ探しにぴったり。

☎808-638-3913 所アラモアナセンター（→P.76）1F
営10:00～20:00 休無休

ハワイらしいおみやげの宝庫

各$3.99

↑大人気の小さいポーチは3つ購入すると$10なのでとてもお手ごろ

$59.99

↑インテリアにハワイらしいアクセントを加えるクッションカバー

$24.99

↑ポーチは持ち手の部分が取り外し可能

各$9.99

↑ハワイアンキルトのデザインをモチーフにしたミトン

$44.99

↑キルト生地のバッグはセール価格のことが多いので狙い目。写真の商品はセール時$29.99

ロイヤル・ハワイアン・キルト
Royal Hawaiian Quilt

ワイキキ MAP付録P.16 B-3

R.H.C.で20年間営業を続ける歴史のあるショップ。店内には、伝統の図柄からモダンなデザインまで、豊富にディスプレイされている。ベッドカバーやメガネケースなど、リーズナブルな価格で普段使いが可能。

☎ 808-926-0678 交所 R.H.C.（→P.77）A館2F 営 10:00〜21:00 休 無休

お家ハワイ化計画に必要なアイテムがずらりと並ぶ

→ パームツリーのショルダーバッグ。ジッパーが付いているので中身が見えない　$149.99

→ おみやげにもらったらうれしい、パイナップルの鍋敷き　$15.99

→ ホヌの鍋敷き。ホヌは長寿の神様の使いといわれている　$15.99

→ ホヌのクッションカバー。ご両親やシニアの方のおみやげに最適　$34.99

→ レインボーカラーにプルメリアの花をあしらったトートバッグ　$169.99

→ ハワイ感たっぷりのパイナップルの伝統的な図柄の枕カバー　$72.99

→ ハワイ州旗のクッションカバー。ユニオンジャックは昔イギリスと同盟を組んでいた由来による　$72.99

$12.99　$12.99

↑ モンステラとプルメリアのペンケース

↑ 日本語を話せるスタッフがいろいろな好みのものを探してくれる

ショッピング
グルメ
歩いて楽しむ
アート＆カルチャー
ホテル

ハワイアンキルト

ホヌや草木をデザインしたキルト

ハワイにキルトをもたらしたのは、1820年代に訪れたキリスト教の宣教師たちといわれている。西洋では保温が目的だったキルトは、ハワイでは装飾として発展。花や草木、ウミガメ（ホヌ）といった自然をシンメトリックにデザインした図柄が、ハワイアンキルトの伝統的なパターンとして定着した。自然のモチーフからマナ（エネルギー）をもらえると信じられており、一針一針心を込めて作られる。

ウミガメ(ホヌ)

ハイビスカス

パイナップル

パンの木

モンステラ

プルメリア

アンセリウム

ジンジャー

91

SHOPPING

> ハワイアン・サウンドのかなめ

本場生まれのウクレレが欲しい

ハワイアン・ミュージックに欠かせない楽器、ウクレレ。ハワイを旅すれば、フラ・ショーやライブレストランなど、いたるところでその音色を耳にするだろう。

→ ハッピー・ハレイワとのコラボTもキュート

$25

ウクレレ・ぷあぷあ
Ukulele Puapua
ワイキキ MAP 付録P.16 B-3

子供用、初心者用からプロ用まで幅広い取り扱いが魅力。ウクレレをモチーフにした雑貨や服も人気。ハワイのウクレレショップならではのオリジナルTシャツなど、ここでしか購入できない商品も。

☎ 808-371-9514 ☒ R.H.C.から徒歩2分 所 H シェラトン・ワイキキ・ビーチリゾート(→P.161)内 営 10:00～19:30 休 無休

無料レッスンでまずは1曲トライ

基本のコードを3つ教えます。レッスンで3曲くらい弾けるようになります

$479

↑ギター・プレイヤーがウクレレを始めるときにぴったり。コアの木を使用

$299

↑レッスン希望者は早めに訪れたい

←カラフルでキュート
←初心者用ながらチューニングや音の響きは抜群！ハワイ製

←無料レッスンは毎日16:00～、30分間。要予約

ウクレレの持ち方から指導してくれる楽しいレッスンですよ！

↑初めてでも弾きやすい初心者用

ウクレレ・ストア
Ukulele Store
ワイキキ MAP 付録P.15 F-3

ウクレレのプロ奏者にして目利きであるオーナーのタイラーさんが選んだウクレレは、逸品揃い。低価格な初心者用モデルにいたるまで、きちんと選別し、音色の確かなものを販売している。

☎ 808-888-5469 ☒ R.H.C.から徒歩5分 所 ワイキキ・ビーチ・ウォーク(→P.77) 2F 営 11:00～19:00 休 無休

ヴィンテージの名器も多数並ぶ

←老舗ブランド、カマカのデラックス・モデル。ハンドメイド
←ローカル・カンパニー、レオラニのウクレレ

$4500

$150

←毎日16:30に無料レッスンがある

$100

↑無料レッスンは1回約15分

92

ハワイアン・ミュージックのルーツを知る

ハワイで演奏を耳にするハワイアン・ミュージックは伝統的な民族音楽やハワイアン・ポップスの総称である。今なお進化し続けるハワイアン・ミュージックの歴史や変遷を学ぼう。

神に祈る儀式に用いられていた
伝統のハワイアン・ミュージック

ハワイアンというとウクレレやスチール・ギターが特徴の音楽を思い浮かべるが、これは20世紀初頭にニューヨークのミュージシャンたちが、南の島らしい音楽を作りアメリカ本土で演奏していたもの。

本来のハワイの音楽は、自然の恵みに感謝し、神に祈りを捧げるために歌ったチャント(詠唱)がはじまりだ。神に捧げる踊りであるフラと一緒に、ひょうたんの打楽器イプや太鼓に合わせて歌っていた。

その伝統的で美しいチャントや打楽器のシンプルな音楽に、賛美歌のメロディやハーモニーを合わせたモダン・ハワイアンが生まれたのは、西洋の楽器が持ち込まれた18世紀以降のこと。19世紀末には「アロハ・オエ」のようなハワイアン・ミュージックの古典的様式が完成した。

特有の音色を奏でる
ハワイの楽器とウクレレの起源

伝統的なハワイの楽器には、ひょうたんの中身をくりぬいたイプや、ヤシの木とサメ皮を使った太鼓、パフほか豊富な種類がある。神事で演奏されていただけに心癒やされる音だ。

ウクレレは、19世紀初頭にポルトガル移民が持ち込んだポルトガルのブラギーニャという小型ギターが原型。当時のカラカウア王が気に入り、急速に広まったといわれている。ウクレレは「飛ぶノミ」という意味で、演奏者の指の動きが飛び跳ねるノミのように見えたからという説がある。

ウクレレ作り一筋で有名なカマカ社は、創業者のサミュエル・カイアリイリイ・カマカ氏がカイムキの自宅でウクレレを作り始めたのがスタート。20年代中頃に楕円形のウクレレをデザインし、パイナップルに形状が似ていることから、パイナップル・ウクレレと名付けられた。

ハワイ産の木材から生まれる
個性豊かなウクレレの音質

ウクレレは一番小さいものから、ソプラノ、コンサート、テナー、バリトンと呼ばれ、サイズが大きくなる。素材はコア、マホガニー、メイプル、スプルース、ローズウッド、マンゴーなど。大きさや形、素材により音が変わるので好みのものを探したい。

ハワイ固有のコアは近年希少で高級品になっている。

スタンダードタイプのウクレレ

カマカ社から発売されたパイナップル形

初代のパイナップル・ウクレレ。1928年製

時代とともに進化する
ハワイアン・ミュージック

現在のハワイで観られるフラのショーは観光用に考案されたタヒチアンダンスで、伝統的なフラとは異なる。

神に捧げる踊りであるフラは、動きのひとつひとつに意味があり、神話を人々に伝える言葉の役割を果たしていた。本来のフラの形は、18世紀末に白人文化がもたらされて変貌する。キリスト教の宣教師たちによって自然崇拝のフラやチャント、ハワイ語などが禁じられてしまうが、19世紀末、ハワイ国家主義を唱えたカラカウア王がフラや伝統文化を復活させた。

フラとともに奏でる美しいチャントやイプから発展し、現代ではジャワイアン(ハワイアン・レゲエ)をはじめ、さまざまな新しい音楽がハワイアン・ミュージックを形づくっている。

世界で活躍する有名ウクレレ奏者たち

ハワイアン・ミュージック愛好家から支持されるプロのウクレレ奏者。明るくて軽やかなサウンドと個性的なプレイで聞き手を魅了し続けている。

● **ジェイク・シマブクロ**
1976年11月3日ホノルル生まれ。ウクレレの世界的なスターでアルバムも多数。日本を含む世界ツアーも行う。

● **ハーブ・オオタ(オータサン)**
1934年10月21日ホノルル生まれ。ファンから「オータサン」と親しまれる世界一のウクレレ・プレイヤー。

ウクレレブランドの老舗を見学

カマカ・ウクレレ
Kamaka Ukulele

カカアコ MAP付録P.10 A-1

1916年創業。品質の良さから、ハワイのウクレレの代表といわれる老舗ブランド。楕円形のボディのパイナップルウクレレも有名で、工房見学もできる。

工房が併設されており、無料の見学ツアーも開催されている

☎808-531-3165 ワイキキから車で15分 所550 South St. 営8:00〜16:00 休土・日曜、祝日

ショッピング / グルメ / 歩いて楽しむ / アート&カルチャー / ホテル

SHOPPING

アロハスピリットがこもったラッキーアイテム
幸せを願うハワイアン・ジュエリー

ホヌやプルメリア、波など、ハワイ特有のモチーフをデザインしたハワイアン・ジュエリーは、愛と幸せを運んでくるという。好みの言葉を刻んでオーダーしてみよう。

ハワイアン・ジュエリー

起源はリリウオカラニ女王のバングル

ハワイ王朝最後の女王・リリウオカラニが、教師のゾエ・アトキンソン女史に「アロハ・オエ」と刻んだバングルを贈ったという。これがきっかけとなり、現在では感謝や愛情を表現する贈り物として、メッセージを刻んだりモチーフに思いを託す。

→繁栄の象徴、モンステラは金運や親密な関係をサポート
→ハワイ語でホヌと呼ばれるウミガメは海の守り神
→気品を表すプルメリアは自身の魅力を引き出し、大切な人の幸せを願う
→幸運を釣り上げて離さないフィッシュ・フック

セレブも通うショップ
No.8 ジュエリー
No.8 Jewelry
ワイキキ MAP付録P.16 B-3

キュートなハワイアン・ジュエリーのほか、ネイティブ・アメリカンのターコイズ・ジュエリーや一点もののアーティスト作品も販売。ファッション感度の高いモデルなど、セレブ客も多い。

☎808-921-2010
R.H.C.から徒歩2分
所 シェラトン・ワイキキ・ビーチリゾート(→P.161)内 10:00～21:00 無休

ピンク、黄、緑、白のゴールドで好きな組み合わせが選べるツートンリング $1200～

いつの世でも愛され続ける鮮やかなターコイズペンダントは卓越した職人によるもの $298

$1000

バングルはネイティブ・アメリカンの有名アーティストによる一点もの

←文字の刻印などは、平日であれば翌日夜には仕上がる

釣り針のネックレストップ。表に波、裏にマイレの葉が彫られている $1000

2色の金を配したプレート型ペンダントトップ。裏に好きな文字が彫れるサービスあり $700

愛が豊富なジュエリー
マノア・ラブ・デザイン
Manoa Love Design
ワイキキ MAP付録P.16 C-2

日本とロサンゼルス在住後、ハワイにて高品質のジュエリーデザイン制作を展開。一点もののジュエリーはいくつもコレクションしたくなる逸品。オンラインストアもあり、日本への配送も可能。マノア(ハワイ語で広大な、豊富な)・ラブは娘さんの名前から。

☎808-462-8808
R.H.C.から徒歩5分
所 インターナショナル・マーケット・プレイス1F内(→P.78) 10:00～21:00 無休

優雅で可憐な女性にぴったりのプルメリア・ダイヤ・トップ・ペンダント $780

エレガントで繊細なゴールドのプリンセス・カイウラニペンダント(チェーンは別売り) $5280

上品なアロハ・ダイヤモンド・リング。いつもアロハスピリットを心に $980

大人のかわいらしさを演出。フラワーダイヤモンドのバングル $2300

←サーフボードのテーブルの上には個性豊かなオリジナルジュエリーが陳列されている

洗練された高品質なジュエリー
マウイ・ダイバーズ・ジュエリー
Maui Divers Jewelry
アラモアナ MAP 付録P.13 D-2

世代を超えて愛され続けるマウイ・ダイバーズのジュエリーは、ハワイの大自然からインスピレーションを得て、ロコの職人によりひとつひとつていねいに作られている。タヒチ産をはじめとする高品質のパールシリーズにも定評がある。

☎808-949-0411　1450 Ala Moana Blvd.　アラモアナセンター2F(→P.76)　10:00〜20:00　無休

- ラブリーなピンクゴールドのプルメリアとイエローゴールドペンダント（チェーンは別売）　$575
- 可憐な3種のゴールドのプルメリアのペンダント　$995
- 人気の高いプルメリアシリーズにはイヤリングもある。ぜひセットで揃えたい　$745
- マイレの葉は「神が宿る神聖な葉」、神々から祝福や愛が得られるという　$2795
- ⬆日本語を話せる、ていねいで優しいスタッフがいるので安心

店内で手彫りの逸品を
マキシ
Maxi Hawaiian Jewelry
ワイキキ MAP 付録P.16 B-2

店内にアトリエを併設している。オーナーであり、デザイナー、彫り師でもあるハワードさんはインストラクター級の腕を持ち、販売する商品は繊細かつシャープに彫り上げた逸品揃い。

☎808-924-9389　R.H.C.からすぐ　ワイキキショッピングプラザ内 2250 Kalakaua Ave.　10:00〜(日曜11:00)〜19:00　無休

- 波と葉を組み合わせた彫り模様が美しいウェーブ・リング
- 所要3週間で自分や子ども、ペットの名前など好きな文字でオーダー可能
- ハワイらしいキュートなピンクゴールドのパイナップル・モチーフ
- ピンクゴールドのタツノオトシゴ。幸せを呼び込むハッピーシンボル
- 水平線がモチーフになったピンクゴールドのホリゾンタル
- ⬅マキシ（永遠なる想い）をジュエリーに込めて

クールでモダンなデザイン
ロノ ゴッド・オブ・ピース
Lono God of Peace
ワイキキ MAP 付録P.16 B-2

女性はもちろん、男性につけてほしいストリート系のかっこいいハワイアン・ジュエリーが多数揃う。素材となる金属から色、デザインにいたるまで日本語で詳細にオーダーできるのも魅力。

☎808-923-7770　R.H.C.から徒歩3分　ワイキキビジネスプラザ 1F 2270 Kalakaua Ave. #103　9:30〜21:00　無休

⬅身につけることで平和と幸福をもたらすジュエリーを取り揃える

- 単体だとドルフィン、合わせるとハートになるペア・ペンダント
- 人気のペンダントヘッド、Fish Fook（釣り針）。幸せを釣り上げるという意味を持っている
- 周囲には波とマイレを配し、中央に四つ葉のクローバーをデザイン

SHOPPING

ナチュラル志向のロコに受けています
自然派コスメできれいになる！

お肌にやさしく、厳選素材で作られたハワイのコスメ。オーガニックなど、エココンシャスなロコガールが愛用するコスメを試しながらお気に入りを見つけて。

ハワイの天然ハーブを使用
ラニカイ・バス&ボディ
Lanikai Bath & Body
カイルア MAP付録P.20 C-3

ハイクオリティなオーガニック・ココナッツオイルやハワイ産のハーブを使用。すべての商品がこのショップから15分の場所にある工房で作られているため、できたてフレッシュ。

☎808-262-3260 ❂ワイキキから車で40分 所カイルア・ショッピングセンター1F 600 Kailua Rd., Kailua 営10:00〜18:00（土曜は〜17:00、日曜は〜16:00）休無休

→赤ちゃん、男性、女性と家族で使えるラインナップ

ルーファ・ソープ
→ヘチマがそのまま入った固形石鹸。もちろん100％植物由来
$8.50

Hawaiiブランド
ラニカイ・バス&ボディ
石油由来の素材や防腐剤を使用せず、ククイオイルや塩、ケーンシュガーなど、ハワイが育んだ天然素材を効果的に配合。

→できたてを少しずつ店舗に運ぶため、鮮度抜群の商品が並ぶ

ボディ・バター
→シアバターとココナッツの力で潤いをしっかりキープ
$10.50

$7.50

フェイス&ボディ・ミスト
→アロエ配合。保湿はもちろんリフレッシュにもおすすめ

ハンドメイド・ソープ
→グァバ、パイナップルの香り。5個まとめ買いなら$30とお得
各$7.50

Hawaiiブランド
マリエ・オーガニクス
自社農園と契約有機栽培農家で作られた植物のみを使用。肌や体はもちろん、環境にも配慮した製品作りが特徴。

→マリエとはハワイ語で「静かな」「穏やかな」という意味

エレガントな南国の香りに癒やされる
マリエ・オーガニクス
Malie Organics
ワイキキ MAP付録P.16 B-3

ガーデン・アイランドと呼ばれるほど、ハワイ諸島のなかでも特に豊かな自然を誇るカウアイ島生まれのブランド。ハワイに育った植物のエキスを贅沢に使った高級ボディ・ケア用品が揃う。

☎808-922-2216 ❂R.H.C.から徒歩2分 所ロイヤル ハワイアン ラグジュアリー コレクション リゾート ワイキキ（→P.156）内 営9:00〜21:00 休無休

↑店内にはハワイの花々の香りがいっぱいに広がる

ボディ・ポリッシュ
→さまざまな香りを楽しめる
$29

ビューティ・オイル
→髪にもボディにも使える高保湿オイル。コケエの香り
$45

ルームスプレー
↑どんな空間も南国のオアシスに変えてくれるアイランドアンビアンミスト
$40

ハワイみやげはここで！
ABCストア
ABC Store
アラモアナ MAP 付録P.13 D-2

ハワイ州最大のコンビニエンスストア。フード、ドリンク、おみやげ、ファーストエイドと何でも揃う。手ごろなコスメも充実しているので要チェックだ。

☎ 808-952-5334 ㊐ アラモアナセンター(→P.76)1F ⏰ 9:00〜21:00 無休 J E

↑話題のコスメ、ロングヒットコスメなどを取り扱う

フェイシャル・トナー(左) リップバーム(右) $26.99 / $8.99
→プロポリス、ローズオイル、ネロリオイルを配合(左)。蜂蜜や蜜蝋、プロポリスにオリーブ油をプラス(右)

フェイス＆アイ・クリーム 各$39.99
→ハニー、蜜蝋、ロイヤルゼリーとハチ由来のオーガニック原料を使った敏感肌用。左はエクストラ・センシティブ

Hawaiiブランド
ハニー・ガール・オーガニクス
養蜂家の手がきれいなことに着目して作られたブランド。ベースは蜜蝋とオリーブオイルで、合成香料や防腐剤不使用。

上質のメイドインハワイみやげ
ハウス・オブ・マナ・アップ
House of Mana Up
ワイキキ MAP 付録P.16 B-3

地元のデザイナーや起業家たちによるハワイ生まれの40以上のブランドのセレクトショップ。食品、アパレル、コスメ、アートなどすべてハワイにルーツがあるものばかり。

☎ 808-425-4028 ㊐ R.H.C.(→P.77)A館2F ⏰ 10:00〜21:00 無休 J

↑厳選されたアイテムが揃う

キャンドル $19
→デューク・カハナモク財団のキャンドル。売上の一部は海洋保全団体へ寄付される

ボディケア用品 $48
→Ua Bodyとデューク・カハナモク財団とのコラボのボディケア製品のセット

Hawaiiブランド
マナ・アップ
マナアップは起業家支援、ハワイの製品が世界ブランドに成長するためのアクセラレーター、ベンチャーファンド。

ボディローション $32
→Ua Bodyのピカケ(ジャスミン)のボディローションはとても人気のアイテム

スーパーマーケットでも買える！
自然派コスメ

スーパーマーケットには、手ごろな価格で購入できるナチュラルコスメも豊富。パッケージがかわいい商品も多いのでデザインで選ぶのも楽しい。

→「Dr.ブロナー」のオーガニック・シュガー・ソープ710mℓ、$20.09 **A**

→マウイで育てたククイナッツオイル118mℓ、$9.09 **A**

→コーヒーをスクラブ剤として配合した手作りソープ $6.59 **A**

→アルガンオイルとローズヒップオイル。各39mℓ、$11.99 **B**

→さっぱりとした洗い心地フェイス・ウォッシュ250mℓ、$14.49 **B**

→化学物質を使用しないコスメ・ブランド「ガブリエル」のフェイス・カラー各$10.99 **A**

ここで買えます♪
A ダウン・トゥ・アース ▶P.104
B ホールフーズ・マーケットクイーン店 ▶P.52

日本よりもお買い得！プチプラコスメを選ぼう
店内には日本で買うより割安なコスメも揃う。自分用はもちろん、ばらまきみやげにもおすすめ。

→ロールオンタイプで使いやすいボディ用日焼け止め $22

→SPF40+ ロールオンタイプフェイス用日焼け止め $15

→SPF35 ジャータイプのボディ用日焼け止め $20

ショッピング / グルメ / 歩いて楽しむ / アート＆カルチャー / ホテル

SHOPPING

> 花柄やリゾート柄でカラフルに変身

ネイルサロンで指先を華やかに

南国気分を高めてくれるハワイデザインのネイルなら、
ていねいな施術と洗練された仕上がりで話題のサロンを訪れて。
美しさに磨きをかけ、心地よい雰囲気のなかで特別な時間を過ごせる。

ゴージャスかつ繊細。完成度の高さに驚き!

ストーンやジュエリーで輝く指先を演出
アクア・ネイル
aqua nail

ワイキキ MAP 付録P.16 B-2

天然石の粉末を使ったパワーストーンネイルや、ハワイアン・ジュエリーを取り入れた華やかなネイルが人気。ハワイらしいオリジナル・デザインが豊富で、その技術とセンスに定評がある。

☎ 808-923-9595 交 R.H.C.から徒歩3分
所 334 Seaside Ave. #304 営 10:00〜17:00
休 日曜、祝日 J

↑ゲストの希望を聞きながら好みに合わせたネイルアートを提案

↑ハワイを題材としたオリジナル・デザインの数々。緻密な細工が美しい

↑2人掛けのチェアで友だちや家族と一緒に利用できる店内

←ホテル内にある落ち着いたサロン(上)。ネイルグッズやオリジナル商品の販売も(下)

↑定番のハイビスカスのほか、ヤシの木やホヌ(ウミガメ)といったハワイらしいアートも人気

ていねいな手描きによるハイビスカスアート

ハイビスカスアート発祥の人気店
ネイルラボ
Naillabo

ワイキキ MAP 付録P.16 B-3

1995年にワイキキ初のネイルサロンとして誕生。今や定番となったハイビスカスアート発祥の店で、細やかなハンドペイントの技術が注目を集める。デザインの種類は600以上。

☎ 808-926-6363 交 R.H.C.から徒歩2分
所 H シェラトン・ワイキキ・ビーチリゾート
(→P.161)内 営 10:00〜19:00 休 無休
J

優雅な雰囲気の隠れ家サロン
サロン・シェリー
Salon Cherie
ワイキキ MAP付録P.14 C-1

静かな場所にあるおしゃれなサロン。日本人ネイリストのていねいな施術と細やかなサービスは、多くのロコにも支持されている。日本製ジェルなど、使用する製品はどれも高品質。

☎808-277-3027
R.H.C.から徒歩10分
ワイキキ・ランドマーク3F
1888 Kalakaua Ave.
10:00～19:00 日・月曜

↑日本人ネイリストが常駐。コンドミニアムの3階に位置する

↑白を基調とした店内は、ナチュラルで心地よい雰囲気

↑上品で洗練されたネイルは大人の女性にぴったり

↑ラグジュアリーな雰囲気漂う癒やしの空間

パームツリーがリゾート気分を盛り上げる

↑遊び心あふれるトロピカルな柄からシンプルなデザインまで揃う

美しく爪にやさしいジェルネイル
ネイルサロン・アイ
nail salon ai
ワイキキ MAP付録P.16 B-2

爪への負担が少なく、薄付きで自然な仕上がり持続する、トップネイリストにより選されたジェルネイルを採用。ハンドネイルだけでなく、ビーチで目立つフットネイルも人気がある。

☎808-921-2900 R.H.C.からすぐ
307 Lewers St. Suite 301
9:00～18:00 無休

↑キッズネイルも人気で親子連れの姿も多い(上)。500種類以上のサンプルを用意(下)

ナイトタイムのネイルもOK
ピュア・ネイルズ
Pure Nails
アラモアナ MAP付録P.6 C-2

夜遅くまで営業し、スーパー内にあるのでショッピングの行き帰りに立ち寄れる便利なロケーションが魅力。マンスリーデザインのネイルは価格が手ごろでロコにも人気。

☎808-955-1121 アラモアナセンターから徒歩15分 ドン・キホーテ1F 801 Kaheka St. 9:00～24:00 無休

↑ドン・キホーテの入口近くにある

↑ハワイらしいデザインのネイルでハワイ旅行を満喫!

↑やわらかな印象のニュアンスネイルもおまかせ

↓エレガントな雰囲気でウエディング用にぴったり

ショッピング / グルメ / 歩いて楽しむ / アート&カルチャー / ホテル

SHOPPING

セレブが集う老舗店がアラモアナに勢揃い
上質な品を求めて高級デパートへ

一流ブランド店や地元で愛されるショップが集まる洗練されたデパート。リゾートワンピースやアクセサリー、小物などを落ち着いた空間で選べる。

オリジナル・トート
$30も人気

ハワイみやげを集めたエリアも要チェック。ここにしかないものも多い！

上質なものだけをセレクト
ニーマン・マーカス
Neiman Marcus
アラモアナ MAP 付録P.13 D-3

セレブ御用達ともいわれる、アメリカでも屈指の高級デパート。エレガントだがエッジの効いた商品も多くて楽しい。海を一望するテラスを備えたレストラン、マリポサも素敵。

☎808-951-8887 交所アラモアナセンター（→P.76）2･3F 営11:00～20:00（日曜は～18:00）休無休 Ｊ

↑ハワイではここでしか取り扱いのないブランドも多い

チョコレート・ウェイハース
↑ハワイ限定ニーマン・マーカス・オリジナル。ミルクチョコとクランチー・ナッツのウエハース $13

バターミルク・パイナップル・パンケーキ・ミックス
↑鉄分やカルシウムも含まれるパイナップルのパンケーキ・ミックス $6

シグニチャー・ココナッツショートブレッドクッキー
↑ミルク、ダーク、またはホワイトチョコレートから選べる。16個入り $58

マウイ・フルーツ・ジュエルズ・クッキー
↑マウイのフルーツ（グアバなど）を使用したクッキー5枚入り $10

マウイ・フルーツ・ジュエルズ・フルーツペースト
↑各種5種（グアバ、リリコイ、マンゴ、POG、パイナップル）贅沢なペースト $9

100

幅広い品揃えの高級百貨店
ノードストローム
Nordstrom

アラモアナ MAP 付録P.12 C-3

ファッションブランドから人気コスメまで、幅広い品揃えを誇る全米最大級の百貨店。ハワイ・ローカルアーティストが手がける限定コレクションも必見。

☎808-953-6100 交所アラモアナセンター(→P.76)2・3F 営10:00～21:00(日曜は～20:00) 休無休 J

↑2016年にアラモアナセンター内北側に移転(下)。靴専門店から始まったので靴が充実(右)

広く落ち着いた店内でゆったりセレブ気分

YSLの キャンディ グレーズ
↑濃厚シロップテクスチャーがぴったりフィット。リキッドレベルの圧倒的なツヤ感。$42

NARSの マルチプルスティック
↑目元、チーク、リップ、ボディとマルチに使えるメーキャップスティック。$39

ディオールの ディールアイシャドー
↑美しい発色と、軽やかでソフトな質感が長続きする。ブラウン系は日本人に人気。$68

ロコに愛される老舗デパート
メイシーズ
Macy's

アラモアナ MAP 付録P.13 E-2

アラモアナセンターのほか、カハラモール、ワイキキなどオアフ島にあるデパート。アパレルやアクセサリー、コスメなど、カジュアルから高級ブランドまで幅広く揃う。

☎808-941-2345 交所アラモアナセンター(→P.76)1～3F 営9:30～20:00(金・土曜は～21:00)日曜10:00～19:00 休無休 J

ラルフローレンや、カルバンクラインなども

↑オニールやクイックシルバーのスイムウェア、Tシャツ、ジャケットなど子供服の種類も豊富に揃う

ショッピング / グルメ / 歩いて楽しむ / アート&カルチャー / ホテル

SHOPPING

豊富な品揃えに買い物欲がそそられます
お得がいっぱい！オフプライスショップ

衣料品やコスメ、雑貨、食品などを手ごろな価格で購入できる大型のショップ。ハワイらしい掘り出し物を探せるのが魅力。

広い売り場は宝の山
ノードストローム・ラック
Nordstrom Rack
ワード MAP付録P.11 F-2

アメリカ全土で展開する高級デパート、ノードストロームのアウトレット店。服やファッション雑貨から食器、タオル、コスメなど、商品は多岐にわたり、ブランド品も多数並んでいる。

☎ 808-589-2060 ✈ アラモアナセンターから徒歩8分 所 ワード・センター1・2F 1240 Ala Moana Blvd. 営 10:00〜21:00（日曜は〜19:00） 休 無休

掘り出し物がザクザク。商品の回転が速いので見つけたら即買いが鉄則

サングラス $299.97
→ ブランドはグッチで、プロパー価格は$478

ストロー $9.97
→ カラフルなストローは再利用可能。おしゃれにエコライフを

アイシャドウ $26〜
→ 目元、頬など多彩に使えるボビー・ブラウンのシマー・ブリック

ブランケット $69.97
→ 肌ざわりがよく、洗濯も可能なベアフット・ドリームス製

オーガニック・マスク $3.99
→ 吸収性のあるベントナイトクレイ、カオリンクレイとアロエをミックス

ボディ・スクラブ $6.99
→ ミルクとハニーのボディスクラブと専用ボディブラシのセットですべすべお肌に

ピロースプレー $4.99
→ 心地よい眠りを誘う、ラベンダーとセイジのエッセンシャルオイル配合

掘り出し物が見つかるかも
マーシャルズ
Marshalls
アラモアナ MAP付録P.13 D-2

センスのよいブランド品の衣料、アクセサリー、靴、コスメ、家庭用品を扱う、全米展開のオフプライス・ショップ。特にコスメはリーズナブルなプライスでたっぷり使えるのがうれしい。

☎ 808-955-1488 ✈ アラモアナセンター（→P76）1F 営 9:30〜21:30 日曜10:00〜20:00 休 無休

角質除去フェイススクラブ $6.99
→ 明るく輝くような肌に。ピンクレモンとマンダリンオレンジの香りの角質除去フェイススクラブ

↑アラモアナセンター山側エバウィング1F。高級感があり、広大なスペースでゆっくり見れる

全米展開のオフプライス店
T.J. マックス
T.J. Maxx

ワード **MAP** 付録P.11 F-2

広い売り場に洋服や靴、バッグからキッチン用品、家具にいたるまで充実のラインナップ。デパートで販売されていた商品ばかりなので、高級品が多く、驚くような値引き価格で販売されている。

☎808-593-1820 🚶アラモアナセンターから徒歩8分 所ワード・センター・2F 1170 Auahi St. 営9:30～21:30 日曜10:00～20:00 休無休 J

ハニー・スプーン $4.99
→ホット・ミルクや紅茶をステアするとハチミツのやさしい甘さが溶け出す

メッシュ・トートバッグ $39.99
→イエローのメッシュトートは元気なビタミンカラー

キャンドル各 $12.99
←一見、ソーダのようなキャンドルは、ラベンダーとピーチの香りでリフレッシュ

ワンピース $129.99
→フリルがかわいいリゾートドレス。日焼けした肌に似合いそう

→海で遊べるおもちゃや水着も安価に揃うので現地調達するのもおすすめ

トロピカル・リップ・バーム4個入り $13.99
→マカダミアナッツオイル使用

オイルズ・オブ・アロハ3点セット $12.99
→浸透性が高いククイナッツオイル製品

ハンドクリーム $6.99
→ハワイの地名入り

おみやげの品揃えは最大級！
ドン・キホーテ
Don Quijote

アラモアナ **MAP** 付録P.13 E-1

食料品から雑貨、コスメまで品揃え豊富なロコ御用達の大型スーパー。コーヒーやマカチョコなどのおみやげも安価に幅広く揃う。日本のお弁当などもあるので、日本の味が恋しくなったら立ち寄って。

☎808-973-4800 🚶アラモアナセンターから徒歩15分 所801 Kaheka St. 営24時間 休無休 J

→定番みやげから最新コスメまで、さすがの品揃え

→入口付近にもプレートランチなどのお店が並ぶ

ショッピング / グルメ / 歩いて楽しむ / アート＆カルチャー / ホテル

103

SHOPPING

お手軽ランチやおみやげハントに欠かせない

便利さイチオシ!
コンビニ＆スーパーマーケット

ハワイのロコ御用達のエココンシャスなスーパーマーケット。
ランチに活用したいデリ、お菓子や雑貨なども種類豊富!

→ ハワイらしいエコバッグ、種類もいろいろ。$3.99

↑ おみやげ人気ランキング常連のソープ $4.69

→ エア・ボーン $10.40。ハリウッドの起業家・女優であるオペラ・ウィンフリーが作った集団エリアでの風邪の予防サプリ

→ ビーガン用のジャーキー85.05g、$8.49。肉製品ではないので日本国内への持ち込みも問題なし

↓ バンダビーンバンダブーン $5.79。今流行りのバンダ豆のスナック

→ ニュートロジーナSPF55の日焼け止めクリーム $13.99

↓ HAKUソープ5個入り。5種類のトロピカルな香りのソープでリラックスしたバスタイムを。$21.50

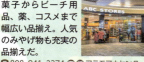

↓ ハチの巣ごとカットしたナチュラルなハワイ産のハチミツ $16.29。おいしさも栄養もまるごと味わえる

↑ ハワイらしいローションとジェル各種 $1.99

旅の日用品からおみやげまで
ABCストア
ABC Store
アラモアナ MAP付録P.13 D-2

弁当、ドリンク、お菓子からビーチ用品、薬、コスメまで幅広い品揃え。人気のみやげ物も充実の品揃えだ。

☎ 808-941-3374 交所アラモアナセンター(→P.76)1F 営9:00〜21:00 休無休
J E

おみやげなら迷わずここ!
ロングス・ドラッグス
Longs Drugs
アラモアナ MAP付録P.13 D-2

日用雑貨から食料品などおみやげにちょうどいいアイテムが揃う日用雑貨店。ばらまきみやげに便利なコスメも充実。

☎ 808-949-4010 交所アラモアナセンター(→P.76)2F 営6:00〜23:00(20:00以降は山側のドアはクローズ) 休無休

地に足のついた暮らしを応援
ダウン・トゥ・アース
Down to Earth
カカアコ MAP付録P.10 B-1

店名は地に足のついた人を指す言葉。その名のとおり有機や自然派のコスメや食品、惣菜などを販売。飲食スペースもあり。

☎ 808-465-2512 交アラモアナセンターから車で5分 所500 Keawe St. 営7:00〜22:00 休無休 E

※ホールフーズ・マーケット(クイーン店)はP.52に掲載しています。

ショッピング / グルメ / 歩いて楽しむ / アート&カルチャー / ホテル

→ キュートなバタフライのキッズ・バックパック $20

→ ピックルボールラケット $39.99。全米で大バズり！穴のあいた軽いボールをコートで打ち合う競技

→ 手軽に持ち運べて気軽に食べられる栄養満点のおやつ、ドライ・バナナ$4.39(左) ※マンゴー(右)は販売終了

→ 強い日差しや潮風で肌の乾燥が気になったらコレ。ハワイ製のスキンケア・オイル $11.99

→ アロハピーナッツバター $10.49。マカダミアナッツオイル、ハチミツなどの原料を使用

→ マウイシュプリーム $15.29。ハワイでの日焼け止めローション

→ みんなそれぞれ違いがあるって楽しいね。道徳的なぬり絵 $3

→ オリジナル・ブランドのココナッツ・チップス各 $2.79

→ 香辛料やシーズニングを配合したハワイアン・シー・ソルト各 $19.99

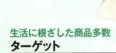

→ 立髪がカラフルなポンポンのユニコーンバッグ $13

→ オリジナルのエコバッグ $2.79

→ ハワイの味、ガーリック・シュリンプが手軽に作れるマリネ液 $8.99

生活に根ざした商品多数
ターゲット
Target
アラモアナ MAP 付録P.13 D-2

食品、酒、家具、文具、衣類、ベビー用品などあらゆるものを扱う。特に衣類は下着から水着、カジュアルも多彩。

☎ 808-206-7162　所 アラモアナセンター（→P.76) 2・3F　8:00〜22:00　無休

ハワイ生まれの食品スーパー
フードランドファームズ アラモアナ
Foodland Farms Ala Moana
アラモアナ MAP 付録P.13 D-2

みやげ物なども扱うが、圧巻なのは食品類。なかでもデリコーナー、酒、生鮮食品は質も種類も島内有数と評判。

☎ 808-949-5044　所 アラモアナセンター（→P.76)1F　6:00〜22:00　無休

ABCストアが地産をセレクト
デュークス・レーン・マーケット&イータリー
Dukes Lane Market & Eatery
ワイキキ MAP 付録P.16 B-2
P.125

SHOPPING

ハワイみやげ 定番5アイテム
> もらえば誰もが笑顔になる王道の味わい

旅の思い出にしたい味みやげ。ハワイらしいトロピカルな色合いと、上質な味わいが自慢の一品を持ち帰りたい。

COFFEE コーヒー

世界有数の高品質コナ・コーヒーと、近年注目されるカウ・コーヒーが定番。

A ショップ併設のカフェ
ホノルル・コーヒー
Honolulu Coffee
ワイキキ MAP付録P.16 C-3

1粒ずつ手で摘んだ上質な豆を扱う。モアナ サーフライダー玄関横にあり、早朝から気軽に最高級のコーヒーが味わえる。

☎808-926-6162 R.H.C.から徒歩6分 モアナ サーフライダー ウェスティン リゾート＆スパ(→P.158)内 5:30～20:00 金曜6:00～18:00 無休

Ⓐ **ピーベリー** $42.95
→1つの種子に2個の豆が育つ平豆が一般的だが、1つの豆が丸く育った希少豆

Ⓐ **コナ・エステート・セレクション** $38.95
→自家農園で採れた最高級豆。年間収穫量が決まっており、売り切れ次第、その年は販売終了

Ⓐ **ロカヒ** 7oz $9.95
→マーマレードやチョコレートのような香りが楽しめるバランスのよい豆

Ⓒ **カイ・エスプレッソ・ブレンド** 7oz $16.95
↑店で売られているシロップとミルクを混ぜるカイラテも美味

Ⓒ **カイ・ハウス・ブレンド** 7oz $19.95
→100%ハワイの豆を使い、ヘーゼルナッツとチョコレート風味が人気を集める

Ⓑ **プライベート・リザーヴ** 7oz $31.95
→コナでも特級品の豆だけを選別しミディアム・ローストに仕上げた

B オアフ内の店舗はここだけ
コナ・マウンテン・コーヒー
Kona Mountain Coffee
ワイキキ MAP付録P.15 D-3

高級コーヒーの世界的産地、ハワイ島のコナに135エーカーもの農場を持ち、栽培から少量ずつでの焙煎、販売まで手がけている。

☎808-952-5901 R.H.C.から徒歩15分 ヒルトン・ハワイアン・ビレッジ・ワイキキ・ビーチ・リゾート(→P.160)内 9:00～19:00 無休

C 本格的なドリップを自宅で
カイ・コーヒー・ハワイ
Kai Coffee Hawaii
ワイキキ MAP付録P.17 D-2
▶P.127

コーヒー店には、コーヒー豆とセットで購入したくなるオリジナル・マグカップや甘いチョコレートなどが充実。香り高いコーヒーをよりいっそう楽しめるアイテムも忘れずにチェック。

> **コーヒーと一緒にお買い上げ！**

→ハワイらしい海やサンゴなどがモチーフのマグカップ $13.95 Ⓒ

→ピーベリーのコーヒー豆をチョコレートでコーティング。$14.95 Ⓑ

→コナ・コーヒー・ビーンズ $14.95はダーク・チョコとミルク・チョコの2種類 Ⓐ

→コナ・カプチーノやコナ・カフェラテなどコーヒー味のチョコレートバー各 $9.95 Ⓑ

106

Ⓕ パイナップル・オーナメント $5.95
チョコレート・チップ・マカダミアなどがかわいいパイナップル型に入り、ギフトにもうれしい

Ⓓ アロハ・スピリット・ボックス 各 $12.78
↑サクサク食感の一ロクッキー。チョコレートチップ・マカダミア(左)とマカダミアナッツ(右)

Ⓓ トロピカル フルーツバー $37.50
↑リリコイ、レモン、キーライムの3つのフレーバーのアソート

COOKIE クッキー
トロピカル色のパッケージや南国モチーフなど「かわいくておいしい」が集結!

Ⓕ パイナップル・シェイプ・ボックス (L) $29.95
↑マンゴー・マカダミア、ダーク・チョコレート、コナ・コーヒー、グアバなど12フレーバー20枚入り

Ⓓ ハワイアン・マカダミアナッツ・ショートブレッド $36
↑チョコレートで半分コーティングしたクッキー、30枚の詰め合わせ

Ⓕ パイナップル・ウィンドウ・ギフトボックス $9.95
↑バター・マカダミア、チョコレート・ディップ・マカダミア、パイナップル・マカダミアなど8フレーバー8枚入り

Ⓔ ミカ・チョコレート $17.25
↑写真のマカダミア・ブラッサムのほか、パッションやミント、コーヒー味も人気

Ⓔ タロ・ショートブレッド・コンボ $18.75
↑紫色の鮮やかなタロイモを使ったショートブレッド

Ⓔ ハルミズ・ハワイアン・ソルト・クッキー $24.50
↑ハワイの塩を使い、料理研究家の栗原はるみさんのレシピで作ったクッキー

Ⓔ レモン・ブラウニー $17
↑レモン味のやさしいブラウニー。チョコレートは不使用

Ⓓ ロコにも愛される素朴な味
ザ・クッキーコーナー
The Cookie Corner
ワイキキ MAP 付録P.16 B-3
島外からの旅行者はもちろんロコにも愛されるアメリカン・スタイルのクッキー。リリコイなどハワイならではの味も用意。
☎808-926-8100 R.H.C.から徒歩2分 所Hシェラトン・ワイキキ・ビーチリゾート(→P.161)内 営10:00〜21:00 休無休

Ⓔ 目移りするほど種類豊富
ビッグ・アイランド・キャンディーズ
Big Island Candies
アラモアナ MAP 付録P.13 D-2
創業は1977年、ハワイ島ヒロ生まれの老舗スイーツ店。定番のショートブレッドや、続々誕生する新商品はハワイらしさ満点。
☎808-946-9213 アラモアナセンター(→P.76)1F 営10:00〜20:00 休無休 J

Ⓕ 箱もクッキーもキュート
ホノルル・クッキー・カンパニー
Honolulu Cookie Company
ワイキキ MAP 付録P.15 F-3
パイナップル形クッキーで有名。チョコでコートしたりフルーツ味を加えたりとおいしくて見た目にかわいいフレーバーを多数展開。
☎808-924-6651 R.H.C.から徒歩2分 所ワイキキ・ビーチ・ウォーク(→P.77)1F 営10:00〜22:00 休無休

ショッピング / グルメ / 歩いて楽しむ / アート&カルチャー / ホテル

SHOPPING

A ハワイ生まれのチョコレート
ロノハナ・エステート・チョコレート
Lonohana Estate Chocolate
カカアコ MAP付録P.10 B-2

ノースショアにカカオ豆の農場があり、オアフ島で一貫して作るチョコレート。カカアコの複合施設ソルト内にあり試食もできる。
☎ 808-260-1151 ワイキキから車で15分 ソルト・アット・アワ・カカアコ（→P.79）1F 10:00〜17:00（火・水曜は〜18:00、木曜は〜19:00、金・土曜は〜19:30、日曜は〜18:30) 無休

B リゾート初の直営店
シグニチャー バイ ザ カハラホテル&リゾート
Signature by The Kahala Hotel & Resort
ホノルル MAP付録P.16 B-3

人気は、ローストしたマカダミアナッツをシュガーコーティングし、ヴェローナチョコレートを絡めたマカダミアナッツチョコレート。
☎ 808-367-0984 R.H.C（→P.77）C館1F 10:00〜21:00 無休

C テーマはビーン・トゥ・バー
マノア・チョコレート
Manoa Chocolate
カイルア MAP付録P.20 B-3

島内にカカオ農場を持ち、店内に工場を併設。カカオ豆から製品まで自社で手がける。この店のチョコを使ったジェラートも美味。
☎ 808-263-6292 ワイキキから車で40分 カイルア・スクエア2F 333 Uluniu St., Kailua 9:00〜17:00 日曜

Ⓑ マカダミアナッツチョコレート $36
↑ キャラメル味のハーフパウンドのブロンド

Ⓑ マカダミアナッツチョコレート $65
↑ ミルク、ダーク、ブロンド、ホワイトの4つの味が楽しめる

Ⓑ マカダミアナッツチョコレート $38
↑ ピンクのストロベリーグァバ。甘酸っぱいハーフパウンド

CHOCOLATE
チョコレート
シックなデザインと素材にこだわるハワイのチョコレートはまさに大人味！

Ⓐ アレア・ウラ $16
ミルク・アンド・ジンジャー $16
ビッグ・アイランド・ダーク 70% $16
↓ ハワイアンソルトが入っている

Ⓒ コナ70%ダークチョコレート $12
↑ ハワイ島産カカオを使用。フレーバーはカラメル、ハイビスカス、ヘーゼルナッツ

Ⓒ リリコイ(左) $10
コハナラム(右) $12
↓ コハナラム醸造所とのコラボチョコレート(右)。パッションフルーツのチョコレートは観光客に一番人気(左)

カカオ豆の焙煎からお店で手作り！

マノア・チョコレートでは工場を公開。11時と15時の見学ツアーがおもしろく、産地の異なるカカオを使い同じレシピで作ったチョコの食べ比べも楽しめる。

↑ チョコレートの作り方を知ることができる

↑ チョコレート作りの全工程を店内の工場で行う

D ラズベリーのスプレッド
283g $6.79
→オーガニックで遺伝子を組み替えではないラズベリーのスプレッド

D サンフラワー・バター 454g
$9.49
→ひまわりの種を使った流行りのスプレッド。乳製品が苦手な人でもOK

D カシュー・バター 283g
$13.59
→カシュー・ナッツが原料の植物性スプレッドで健康的

D ハニースティック 8本
$4.29
→スティック状に小分けされているので、1回分ずつ使い切れて便利

E マンゴーバター
212.6g $6.79
リリコイ・ゼリー
212.6g $5.69
→オリジナル・ブランド、メイド・イン・ハワイのスプレッド

HONEY & SPREAD
ハニー&スプレッド
ご当地産のハチミツやパンなどにぬるスプレッドは種類豊富なラインナップ。

G オーガニック・オヒア・レフア
1oz $5.99、
4.5oz $8.99
→ハワイ島に咲くオヒア・レフアの花から採取したオーガニック・ハニー

G コナ・コーヒー・バター・スプレッド
$9.99
→甘いカフェオレがそのままクリーミーなスプレッドに変化

E ハチミツ $12.99
→ハワイで採れたハチミツ。2ozのミニ・クマボトル入り3本セット

F スモール・ハッピー・ハニー・ギフト・セット $13
→人気のオリジナル・キャラクター、ハッピーちゃんのラベルがキュート。ばらまきみやげに最適な超ミニサイズ

G オーガニック・ホワイト・キアヴェ・ハニー $24.99
→ハワイ島に咲くキアヴェの花から採れる真っ白なハチミツ

G ブルー・ハワイ・ライフスタイル・ハニー $9.99
→ティキ形のボトルがハワイらしいハニーはお店のオリジナル

D ダウン・トゥ・アース
Down to Earth
▶P.104

E フードランドファームズ アラモアナ
Foodland Farms Ala Moana
▶P.105

F ハッピー・ハレイワ
Happy Haleiwa
▶P.85

G ブルー・ハワイ・ライフスタイル
Blue Hawaii Life Style
▶P.115

109

SHOPPING

A ダウン・トゥ・アース
Down to Earth
▶P.104

B フードランドファームズ アラモアナ
Foodland Farms Ala Moana
▶P.105

C エッグスン・シングス
Eggs 'n Things
▶P.38

D ハッピー・ハレイワ
Happy Haleiwa
▶P.85

PANCAKE MIX
パンケーキミックス

有名店などの甘くてふわふわパンケーキが自宅で簡単に作れると大人気。

A アニーズ $8.39
➡パンケーキやワッフルも、オーガニックかつグルテンフリーのミックスなら健康的に楽しめる

B バターミルク・パンケーキミックス $8.2（右）
パンケーキソース $8.39（左）
➡オリジナル・ブランドのパンケーキミックス（右）とココナッツ、リリコイ、グァバなどフレーバーが勢揃いのソースを合わせて（左）

C パンケーキミックス $7.95
シロップ $6.95
➡水を加えて焼くだけの手軽さで店の味を自宅で楽しめる（右）。オリジナル・パンケーキ・シロップ $6.95なども用意（左）

D ハワイアン・モチ・ワッフル $6（左）
パンケーキミックス $5（右）
➡王道のワッフルが簡単に作れる（左）。グァバ、ココナッツ、バターミルク、バナナ、マカダミアナッツなどハワイで人気の味（右）

プチプラみやげ

地元のスーパーマーケットやコスメショップには、手ごろな価格で購入できるリーズナブルなアイテムが豊富。ご当地デザインのグッズもあり、手軽なおみやげに重宝する。

ここで買えます♫
❶ **ABCストア** ▶P.104
❷ **ダウン・トゥ・アース** ▶P.104

⬇さわやかで甘酸っぱい、ハワイアン・サンのリリコイ・ジャム $4.95 ❷

➡ハローキティのハワイネーム入りキーホルダー $4.99

➡肌のpHバランスを整えてくれる、バーツビーズの保湿シートマスク。セージの香りでリラックス $3.19

❶ 保湿性に優れたリップクリーム $1.99

➡オーガニックのサルサ $7.59はチップスのお供に

➡バーツビーズのハチミツの保湿リップ・バウム $4.59 ❷

⬆カラフルなアロハのマグネットは気分を明るくしてくれる $4.49 ❶

⬆天然素材のストライプ＋ハワイアンプリントのコースター各 $3.99 ❶

⬆ノエコバッグ。サンリオキャラクターが日焼けキャラでハワイに大集合 $4.49 ❶

⬆100％非加熱のハワイアン・マノアハニー (57g) $4.49

YOUR UNFORGETTABLE LUNCH AND DINNER

グルメ

トレンドはヘルシー志向

Contents

- **アサイボウル** & **ピタヤボウル** が人気の6店 ▶P114
- 個性で勝負する **ロコモコ** 6皿 ▶P116
- **グルメバーガー** ならこの5店で決まり! ▶P118
- ソースにワザありの **エッグベネディクト** 4皿 ▶P120
- 手ごろ感がうれしい、**プレートランチ** 厳選の5店 ▶P122
- ファミリーに大人気の **フードコート** 5店 ▶P124
- 進化した **コーヒー** を味わうならこの6店 ▶P126
- **南国スイーツ** 厳選6店のあま〜い誘惑 ▶P128
- 肉厚ジューシーな **ステーキ** の店5店 ▶P130
- 絶品 **シーフード** の店5店 ▶P132
- 特別な日に行きたい **ファインレストラン** 厳選5店 ▶P134
- **ルーフトップ・バー** でセレブなひとときとっておきの4店 ▶P136
- **ハワイアンフード** と **ローカルフード** ▶P138

GOURMET

ホノルルの食事で気をつけよう 食べたいものを食べる!

先住民から伝承するハワイの伝統料理や、異文化の融合により生まれたローカルフードなど、日々進化するホノルルグルメ。話題の店やメニュー、裏技まで押さえて美食を堪能しよう。

出かける前に

どんな店を選ぶ?
ホノルルのレストランでは、多様な文化の融合により完成した個性豊かな味わいを楽しみたい。ハワイ伝統料理やリージョナル・キュイジーヌなどを提供する高級レストランや、エッグベネディクト、パンケーキ、ロコモコ、バーガーなどをカジュアルに楽しめるアメリカンダイナーも点在する。ロコが愛するローカルグルメ店は、ハイセンスな空間やヘルスコンシャスに注目が集まる。世界から観光客が訪れ、行列の絶えない名店も多い。旅の予算やシーンに合わせて店を選びたい。

●ハレアイナ賞
地元誌『ホノルルマガジン』により、年に一度ハワイのベストレストランを選出し、優れたレストランに贈られる賞。読者投票でカテゴリーごとに選ばれるので、注目店や人気店のバロメーターとなっている。お店選びに迷ったら、ハレアイナ賞受賞店を参考にするのも◎。

予約は必要?
人気のレストランやステーキハウス、バー、アメリカンダイナーは予約をしてから訪れたい。ほとんどの飲食店は公式サイトで予約ができるので、「Reservation」ページで日時、人数、名前、などの情報を入力。簡単なので事前に済ませたい。

予約が取れない場合は?
人気が高く予約が取れない店は、本店ではなく支店を狙うのがおすすめ。また、持ち帰りできる店ならテイクアウトして味わうという裏技も。

ドレスコードはある?
高級レストランを除き、ほとんどの店はカジュアルで入店できる。アロハやムームーもハワイの正装だ。パジャマや水着、ビーチサンダルはNG。

レストラン — Restaurant P.134
スターシェフが腕をふるう高級店や、各国料理を提供するカジュアルレストランがある。

ステーキハウス — Steakhouse P.130
最上級の品質を誇る熟成肉を楽しめる。ボリューム満点のステーキは必食。

アメリカンダイナー — American Diner P.120
エッグベネディクトやパンケーキなど人気メニューをカジュアルに味わえる。

バー — Bar P.136
トロピカルカクテルと美しい海絶景を満喫できるルーフトップ・バーが大人気。

カフェ — Cafe P.126
芳醇な香りのハワイ産コーヒーが魅力。クラフトコーヒーなど各店の個性が光る。

フードコート — Food Court P.124
セレブリティシェフのプロデュースなど、ハイレベルな進化系フードコートが中心。

プレートランチ — Plate Lunch P.122
ご飯とおかずがセットになったハワイのお弁当。ボリュームと種類豊富なメニューが◎。

デリ — Deli
好きな料理をボックスに詰める量り売り。価格に合わせて、分量も調節できるので便利。

入店から会計まで

入店して席に着く
入店の際に予約名を確認されるので、名前を伝える。レストランでは担当店員が席までエスコートしてくれる。

料理を注文する
レストランではテーブルごとに決められた担当店員がおり、注文から会計まですべて同じ店員が行う。着席すると担当店員が声をかけてくれるので顔を覚えておこう。オーダーはアイコンタクトをすれば取りにきてくれる。大きな声で店員を呼ぶのはマナー違反なので注意。

ドリンクを注文する
料理と同じく担当店員にオーダーする。お酒を注文する場合、パスポートの提示を求められることがあるので持参を。レストランによってはお水が有料の場合もあるので確認したい。

追加注文する
一度注文するとメニューを下げてしまうので、必要なときは担当店員を呼んでメニューをもらう。

会計する
レストランやバーは、基本的にテーブル会計なので、担当店員に「Check Please」と声をかけて伝票を受け取る。伝票のバインダーに現金、またはクレジットカードを挟んで支払う。チップも併せて渡そう。

チップの支払い

チップの目安は?
日本ではなじみのない習慣だが、ハワイでは「チップは労働賃金の一部」であり、支払うのが当たり前。レストランで食事をする場合、チップの相場は15〜20%が目安。サービスに応じて自分で金額を決定できるので、チップの額が伝票にあらかじめ記載されている場合もあるが書き換え可能。店員への感謝の気持ちとして支払おう。

提示額	+15%	+20%
$20	$23	$24
$40	$46	$48
$60	$69	$72
$80	$92	$96
$100	$115	$120

現金で支払う
伝票を受け取ったら、テーブルにチップを含めた現金を置いて退店するのみ。チップはコインではなく紙幣を置くのがスマート。

クレジットカードで支払う
伝票を受け取ったら、伝票とクレジットカードを渡す際に支払いたいチップの金額を店員に伝え精算してもらう。店によっては、伝票のチップ欄に自分でチップの金額を記入し、精算してもらう場合もある。

チップ額をアプリで計算
チップ額の計算を簡単にしてくれる無料のアプリをインストールしておくと便利。支払う金額を入力すると、レストランは15%のレートでチップ額を計算してくれる。

レシートをよく見て支払いを
会計時、伝票にすでにチップ料金が加算されている場合がある。レシートに「Tip」や「Donation」という項目があればチップ料金が加算されているので支払う前に確認したい。

お役立ちポイント

飲酒・喫煙のルール
飲酒および喫煙は21歳からと定められている。外食でお酒を飲むときはIDチェックをするレストランもあるのでパスポートを持参しよう。たばこは、ホテルやレストラン、バー、クラブ、ビーチ、空港、映画館などの公共の場では禁煙。

注文のしすぎに気をつけて
料理のサイズや量にボリュームがあるのでオーダー時には注意が必要。事前に量を確認する、シェアして食べるなど工夫したい。

残った料理は持ち帰りできる
高級レストランやビュッフェ以外の飲食店なら、残った食事を持ち帰ることができる。店員に「To go box please」と声をかけて箱をもらい自分で詰めよう。

食事をしながらショーを鑑賞
ハワイの伝統料理とエンターテインメントが同時に楽しめる「ルアウ」や、迫力あるライブショーなど、食事をしながら満喫できる。

トイレがない飲食店も多い!?
トイレはショッピングセンター内でほかの店と共有している場合が多く、店員にトイレのカギを借りて利用する。ファストフード店やフードコートなどはトイレのない店もあるので、近隣のトイレの場所をあらかじめ確認しておくと安心。

基本単語

アヒ Ahi マグロ	オゴ Ogo 海藻
オノ Ono サワラ	カロ Kalo タロイモ
ポケ Poke マグロの切り身	ププス Pupus 前菜、おつまみ
リリコイ Liliko'i パッションフルーツ	マヒマヒ Mahi Mahi シイラ
オパカパカ Opakapaka タイ	ハウピア Haupia ココナッツミルク

お得な割引を活用

ハッピーアワー
ピークタイムより早い時間など、ドリンクやおつまみを通常より割安な価格で提供するハッピーアワー。限定メニューや通常のメニューを割引してくれる店もあるので、実施店や時間を公式HPで調べて出かけたい。

シニア割引
ファミリーレストランなどは、シニア用のメニューや割引を用意していることも。店によっては50歳以上から利用できる割引もあるのがうれしい。

知っておきたいテーブルマナー
日本の作法とは異なるロコ独自のルールや、レディファーストなど、文化の違いを事前に押さえたい。

基本のテーブルマナー
食べるときは、食器を持ち上げず、音を立てないようにするのがマナー。ナイフ、フォークを使ってお肉を食べるときは、ナイフで切ったあとにナイフを置き、右手にフォークを持ち替えて食べるのがロコ流。使わない手は膝の上に置いておく。

レディファーストを忘れずに
レストランでテーブルに着席するときは必ず女性が先、入口では手でドアを押さえ「After you」と先に通すなどの配慮を。

GOURMET

健康にも美容にもグッドなヘルシー朝食
アサイボウル&ピタヤボウルが人気の6店

アサイにピタヤ、美容と健康に抜群の効果を発揮する栄養満点のスーパーフードで始めるパワフルな一日。前日までの食べ過ぎを調節するのにも最適のチョイス。

テラス席でくつろぎながら食事メニューを楽しめる。生マグロを使ったポケ丼も美味

変わり種ボウルも美味
アイランド・ヴィンテージ・コーヒー
Island Vintage Coffee
ワイキキ MAP付録P16 B-3

100％コナ産のコーヒーがおいしいコーヒーショップだが、鮮度抜群のフルーツを使ったアサイボウルやスムージーもカラフルかつ種類豊富に揃い、人気を博している。

☎808-926-5662
所 R.H.C.(→P.77)C館2F
営6:00～22:00 休無休

オリジナル・アサイボウル $15.95(24oz)
基本的なアサイボウルにイチゴ、ブルーベリー、バナナをトッピング

↑カジュアルな雰囲気のカフェスペース。店内で持ち帰り用のコーヒー豆なども販売

↑グリーンマンゴー・スムージー$12.75とピタヤ・スムージー$11.95

↑パッションフルーツの酸味がイイ。リリコイ・モアナ・ボウル16oz、$13.95

バナナの香りいっぱいの店
ダイヤモンドヘッド・コーブ・ヘルスバー
Diamond Head Cove Health Bar
モンサラット MAP付録P.18 C-4

カウンターで注文と支払いをし、呼ばれたらピックアップするセルフサービスの店。アサイボウル発祥の店ともいわれる。ハチミツやヨーグルト、プロテインなどのトッピングも可。

☎808-732-8744 交ワイキキから車で10分 所3045 Monsarrat Ave. #5 営9:00～19:00 休無休

次々入る注文に応え、スタッフはテキパキとボウルやスムージーを作る

ラヴァ $10.50
ココナッツ、バナナ、イチゴをトッピングしたシンプルなピタヤボウル

↑提供するメニューはシンプルながらも高品質。地元の人からの支持も厚い

↑ラフな格好のロコがよくやってくる

デラックス アサイボウル
アサイがたくさん入った体にもやさしいボウル

ヘルシー志向の高いロコに人気
ジュエル・オア・ジュース
Jewel or Juice
カイムキ MAP付録P.18 C-1
オーガニックや地元の厳選素材をふんだんに使ったメニューがずらり。スピルリナやフルーツなどのスーパーチャージスムージーなどもあり、ヘルシーさを求めてヨガ、スポーツ帰りのロコがやってくる。

☎ 808-734-1700 ⊗ ワイキキから車で15分 所 3619 Waialae Ave. ⏰ 8:30〜16:00 休 日曜 J

$12.55

← ウォリアー・アサイボウル $12.55

→ ハワイ大学のロゴ入りTシャツなども人気

ヘルシーなハワイグルメ
ブルー・ハワイ・ライフスタイル
Blue Hawaii Life Style
アラモアナ MAP付録P.13 D-2
新鮮なアサイボウルをはじめ、スムージー、パニーニなどが評判のカフェ。店内ではハワイ産にこだわったハチミツやコスメを販売するショップスペースを併設。

☎ 808-949-0808 ⊗ アラモアナセンター(→P.76)2F ⏰ 10:00(日曜11:00)〜18:00 休 無休

ブルー・ハワイ・クラシック・ボウル $13.35
バナナ、イチゴ、ブルーベリー、グラノーラ、ハニーをトッピングしたアサイボウル

自社工場産アサイを使用
トロピカル・トライブ
Tropical Tribe
ワイキキ MAP付録P.16 A-4
ブラジルに自社工場があり、高品質なアサイのみを扱う。ジュースなどをミックスしたハワイ式だけでなく、混じりっ気なしのブラジル式アサイボウルが食べられる。

☎ 808-744-7049 ⊗ R.H.Cから徒歩7分 所 2161 Kalia Rd. #110 ⏰ 8:00〜19:00 休 無休

トロピカル・トライブ・ボウル(R) $11.50+$2
+トロピカル・トッピング
アサイとグアラナ、ベリー・ジュースのみで作ったシグネチャー・ボウル

↑バナナとグラノーラ、ハチミツのみのスタンダード・トッピングは無料

← マンゴーの果肉にジュース、ハニーを加えたスムージー、マンゴーサンライズ $9.45

スムージーの超有名店
ラニカイ・ジュース
Lanikai Juice
カイルア MAP付録P.20 C-4
フルーツ・ボウルと店内で搾るフレッシュジュース、スムージーで人気のお店。ワイキキやカカアコ、カハラなどにも店舗はあるが、第1号店がこのカイルアのショップ。

☎ 808-262-2383 ⊗ ワイキキから車で40分 所 カイルア・ショッピングセンター1F 600 Kailua Rd., Kailua ⏰ 7:00〜17:00(土・日曜は〜18:00) 休 無休 J&J

アサイ・エクストラヴァガンザ $12.95
オーガニックのアサイにバナナ、イチゴ、ブルーベリー、ココナッツ・チップ、キヌア・パフなどをトッピング

↑店内の飲食スペースはスタンドテーブルと窓際のカウンター席

115

GOURMET

ハワイ生まれのソウルフード
個性で勝負する ロコモコ 6皿

お皿にのるのは、ご飯とハンバーグ、目玉焼にグレービーソース。シンプルな料理ながら、店によって味わいは驚くほど個性豊かだ。

↑ダイヤモンド・ヘッドを一望するプールサイドににある

ワイキキならではの風と眺望
デック
Deck.
ワイキキ MAP付録P.17 F-2

ダイヤモンド・ヘッドを望むテラス席、オープンエアのテーブル席、バーカウンターといずれも居心地抜群。朝食、ブランチ、ディナー、カクテルといつでも楽しめる。

☎808-556-2435 ❖R.H.C.から徒歩16分 ㎡クイーン カピオラニ ホテル（→P.163）内 ⏰6:30～22:00（金・土曜は～23:00）休無休 J

煮込み牛のロコモコ $25
マッシュルームのグレービーと煮込み牛が使われているのが特徴

旨みの濃厚なソースが食欲をそそる

地元の人々に大人気
レインボー・ドライブ・イン
Rainbow Drive-In
カパフル MAP付録P.18 B-4

ロコモコの元祖といわれるお店。注文カウンターと屋外席があるだけの簡素な造りだが、虹色の看板とハワイアンな雰囲気が素敵。何を食べても安くておいしい。

☎808-737-0177 ❖ワイキキから車で6分 ㎡3308 Kanaina Ave. ⏰7:00～21:00 休無休

こちらもおすすめ▶
チリ・ドッグ・プレート $11.25
ご飯にソーセージを添え、特製グレービーをたっぷりかけたプレート

ロコモコ・プレート $11.75
パティやソースはもちろん、付け合わせのマカロニサラダまで素朴ながら絶妙においしい

素朴さが魅力！元祖ロコモコの味

↑アメリカンなレインボー・サインが目印

↑アメリカンなインテリア　↑日本でも人気の店

厳選のお肉を使用日本人好みのプレート

ハワイ料理ビギナーにも！
アロハ・テーブル
Aloha Table Waikiki
ワイキキ MAP付録P.16 B-2

ガーリック・シュリンプやモチコ・フライドチキンなど、定番のハワイ料理が食べられるレストラン。上質な食材を用い、日本人の舌に合う味付けと調理が評判。

☎808-922-2221 ❖R.H.C.から徒歩3分 ㎡2238 Lauula St. ⏰11:30～14:00　16:00～20:00 休無休 J

神戸スタイルビーフプレミアム・ロコモコ $21
ジューシーな和牛ブランドのパティと旨みの濃厚な特製グレービーソースが美味

116

家庭的な味とサービス
モケズ・ブレッド・アンド・ブレックファスト
Moke's Bread and Breakfast

カイルア MAP 付録P.20 A-3

シンプルかつクラシック 王道ハワイアンな一皿

名門ホテル、ハレクラニ出身のモケ・ワーレン氏が妻とともに開いたお店。オアフ島で生まれ育ったシェフとスタッフによるハワイアン・ホスピタリティが温かい。

☎ 808-261-5565
ワイキキから車で30分
所 27 Hoolai St., Kailua
営 7:30〜13:00 土・日曜 7:00〜14:00 休 月・火曜

➡ 週末の朝などは行列必至の人気店。地元客で賑わう

↑オムレツやベーコンなどのクラシックな朝食も人気

こちらもおすすめ ▶
リリコイ・パンケーキ
$12.95 (2枚)
軽い口当たりの生地に甘酸っぱいリリコイソースがたっぷり。$13.95 (3枚) もあり

ロコモコ
ホームメイドのパティが美味。チリとチーズがかかったチリ・モコ$16.95もおすすめ
$15.95

↑ライブミュージックも再開予定

伝統料理も要チェック
ハイウェイ・イン
Highway Inn

カカアコ MAP 付録P.10 B-2

ご飯と好相性 自家製グレービー

1947年に日系人夫妻が創業した人気レストランの2号店。メニューにはカルア・ピッグやハウピアといった伝統料理からパンケーキまでハワイ料理が並ぶ。

ロコモコ $18.99
白米と玄米のほかに、+$4.99でフライドライスも選択可能。卵の調理法も指定できる

☎ 808-954-4955 ワイキキから車で15分 所 ソルト・アット・アワ・カカアコ (→P.79) 1F 営 9:30〜20:00 (金・土曜は〜20:30、日曜は〜15:00) 休 無休
※7人以上は予約受付

世界中のおいしさを集めた食の店
ディーン&デルーカ ハワイ
Dean & Deluca Hawaii

ワイキキ MAP 付録P.15 F-2

ハワイ産食材やオーガニックにこだわったヘルシー食材を使用。フルーツやハーブたっぷりのスムージーは女性にも人気。新鮮な卵を使ったオムレツやエッグベネディクトなどの朝食も人気だ。外にはテラス席もある。

☎ 808-729-9720 R.H.Cから徒歩5分 所 ザ・リッツ・カールトン・レジデンスワイキキビーチ (→P.162) 1F 営 7:00〜17:00 土・日曜 9:00〜14:00、アフタヌーンティー11:30〜15:30 (火〜木曜) 休 無休

見た目のインパクトも 贅沢ロコモコ

ブラックアンガス牛 ロコモコ
豪華で肉厚なアンガス牛を用いたロコモコは柔らかくジューシー
$23

➡スイーツやギフトなども並ぶ

117

GOURMET

ジューシーな肉厚パティがおいしさのかなめ
グルメバーガーならこの⑤店で決まり!

分厚いパティと多彩な具材、凝ったソースのバランスが絶妙。世界的に展開する大量生産のファストフードとは一線を画すグルメのためのごちそうバーガーだ。

ガッツリ食べたい人にぴったりなボリューミーバーガー

ユニークなオリジナルバーガーならここ
ウィキ・ウィキ・チーズバーガー
Wiki Wiki cheese Burger

ワイキキ MAP付録P.16 B-3

ロイヤルハワイアンセンターの3階、ワイキキフードホール内にある。オクラホマ・フライ・オニオン・バーガーなどもあり、ビールにも合う。

☎808-922-2299 ㋐R.H.C.(→P.77)3F ⓣ11:00〜21:00 ㋫無休

↑ツナミフライ$10。コチュジャン、照り焼き、ふりかけ、ネギをトッピングしたフライドポテト

オールアメリカン スマッシュバーガー $9
↑ブリオッシュのバンズにビーフパティ、アメリカンチーズ、レタス、トマト、オニオン、マヨネーズを挟んだスタイル

グルメが通う人気パブ
スミス&キングス
Smith & Kings

ダウンタウン MAP付録P8 B-2

地元の人々で賑わうおしゃれなパブだが、フードメニューの充実度と質の高さが評判。おいしいと定評があるハンバーガーはマストオーダー!事前予約が望ましい。

☎808-537-2222 ㋬ワイキキから車で15分 ㋐69 N. King St. ⓣ11:00〜22:00(金曜は〜24:30) 土・日曜9:00〜24:30(日曜は〜20:00) ㋫火曜

流行の兆しをみせるベーコン・ジャム入り

ベーコン・ジャム・バーガー
チーズや野菜のほか、特製ベーコン・ジャムをサンド。トッピングでのせた玉子もトロ〜リ $19

↑バラエティ豊かなカクテルもおすすめ。週末はブランチメニューを提供

118

ザ・カウンター・バーガー $19.25
チョイスが多すぎて迷ったらコレ。
ブリオッシュにビーフパティを挟
んだシグネチャー・バーガー

フライド・オニオンと
ガーリック・アイオリが決め手

自分好みのバーガーを追求
ザ・カウンター
The Counter
カハラ MAP 付録P.19 E-1
バンやお肉の種類やサイズ、ソース、
トッピング、付け合わせまで自由に選
んで自分だけのオーダーメイド・バー
ガーが作れる。種類豊富なシェイクや
フロートも大人気。
☎808-739-5100 ワイキキから車で15分
カハラ・モール1F 4211 Waialae Ave.
11:00〜21:00 無休

パティだけでも牛、鶏ムネ、植物性肉、マヒマヒなど豊富

旨みたっぷりの絶品バーガー
エタァル
et al.
カハラ MAP 付録P.19 E-1
カハラマーケット内のレストラン。地元の
食材や季節の食材にインスパイアされた想
像力豊かなメニューが豊富。ハンバーガー
はブランチとディナーでオーダーできる。
☎808-732-2144 ワイキキから車で10分 カハラマーケット内 4210 Waialae Ave. 7:00〜21:00(金・土曜は〜22:00) 無休

ハワイ独自の食材や世界各地から集めた味

2020年にオープン、モダンでハイセンスな店内は居心地がいい

エタァル・バーガー
やわらかで肉汁がぎゅっと中に凝
縮されたパティと玉ねぎの甘みの
バランスが絶妙なハンバーガー
$22

ボカドー(ダブル)
ベーコン、アボカド、チーズ入り。
パティは1〜3枚まで選べるのがこ
のスタイル
$18.98

ジューシー・パティのビッグ・バーガー

ハワイ発!バーガー・チェーン
テディーズ・ビガー・バーガー
Teddy's Bigger Burgers
ワイキキ MAP 付録P.17 F-3
構えはファストフード店だが、味は一流。店
名どおりの特大バーガーは注文を受けてから
調理するため混雑時には時間もかかるが、肉
汁たっぷりのパティがガッツリとうまい。
☎808-926-3444 R.H.C.から徒歩13分 134
Kapahuu Ave. 10:00〜23:00 無休

ハワイではオアフ6店、マウイで2店を展開

119

GOURMET

濃厚な卵が大人気、朝食メニューの大定番

ソースにワザありの エッグベネディクト 4皿

ナイフを入れれば半熟ポーチドエッグがトロリと流れ出す魅惑の朝ごはん。具材の旨みと黄身、ソースがイングリッシュ・マフィンに染みて幸せな一日の始まりだ。

↑朝食の時間は特に混み合う。予約が望ましい

↑エッグベネディクトはランチタイムもオーダー可

ビーチを望む木陰で朝ごはん
ハウ・ツリー・ラナイ
Hau Tree Lanai

ダイヤモンドヘッド周辺 MAP 付録P.7 E-3

砂浜に面したラナイ（バルコニー）で潮風を感じながら食事が楽しめる。樹齢200年余のハウツリーは、「幸せを呼ぶ」といわれる木で、願いを込めれば叶うといわれている。

☎808-921-7066 ワイキキから車で5分 カイマナ・ビーチ・ホテル（→P.160）内 8:00～13:30 17:00～21:00、バー13:30～15:30、バー（フード）15:30～17:00、デイ・ナイトバー21:00～22:00
無休

クラシック・エッグ・ベネディクト $28

ターキー、カナディアン・ベーコン、ポーチドエッグをのせてオランデーズ・ソースをたっぷり

↑バーガーやロコモコ、ポケボウルもおすすめ

クラブケーキ・エッグベネディクト
カニのほぐし身たっぷり、クラブケーキとアボカドがベストマッチ $29

進化を続ける人気カフェ
ボガーツ・カフェ
Bogart's Café
モンサラット MAP付録P.18 C-4

もともとアイスの専門店だったが、朝・昼ごはんを始めるや、そのおいしさにロコの間で大評判に。現在はアルコールメニューも揃え、常に賑わっている。

☎808-739-0999 ワイキキから車で10分 ⊕3045 Monsarrat Ave. ⊕7:00〜15:00 ㊡無休 J

↑名店の多いダイヤモンドヘッド地区の人気店
↓白を基調とした店内席のほか店頭のテラスも素敵

オーガニック地産地消にこだわるカフェ
ヘヴンリー・アイランド・ライフスタイル
Heavenly Island Lifestyle
ワイキキ MAP付録P.16 B-2

ロコのサーフ・ガールの部屋をイメージしたというインテリアはキュートで居心地抜群。お酒も扱っており、野菜を使ったヘルシーなププス(おつまみ)も大人気。

☎808-923-1100 R.H.C.から徒歩3分 ⊕342 Seaside Ave. ⊕7:00〜14:00 16:00〜22:00 ㊡無休 J J

ローカルトマト&アボカドのエッグベネディクト
ハワイで収穫されたトマトとアボカドを使った、ヘルシーなベネディクト $23

↓比較的、席が取りやすいのは開店から8:00くらいまでの時間帯

ストレスのないヘルシーな食生活を
グーフィー・カフェ&ダイン
GOOFY Cafe & Dine
ワイキキ MAP付録P.14 C-3

ハワイ産、オーガニックの食材をなるべく使用するなど、ボリューミーかつヘルシーな料理が人気を集めている。ロコモコやガーリック・シュリンプもおすすめ。

☎808-943-0077 R.H.C.から徒歩15分 ⊕1831 Ala Moana Blvd. #201 ⊕7:00〜14:00 17:00〜21:00 ㊡無休 J J(夜のみ)

↑ゆる〜くエコでヘルシーがハワイ流。夜でも朝食メニューが食べられる

カルアポーク・エッグベネディクト $23
フワモチな食感のタロイモイングリッシュマフィンに、ハワイの名物カルアポークをトッピングした、ローカルにも人気のアイテム

ショッピング / グルメ / 歩いて楽しむ / アート&カルチャー / ホテル

GOURMET

高級レストランも顔負けの味レベル
手ごろ感がうれしい、プレートランチ厳選の⑤店

価格が安く、テイクアウトだって手軽にできちゃうプレートランチ。とはいえ、いずれの店も味は一流、お肉もお魚も野菜もたっぷりとれて栄養バランスは完璧だ。

唐揚げ弁当 $15
日本人好みの味付けがロコにも大人気！自家製ガーリックソースで味変もおすすめ

チキンオーバーライス $15
オリジナルスパイスで漬け込んだ鶏肉は、ターメリックライスと自家製グリークソースにマッチ

名物スタッフのいる和やかで賑やかなお店

ロコに人気のプレートランチ
チャヤ小鉄
Chaya kotetsu
アラモアナ MAP付録P.6 C-2

日本の味をハワイに伝えるためにオープン。日本人が料理するプレート、丼物、麺類は種類も豊富でボリューミー。価格も手ごろで地元客も多いなど、評判がいい。

☎808-200-5859 ✈アラモアナセンターから徒歩15分 所1427 S King St.
営10:30～15:00 16:30～20:30
休無休

↑ワイキキの喧騒から離れた心地よい空間でゆったり食事が楽しめる

↑日本人スタッフからハワイのさまざまな情報を聞くこともできる

フードコートでステーキ
チャンピオンズ・ステーキ＆シーフード
Champion's Steak & Seafood
ワイキキ MAP付録P.16 B-3

ステーキとガーリック・シュリンプが看板メニューのプレートディッシュ専門店。毎日カットするフレッシュなビーフと1週間以上熟成させた特製ソースが人気の理由。

☎808-921-0011 ✈R.H.C.(→P.77)B館2F 営10:00～21:00 休無休

↑ステーキとガーリック・シュリンプやグリルド・フィッシュとのハーフ&ハーフもオーダー可能

分厚いステーキだってプレートならお手ごろ価格

8ozニューヨーク・ステーキ $19.75
お肉はドドーンと225g。肉の旨みを引き出すオリジナル・ソースが美味

ガーリック・シュリンプ $16.75
殻がむいてあるので食べやすい。ガーリックのほかレモンペッパー、スパイシーも

グルメプレートランチの人気店
デルズ・キッチン&ベーカリー
Dell's Kitchen & Barkery
マッカリー MAP 付録P.6 C-2

デル・バルデスのクリエイティブなアイデアとこだわりから生まれたクオリティの高いプレートランチ。モダンな和風プレートランチのほか、自家製手打ちパスタ、焼きたてのパンやケーキも販売している。

☎ 808-840-0496 ワイキキから車で10分
1110 McCully St. 9:00〜20:00（プレートランチは10:30〜）無休 J

← テイクアウトもその場でも食べることができる明るい店内

アヒカツ
マグロを一晩漬け込んでから海苔とシソを巻いて、カラッと揚げる
$20

ロコモコ
ふっくらとした食感のハンバーグに、マッシュルームグレイビーが絶妙
$15

素材も調理法も一流 種類豊富で価格も良心的

↑ 醤油バターパスタ $12。自家製パスタにベーコン、ホウレン草、海苔などが入った和風パスタ

砂浜ランチはここで調達
ステーキ・シャック
Steak Shack
ワイキキ MAP 付録P.15 F-4

アメリカ陸軍博物館の緑地に隣接するワイキキ・ビーチ沿いのプレートランチ専門店。砂浜に面したテーブル席もあるが、テイクアウトでビーチ・ピクニックに最適のお店。

☎ 808-861-9966
R.H.C.から徒歩7分
ワイキキ・ショア by アウトリガー内
2161 Kalia Rd.
10:30〜19:30（金・土曜は〜19:45）
無休 J

ステーキプレート 170g
お店の人気No.1メニュー。やわらかくてジューシーなビーフがおいしい
$11.89

チキンプレート 170g
さながら焼鳥丼。甘辛のタレに絡んだチキンはプリプリ。ご飯とも好相性
$12.89

濃いめの味付けにご飯がドンドンすすむ

↑ ワイキキ・ビーチを目の前に望む店舗小屋のひとつ

ダイヤモンド・ヘッドを望む
ダイヤモンドヘッド マーケット&グリル
Diamond Head Market & Grill
モンサラット MAP 付録P.18 C-4

店頭にはその場で食事ができるテーブルも用意しているプレートランチ店。隣接するショップでデリやサラダ、パン類を販売。

☎ 808-732-0077
ワイキキから車で10分
3158 Monsarrat Ave. 11:00〜15:00 16:00〜19:30 無休

ミックス・プレート
飴色玉ネギとグレービーのかかった自家製ハンバーグ、チャーシュー、テリヤキ・チキンのプレート
$15.25

ロコに大人気の味で勝負のプレート店

ワサビ・ショウユ・アヒ・ステーキ
日本人の琴線に触れるわさび醤油味のマグロ・ステーキ。ライスは玄米をチョイス
$18

→ 基本的にはテイクアウト専門のお店

GOURMET

肉系、魚系、デザート、スイーツ、なんでも勢揃い
ファミリーに大人気の フードコート ⑤ 店

朝食、ランチ、おやつに夕飯、夜食まで、どんな気分のときでも心とお腹を満たしてくれる旅行者の味方。近年、料理のレベルが上がり、お酒を出すなどニュータイプも続々オープン。

バンザイバーガー

⬆ハワイアンバーガー$12。スイスチーズ、地元のグリル・パイナップル、グリル・レッドオニオン、ハワイアン・テリヤキソースとガーリック・マヨネーズ添え

マハロハ・バーガー

➡ハワイ生まれの人気バーガー店。ハワイ島産のビーフを使ったグルメバーガー

チーホーBBQ

⬆コンボプレート$26。一番人気のメニュー。ビーフ・ブリスケット、ポークリブ、カルビリブ、ソーセージとマカロニ&チーズなど

ココロ・カフェ

⬆釈迦のてのひらの形のワッフルにのったソフト・アイスクリーム、パイナップル&ココナッツ$10

➡もち粉を使ったモチモチワッフルをカラフルにデコレーション。オーバー・ザ・レインボー$4.75

お酒もあり！のフードコート
クヒオ・アベニュー・フード・ホール
Kuhio Avenue Food Hall

ワイキキ MAP 付録P.16 C-2

ピザやタコスのほか、ポケやガーリック・シュリンプといったハワイ料理も揃い、従来のフードコートとは一線を画す質の高さ。バーも完備し朝食からお酒まで楽しめる。

☎808-377-4402 ✈R.H.C.から徒歩5分 🏠インターナショナル・マーケットプレイス(→P.78)1F 🕐8:00~23:00(店舗により異なる) 無休

➡ハワイ諸島内のブリュワリーのビールも扱う

ワイキキど真ん中の好立地
パイナ・ラナイ
Paina Lanai Food Court

ワイキキ MAP 付録P.16 B-3

ハワイアンなガッツリ料理から旅行中に食べたくなるあっさり料理、和風料理まで多彩。

☎808-922-2299 ✈R.H.C.(→P.77)2F 🕐10:00~21:00 無休

➡おいしくてインスタ映えするキュートでカラフルなスイーツの宝庫

↑焼きたてのロティサリー・チキンやフラットブレッド・ピッツァが美味。バーベキュー・チキン・ピッツァ $13.99(ホール)

スピットファイア

↑フレッシュ・ハワイアン・アヒ・ボウル $12.99。ほかにスパイシーやショウユなど3種類の味を用意

アイランド・グルメ・コーヒー

→100%コナ・コーヒーをはじめ、お茶やジュースなど、多彩なドリンクが揃う。カフェラテ $3.99(Lサイズ)

フードコートでシェフの味
デュークス・レーン・マーケット＆イータリー
Dukes Lane Market & Eatery
ワイキキ MAP付録P.16 B-2

シェフが常駐し調理にあたる。味、メニュー、雰囲気ともにフードコートというより、高級レストラン。早朝から深夜まで営業しており、お酒も扱う。

☎ 808-923-5692　R.H.C.から徒歩4分　所 ハイアット・セントリック・ワイキキ・ビーチ内 349 Seaside Ave.　7:00〜23:00　無休

↓調理風景の見られる席やテラスも人気

アヒ＆ベジタブル
↘ポケや刺身、海鮮丼などの店。ご飯は白米、玄米、酢飯から選択。アヒポケ・ボウル $15.44

マナ・サンドイッチ
↘地元の卵を使った卵サラダサンドや日本のイチゴを輸入して作っているサンドイッチ専門店。ミックスフルーツサンド、アップルバナナ＆ヌテラサンド、イチゴサンドで1つ $5.75

大人な雰囲気が素敵
ラナイ＠アラモアナセンター
Lanai @ Ala Moana Center
アラモアナ MAP付録P.13 D-2

2階メーシーズそばにオープン。シックなインテリアや風が心地よいテラス席が人気を博している。ハワイで人気の日系パン屋、ブルグもおすすめ。

☎ 808-955-9517(アラモアナセンター代表)　所 アラモアナセンター(→P.76)2F　10:00〜20:00(店舗により異なる)　無休

↓お酒を出すバーも出店している

↑ポケコーナーのシグネチャーポケボウル「クヒオクランチ」。お好みのポケに唐揚げ、枝豆が乗った丼。$19.49

↑ライスコーナーで炒めてもらえるフライドライス $10.99(丸い容器)。ローカルプレートコーナーのプレートランチ $16.99(左上)

↑ベイクショップコーナーのマラサダ。オリジナル $1.89とフィルド(クリーム入り) $2.49

2023年1月グランドオープン
ワイキキマーケット
Waikiki Market
ワイキキ MAP付録P.16 C-2

ハワイ産食材とハワイで作られたプロダクトを含むフルサービス食料品店。店内にはポケ、ライス、ローカルプレート、ベイクショップの4つのテーマに分かれた惣菜コーナーがある。

☎ 808-923-2022　R.H.C.から徒歩7分　所 リリア・ワイキキ2F 2380 Kuhio Ave.　11:00〜22:30(金・土曜は〜24:00)　無休

↓その日の気分に合わせて食べ物をチョイス

GOURMET

豆にも焙煎にもこだわった上質な一杯

進化したコーヒーを味わうならこの❻店

コナ・コーヒーの本場、本物のコーヒーを知る人々が暮らすハワイで味わう最先端のコーヒー。雰囲気と居心地のよさもハワイならではのカフェの魅力。

テラスにはソファが並び、景色も居心地も最高

昼も夜も通いたくなる隠れ家カフェ
ハイドアウト・アット・ザ・レイロウ
Hideout at The Laylow
ワイキキ MAP付録P.16 C-2

クヒオ通り沿いのホテル、ザ・レイロウ・ワイキキ内にあるレストラン「ハイドアウト(隠れ家)」。景色も良く開放的な店内では、ハワイでは珍しいオレゴン発スタンプタウンコーヒーのほか、ペストリーや朝食が楽しめる。

☎808-628-3060 ❖R.H.C.から徒歩6分 所 ザ・レイロウ・オートグラフ・コレクション(→P.163)内 ⏰7:00〜14:00(ランチは11:00〜、サンデーブランチは10:00〜)、17:00〜22:00(バーは〜24:00) 休無休

Good Taste!

↑豆の生産段階からこだわり抜いたモカ $6〜
↓ていねいに抽出された香り豊かなラテ $5.75〜や、後味すっきりのアイスコーヒー $7〜などドリンクも揃う

←軽めの朝食に便利なペストリー各種 $7〜

←同ホテル3階のデッキで調理されるフードメニューも好評
→コーヒーゼリーの苦みがいいソフト・サーヴ・トーキョー・スタイル $8

食事、お酒もおすすめ
ノッツ コーヒー ロースターズ
Knots Coffee Roasters
ワイキキ MAP付録P.17 F-2

大規模リノベーションを経てモダンかつおしゃれに生まれ変わったクイーン・カピオラニ1階に位置。水出しコーヒーやオリジナル・フレーバーコーヒーが美味。

☎808-931-4482 ❖R.H.Cから徒歩16分 所 クイーン カピオラニ ホテル(→P.163)内 ⏰6:00〜16:00 休無休

Good Taste!

→宇治抹茶ラテ $6.50〜。宇治抹茶がそのまま使われ、お茶好きにぴったり

インテリア、食器、オリジナル・グッズなど、とにかくデザインが洗練されている

ハワイの農家と直接契約

カイ・コーヒー・ハワイ
Kai Coffee Hawaii

ワイキキ MAP付録P.17 D-2

ハワイの農家からおいしいハワイコーヒーを直接卸している。¢60追加するとマカダミア、ココナッツ、ヘーゼルナッツシロップをコーヒー味に足してくれる。ワイキキのほかに3つの店舗をホノルルで営業。

☎808-923-1700　ワイキキからR.H.C.から徒歩3分　ハイアット リージェンシー ワイキキ ビーチ リゾート ＆スパ(→P.162)内　6:00〜21:00　無休

↑ハイアット リージェンシー ワイキキ ビーチ リゾート＆スパの敷地内の建物の1階にある

←コーヒーはスモールで$6.75

↑パンやスイーツのほかに、コーヒー豆やマグカップなども売られている

毎週土曜に焙煎し、フレッシュなコーヒーを提供

ダウンタウン・コーヒー・ホノルル
Downtown Coffee Honolulu

ダウンタウン MAP付録P.8 C-3

コナ、マウイ、カウ・コーヒーなど100%ハワイコーヒーを提供。ライト、ミディアム、ダークとそれぞれの好みに合わせて注文できるコーヒーオブザデイも人気。

☎808-599-5353　ワイキキから車で20分　パイオニア・プラザ1F 900 Fort St.　6:00〜14:30 土曜7:00〜12:00　日曜

→毎週土曜には店内で豆をローストする

→カプチーノ$5.50 抹茶トルテ$5.65

↑ダウンタウンにあり、ビジネスマンも多く行き交う

中央に巨大なロースター

ホノルル・コーヒー・エクスペリエンス・センター
Honolulu Coffee Experience Center

アラモアナ MAP付録P.14 B-1

お店の中心に巨大なロースターが鎮座。実際に販売するコーヒー豆を焙煎しているため、店内中に香ばしいコーヒーの香りが漂う。スイーツはガラス張りの厨房で製作。

☎808-202-2562　ワイキキから車で10分　1800 Kalakaua Ave.　6:30〜16:30　無休
※2024年秋移転予定

↑アーモンド・クロワッサン$7.50とラテ$6.05

→ハワイ各地のほか、日本やグアム、カナダにも出店

←コーヒー豆などの商品を販売するショップを併設

→マック+チーズ・パンケーキ、スモークドベーコン・トッピング$16.50

さわやかな朝を楽しむカフェ

モーニング・グラス＋コーヒー・カフェ
Morning Glass+ Coffee Café

マノア MAP付録P.7 D-1

毎朝、地元の人々が行列をつくる人気のカフェ。注文ごとに1杯ずつドリップするコーヒーやスコーンなど、何を口にしてもおいしい稀有な店。鳥の鳴く朝の空気もごちそう。

☎808-673-0065　ワイキキから車で15分　2955 E. Manoa Rd.　7:00(土・日曜8:00)〜14:00　月曜

↑「極上の食材でシンプルなメニュー」がこの店のコンセプト

GOURMET

ビジュアル系スイーツにテンションアップ
南国スイーツ
厳選 **6** 店のあま～い誘惑

日本では味わえない！ハワイ現地でぜひ味わいたい！
カラッとした南国の気候で、魅力的なスイーツを堪能する。

B　ドーナツ
毎週木曜に4種類のフレーバーが登場。単品はもちろんセット$18もある
1個$4.50

A　$9.95　ストロベリードリーム
ストロベリーシロップと乳糖、自家製の餅、生鮮ストロベリーとバニラアイスクリームがふんだんに

A　$9.95　クラシックレインボー
ストロベリー、パイナップル、マンゴーのシロップと乳糖バニラアイスクリームなどがたっぷり

C　$19　パイナップル・ヨット
半割りのパイナップルにバナナとフルーツ、ココナッツとハチミツをトッピング

A　より自然な食材を
アンクル・クレイズ・ハウス・オブ・ピュア・アロハ
Uncle Clay's House of Pure Aloha
ハワイカイ MAP付録P.3 E-4

ヘルシーなかき氷を提供。ロコの間で「アイシー」と呼ばれる冷たい飲み物として知られる。

☎808-520-5898　交ワイキキから車で20分　所アイナハイナ・ショッピングセンター1F 820 W. Hind Dr. #116　営13:00～18:00 土・日曜10:30～19:45　休無休

B　カウアイ島発のドーナツ店
ホーリー・グレイル・ドーナツ
Holey Grail Donuts
ワード MAP付録P.11 E-1

タロイモを使用したドーナツがシグネチャーでフレーバーは全部で30種類ほど。定番の4種類のドーナツは常時販売。

☎808-482-0311　交アラモアナセンターから徒歩10分　所1001 Queen St. #101　営7:00～19:00(金・土曜は～21:00)　休無休

C　ハワイ産バナナのみを使用
バナン
Banan
ワイキキ MAP付録P.16 B-3

ハワイ生まれ、バナナ・ベースの冷たいデザートを提供。砂糖やクリーム不使用のギルティ・フリー・スイーツだ。

☎808-691-9303　交所R.H.C.(→P.77) C館1F　営8:30～20:00　休無休

D $5.77
チョコレート・ハウピア
ココナッツミルクで作るハワイ伝統のスイーツをパイにアレンジ

E $2.19
ココ・パフ
チョコレート・プディング入りのパフ。一世を風靡した看板スイーツ

E $2.09
ポイ・ドーナツ
紫芋をミックスしたモチモチ食感のドーナツ

D $7.33
パイナップル・マカダミアナッツ・チーズ・パイ
チーズのコクとパイナップルの甘酸っぱさがベストマッチ

三角のケース入りスライスのほか、ホールケーキ $35.70も大人気

F 各$1.85/$2.25
マラサダ
プレーンなドーナツに味付けしたオリジナルと、クリームを詰めたフィリングがある

砂糖やシナモン・パウダーなどをまぶしたオリジナル$1.85

カスタードやマカダミア、ハウピア・クリームなどを詰めたフィリング$2.25

D サーファーたちの御用達
テッズ・ベーカリー
Ted's Bakery
ワイアラエ MAP付録P.2 C-1

ベーカリーだがプレートランチの質も高く、ノースショアで波に乗るサーファーたちの活力源。
☎808-638-8207 ワイキキから車で1時間 〒59-024 Kamehameha Hwy., Haleiwa 営8:00～18:30 休無休

E ダイニングも併設
リリハ・ベーカリー
Liliha Bakery
ダウンタウン MAP付録P.6 A-3

種類豊富なパンとペストリーで人気の老舗ベーカリー。サイミン、バーガーなども食べられる。
☎808-537-2488 ワイキキから車で20分 〒580 N. Nimitz Hwy. 営6:00～22:00(金・土曜は～22:30) 休無休

F 素朴な味がクセになる
レナーズ・ベーカリー
Leonard's Bakery
カパフル MAP付録P.18 A-2

ポルトガルに起源を持つハワイアン・ドーナツ、マラサダの代名詞ともいえる超有名店。購入には行列必至。
☎808-737-5591 ワイキキから車で10分 〒933 Kapahulu Ave. 営5:30～19:00 休無休

ショッピング / グルメ / 歩いて楽しむ / アート&カルチャー / ホテル

129

GOURMET

> がっつりディナーが食べたい

肉厚ジューシーなステーキの店 5 店

ハワイのハイライト・ディナーといえば絶対にステーキ。やわらかくも肉質しっかり、ジューシー・ビーフで特別な一食を。

個性豊かな前菜と絶品ステーキ
ストリップステーキ ア・マイケル・ミーナ・レストラン
StripSteak, A Michael Mina Restaurant
ワイキキ MAP付録P.16 C-2

高級ステーキ店でありながら、半オープンエアのテラス席を備える。極上ビーフや新鮮魚介、地産の野菜と食材も厳選。アジアンな味付けのステーキ・タルタル$28などの前菜や、メニューに相性抜群なカクテルも大好評。

☎808-800-3094 交R.H.C.から徒歩5分 所インターナショナル・マーケットプレイス(→P.78) 3F 営17:00～21:00(金・土曜は～22:00) 休無休 J

1. 気楽な居心地のよさも魅力。16:00～18:00はハッピーアワー。バーエリア限定で食事やお酒が手ごろに楽しめる

NYストリップ・ステーキ
日本人には適量で価格が手ごろとおすすめ。通常$83だがハッピーアワーなら少し小ぶりで$49
$83

プライム ボーンイン リブアイステーキ
絶妙な焼き加減でいただくプライムビーフは絶品。写真奥はマック＆チーズ $35
$75

本場アメリカの極上熟成ステーキ
モートンズ・ステーキハウス
Morton's Steakhouse
アラモアナ MAP付録P.13 D-2

世界中に展開する高級ステーキハウスの老舗。全米で2%しか供給されないプライムビーフを約1カ月熟成させたエイジドビーフのほか、新鮮なシーフードなども豊富。

☎800-949-1300 交所アラモアナセンター(→P.76) 2F 営16:00～21:00(金・土曜は～22:00) 休無休 J

1. みそ焼きバターフィッシュ $62
2. シックカラーに統一された落ち着いた店内

フィレ・ステーキ
卓上に運ばれてなおジュージューと音を立てるお肉は意外にもさっぱりしていて、肉の旨みをたっぷりたたえている
$68(11oz)

とびきりのステーキとワインを満喫
ルース・クリス・ステーキハウス
Ruth's Chris Steak House
ワイキキ MAP付録P.15 F-3

肉の質はもちろん、ワイン、しつらえ、サービスについても極上。アメリカを代表する伝統的な一流ステーキハウスだ。980℃の高温で焼いた肉の旨みをダイレクトに味わいたい。

☎808-440-7910 ❷R.H.Cから徒歩2分 ⓐワイキキ・ビーチ・ウォーク(→P.77) 2F ⓗ16:00〜22:00(金・土曜は〜22:30、日曜は〜21:00) ⓒ無休 J J 🍴

1. 開店前から行列ができるほどの人気店 2. 公式HPまたはホテルを通じて予約しておくのが望ましい

ステーキ・フォー・ツー
フィレとサーロインが両方味わえる。激アツの皿に盛られた熟成肉の旨みと香ばしさのトリコに
$208.95

ペロリといける贅沢な熟成肉
ウルフギャング・ステーキハウス
Wolfgang's Steakhouse
ワイキキ MAP付録P.16 B-3

世界中に熟成肉ブームを巻き起こした有名店。ステーキにはソースも付くが、何もかけずとも十分おいしい。ランチのみのロコモコもジューシーでステーキ店ならではの逸品だ。

☎808-922-3600 ❷R.H.C.(→P.77) C館3F ⓗ11:00〜23:30 ⓒ無休 J J 🍴

1. ガッツリと肉のおいしさを味わいたいならココ。お得なハッピーアワー　メニューは月〜金曜15:00〜18:30 2. カラカウアを見下ろす窓際席

ひと手間加えた肉料理が好評
ファイヤーグリル
Fire Grill
ワイキキ MAP付録P.16 C-2

ステーキだけでなくバーガーやBBQポークなどの肉料理が評判のアメリカン・ビストロ。地元産の野菜も自慢だ。地ビールやワイン、バーボンなどお酒も豊富。

1. 開放的でモダンな空間が広がり、窓からはハワイの明るい光が差し込む。ブース席はファミリーにもぴったり

☎808-744-3300 ❷R.H.Cから徒歩8分 ⓐⓗヒルトン・ガーデン・イン・ワイキキビーチ内 2330 Kuhio Ave. ⓗ6:00〜21:00 ⓒ無休 J 🍴

アンガスビーフ・スモークド・リブアイステーキ
燻製されたスモークの香りがお口いっぱいに広がる
$52(11oz)〜

ショッピング / グルメ / 歩いて楽しむ / アート&カルチャー / ホテル

GOURMET

フードトラックから高級レストランまで
絶品シーフードの店 ⑤ 店

海に囲まれたハワイでは海の幸も欠かせない。フュージョンのパシフィック・リムにポケなどのロコ・メニュー、手づかみで食すアメリカンな豪快料理までチョイスは多彩。

↑シェフ考案の新しいスタイルのスイートアート。ハワイ産のフルーツを使用、2名分で$25

クラッキン・キッチン スペシャル
ズワイガニも入って、すべてのソース3種類付き
$110（2〜3名前）

↑心地よい風が入り、開放感がある
←ワイキキ中心部からアクセスしやすい

3種類の辛さのケイジャンソース
クラッキン・キッチン
Crackin' Kitchen
ワイキキ MAP付録P16 C-2

ワイキキで人気の手づかみシーフード店。盛りだくさんのシーフードを、ほかにはない3種類のオリジナルソースに絡めて手づかみで豪快に。ハワイならではの開放的な空間も◎。

☎808-404-9221 ✈R.H.C.から徒歩5分 所インターナショナル・マーケット・プレイス（→P78）3F 2330 Kalakaua Ave., #318 営12:00〜22:00 休無休

テイクアウトで楽しめるシーフード

日本人兄弟が経営するポケの人気店
マグロ・ブラザーズ
Maguro Brothers Hawaii
ワイキキ MAP付録P16 B-2

ポケや刺身などの新鮮なシーフードが評判。ワイキキ・ショッピング・プラザの地下に移転し、天然のマグロを求めて旅行者だけでなくロコも行列するほどの人気店に。

☎808-230-3470
✈R.H.C.からすぐ
所ワイキキ・ショッピング・プラザB1F 2250 Kalākaua Ave.
営17:00〜20:00
休無休

↑店の入口はロイヤル・ハワイアンAve.側

↑中トロ＆醤油ポケコンボはハワイのマグロの旨みが堪能できる
$19.10

$25.95
↑お酒のおつまみにぴったりなスモール刺身プラッター

↑ライムを搾ってさわやかな味わいを楽しむセビーチェ・ポケボウル
$14.50

鮮度抜群を多彩な料理で
ペスカ・ワイキキビーチ
Pesca Waikiki Beach
ワイキキ MAP付録P14 C-3

地中海シーフードの人気店でホテル30階からの眺望も抜群。魚介類はハワイはもちろん、日本やヨーロッパからも仕入れている。金曜にはヒルトンホテルから上がる花火を見ることができる。

☎808-777-3100 ワイキキから車で10分 イリカイ・ホテル内 1777 Ala Moana Blvd. 7:00～22:00 無休

アクア・パッツァ
写真は、真鯛、アサリ、チェリートマト、サンドライトマト、ケーパーとともに蒸し煮焼き。それぞれの食材から旨みがあふれる。 $22

↑ワイキキ・ビーチやダイヤモンド・ヘッドも望める

当日入荷した魚介類がディスプレイされているので、実際に見て選べる

↑シーフードプラッター。写真は刺身、ジャンボシュリンプ、ロブスター、フレッシュオイスター、カニのほぐし身の盛り合わせ。ハワイ島のアワビなどの追加もOK

魚介を豪快に手づかみで
ザ・ボイリング・クラブ
The Boiling Crab
カカアコ MAP付録P10 B-2

カニやエビ、貝などをコーン、ポテト、ソーセージ、ソースとともにビニール袋に入れてボイルした豪快な料理が看板メニュー。ソースはフレーバー4種から、辛さも「辛さなし」から「XXX」までの4段階から選べる。

☎808-518-2935 ワイキキから車で15分 ソルト・アット・アワ・カカアコ(→P79)1F 15:00(土・日曜12:00)～22:00 無休

↑ロサンゼルスやサンディエゴなどで展開する人気店

↑料理は卓上に広げ、手づかみで味わう

↑フライドポテトやホット・ウイングなどお酒に合うサイドメニューも充実

↑自家製の酒とシロップを使ったオリジナルカクテル

ロブスター・テイル・コンボ
カニやロブスターなどのメイン食材、ソースの種類、辛さを選んでオーダーする $66

行列必至のフードトラック
ジョバンニ
Giovanni's
ハレイワ MAP付録P21 B-4

ノースショアに近いカフクにはエビの養殖場が多く、ガーリック・シュリンプが名物。なかでも絶対おすすめなのが、味、香りともに絶品のこの店。

☎808-293-1839
ワイキキから車で50分
66-472 Kamehameha Hwy., Haleiwa
10:30～17:00
無休

↑シュリンプ・スカンピ。エビの旨みと香ばしさ、にんにくの芳醇な香りにやみつき $16

↑落書きだらけのフードトラックが目印。駐車場に停められた車に毎日大行列が出現する

――
ショッピング / グルメ / 歩いて楽しむ / アート&カルチャー / ホテル

GOURMET

スターシェフが提供する極上のディナー
特別な日に行きたい
ファインレストラン厳選 5店

男性ならジャケットを羽織って、女性ならちょっとカカト高めの靴を履いて訪れたい洗練されたダイニング。味、しつらえ、サービスにうっとりと夢見心地の時間を。

数々の賞を受賞したフュージョン料理を提供
ホクズ
Hoku's
カハラ MAP 付録P3 E-4

各地の名店で長年修業を積んだシェフ、ジョナサン・ミズカミによる独創的なメニュー。吟味された地元食材を使って人気を集めている。

☎808-739-8760 ワイキキから車で15分 所ザ・カハラ・ホテル&リゾート(→P.161)内 17:30〜20:30 日曜9:00〜13:30 休月曜

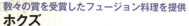

1. ワイキキの喧騒を離れて建つカハラホテルならではの静かな場所。アニバーサリーでの利用にもおすすめ

サーモンとスイートハーブソースをつけて
時間をかけて丹念に料理したニュージーランドのサーモンにキャビアソースを添えて

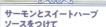

コナ産カンパチのシトラス・キュアード $28
さわやかな味わいが楽しめる一皿。アペタイザーにぴったり

計算し尽くした極上の一皿
パイ・ホノルル
PAI Honolulu
ダウンタウン MAP 付録P8 B-3

さまざまな有名レストランで経験を積んだシェフのケヴィンが2017年にオープン。こだわりの食材を使った独創的なメニューが楽しめ、特別な日の食事におすすめのレストラン。

☎808-744-2531 ワイキキから車で10分 所ハーバー・コート1F 55 Merchant St. #110 17:00〜22:00 休日〜水曜

→シェフのケヴィン・リー氏

心を込めて料理しています

1. 彩りも美しい至極の料理。食材や食感の組み合わせも絶妙 2. モダンで居心地のよいインテリア 3. おしゃれな店が多いダウンタウンの人気レストランで至福のひとときを！

落合シェフの本格的なイタリアン
ラ・ベットラ
La Bettola
ワイキキ MAP 付録P.17 E-2

ウニパスタの生みの親として知られる落合シェフは、イタリアの「新鮮な食材を使ったシンプルなレシピ」にこだわる。40年前に日本に店をオープン、海外ではこの店が唯一のレストラン。

☎808-921-6190 R.H.C.から徒歩10分
所 アロヒラニ・リゾート・ワイキキ・ビーチ（→P.161）内 17:00～22:00
休 無休

1. フレッシュなイタリアンパセリや、地元で採れたミニトマトなどを使用 2. フロア2階分に相当する大きなオーシャナリウム

マニラクラムの ヴォンゴレマキュアート $32
ほかにもマニラクラムを使った白ワインベースのソースのパスタなども揃う

東京発のトリュフレストラン
マルゴット
Margotto Hawaii
アラモアナ MAP 付録P.12 B-2

世界中から集めた最高峰のトリュフと旬の素材を楽しめるモダンフレンチレストランとして2022年にオープン。ハワイ産の素材を贅沢に使ったメニューも特徴。

☎808-592-8500
アラモアナセンターから徒歩3分
所 514 Piikoi St. 17:00～22:30
休 無休

キャビアモナカ $35
7gで$35、10gで$40と、キャビアの量によって値段が違ってくる

1. 複数のミシュラン星付きレストランでの経験を持つ加山シェフによるメニューの数々 2. 240名まで入れる広々とした店内。特別な日に利用したい

オバマ元大統領も訪問
マヒナ＆サンズ
Mahina & Sun's
ワイキキ MAP 付録P.16 A-2

オバマ元大統領も休暇でハワイを訪れた際にくつろいだレストラン。ハワイ諸島内の生産者とのコネクションが強く、地元食材をふんだんに使うのも魅力。

☎808-924-5810 R.H.C.から徒歩5分 所 サーフジャック・ホテル＆スイムクラブ内 412 Lewers St. 12:00～22:00 休 無休

マヒナ・ファミリー・フィースト 1人$37＋魚の時価
いろいろな味わいが楽しめるセットメニュー

1. カジュアルな雰囲気
2. ハッピーアワーも毎日実施
3. ネイキッド・ビッグ・ピザ $20
4. グループで利用するならセットメニューがお得で便利

ショッピング / グルメ / 歩いて楽しむ / アート＆カルチャー / ホテル

GOURMET

青空の下でお酒を飲む贅沢

ルーフトップ・バーでセレブなひととき
とっておきの❹店

海を眼下に見渡し、少しだけ空に近い場所でカクテルを片手にゆったり過ごす。ワイキキのビル街が輝きだす夕暮れどきはロマンティック。

正面に建つのは
ピンクパレス

ワイキキNo.1の眺望と
オリジナル・カクテルを満喫

宙に浮かぶテラスで乾杯
スカイワイキキ
Sky Waikiki
ワイキキ MAP付録P.16 B-2

ワイキキの中心部、カラカウア大通り沿いにせり出すテラスからは街にビーチ、ダイヤモンド・ヘッドまで見渡せて、ザ・ハワイといった眺望。食事やカクテルも上質。

☎808-979-7590 ⊗R.H.C.から徒歩3分 ⌂ワイキキ・ビジネス・プラザ19F 2270 Kalakaua Ave. 営16:00〜23:00(最終入店22:00) 金・土曜は〜翌2:00 休無休

⬆シーフードいっぱいのオイスターバー

⬆ハワイらしいトロピカルなカクテルが豊富に揃う

トロピカル カクテル カタログ

リゾート気分を盛り上げるカラフルかつスタンダードなトロピカルカクテル。

ブルー・ハワイ
Blue Hawaii
⬆ブルーキュラソーの色が氷に映えてハワイの海そのもの

マイタイ
Mai Tai
⬆ラムにオレンジ・ジュースなどを加えたカクテルの女王

ロイヤル・マイタイ
Royal Mai Tai
⬆ピンク・パレス、ロイヤルハワイアンのピンクのマイタイ

ラヴァフロー
Lava Flow
⬆凍ったピニャコラーダにイチゴが流れる、その名も溶岩流

ハッピーアワーは毎日14:00〜17:00

カラカウアの賑わいを間近に感じる屋上バー

屋根の上のビーチでバータイム
トミー・バハマ・レストラン&バー
Tommy Bahama Restautant, Bar
ワイキキ MAP 付録P.15 F-2

アメリカン・リゾート・ブランドによるお店だけあって壁面にグリーンを配した階段やシーリングファンの回るダイニングなど洗練されたインテリアが素敵。

☎808-923-8785 ㊟R.H.C.から徒歩4分
㊟298 Beach Walk ㊟14:00〜21:00 ㊟無休

↑屋上のビーチでバータイム

↑トロピカルなカクテルが似合うバー

↑ショップを抜けて2階に上がると広々としたダイニングが出現

ハワイで過ごすメキシカンな時間
ブホ・コシーナ・イ・カンティーナ
Buho Cocina Y Cantina
ワイキキ MAP 付録P.16 B-2

ワイキキのど真ん中、開放感あふれるルーフトップ・バーでありながら隠れ家的雰囲気も併せ持つ。フードメニューもおいしく、ランチやディナーもおすすめ。本格派のメキシコ料理が食べられる。

☎808-922-2846 ㊟R.H.C.からすぐ ㊟ワイキキ・ショッピング・プラザ5F 2250 Kalakaua Ave. ㊟11:00〜翌2:00(月・水・日曜は〜翌10:00) ㊟無休

↑ビールやワイン、カクテルのほか、テキーラの品揃えが見事

ソファ席のすぐ下はカラカウア大通り

ランチにディナー、ププスまで楽しめる

お酒とつまみがお得なハッピーアワーは14〜18時

目の前には大迫力のダイヤモンド・ヘッド

↑遮るものがないダイヤモンド・ヘッドの絶景

2018年末にオープンのテラス・バー
デック
Deck.
ワイキキ MAP 付録P.17 F-2

クイーン カピオラニ ホテルのプールサイド・ダイニングながら、宿泊客のみならず地元の人々にも大評判。特にダイヤモンド・ヘッドを望むテラス席はおすすめ。

DATAは ▶P.116

↑ハッピーアワーはドリンク14:00〜18:00、フード16:00〜18:00

ピニャコラーダ
Pina Colada
↑ラムにパイナップル・ジュースとココナッツミルクを加えるのが決まり

トロピカル・イッチ
Tropical Itch
→マドラー代わりの孫の手がトレードマーク。おいしすぎてなぜか痒くなるラムベースの一杯

シンガポール・スリング
Singapore Sling
↑ベースはジン。シンガポールのラッフルズ生まれの定番カクテル

モヒート
Mojito
↑たっぷりのフレッシュミントが目にも涼しげ。ラムベース

ブラッドオレンジ・マルガリータ
Bloodorange Margarita
↑マルガリータにブラッドオレンジ・ジュースを加えて華やかに

GOURMET

ハワイアンフードとローカルフード

移民とともに食文化も流入したハワイでは、各国の料理をベースにして進化を遂げた食が、ロコフードとして定着。近年はポリネシアンの伝統食も、健康への配慮などから見直されている。

神聖なる祭りや祝い事で味わう伝統食のハワイアンフード

ハワイでは古くから誕生や結婚、祭りなど特別な日に祝宴(ルアウ)が催されていた。穴かまどで豚を蒸し焼きにしたカルア・ピッグを中心に、タロイモを使った主食、ポイや、鮭のロミ・サーモンほか、さまざまな伝統料理が用意された。ポイはタロイモの根をすり潰したペーストで、タンパク質や食物繊維、ビタミンCなどを豊富に含む栄養食。

自然の恵みを生かし、地元の食材をシンプルな調理で味わうのがハワイアンフードの真髄で、家族や友人が共に食事し歌やダンスを楽しみ、祝福と感謝を分かち合う。料理と心の交流がハワイ伝統の食文化の特徴だ。

移民が伝えた料理を取り入れ進化させたローカルフード

ロコたちが愛するローカルフードには、ハワイ特有の移民文化が織りなす多彩な味がある。アメリカやポルトガル、中国、日本ほか世界の食文化をハワイ流にアレンジしながら進化させてきた。

ヘルシーで食べやすく、チェーン店なども多いので観光客にも大人気だ。

ハワイアンフード&ローカルフードカタログ

カルア・ピッグ / Kalua Pig
豚をまるごとティの葉で包み、地面に掘ったかまどで蒸し焼きにしたもの

ポイ / Poi
蒸したタロイモをペーストにし発酵させたもの。栄養豊富な主食

ポケ / Poke
マグロやカツオなどの海鮮を長ネギなどとゴマ油、醤油で和えたハワイ風刺身

ロミ・サーモン / Romi Salmon
細かく切った鮭、トマト、玉ネギをハワイアンソルトで和えた前菜

ラウラウ / Laurau
豚肉や魚などの切り身をタロイモの葉とティの葉で包んで蒸したもの

ハウピア / Haupia
ココナッツミルクをコーンスターチで固めたスイーツ。香りとなめらかさが特徴

ガーリック・シュリンプ / Garlic Shrimp
オアフ島の最北端、カフク産の養殖エビをガーリックやスパイスで炒めた名物

ロコモコ / Loco Moco
ハンバーグと目玉焼をライスにのせ、グレービーソースをかけた人気メニュー

シェイブアイス / Shave Ice
ハワイのかき氷。氷がふわふわで、カラフルなシロップがかかっているのが特徴

マラサダ / Marasada
ポルトガル生まれの揚げパンでドーナツよりふわっとしている。揚げたてが美味

ココパフ / Cocopuff
クリームパフ(ハワイのシュークリーム)のココア味。チョコクリームたっぷり

マナプア / Manapua
ハワイの肉まん。蒸したものと焼いたものがあり小腹が減ったとき最適

伝統的なハワイアンフードが食べたい

伝統のハワイアンフードが味わえるスポットで優雅な食事を

近年、伝統のハワイアンフードを提供する店は少なくなっているが、「ルアウショー」や「ルアウビュッフェ」などが催される施設やホテルで味わうことができる。フラ・ショーなどを鑑賞しながらハワイのごちそうをいただき、盛大なパーティー気分を満喫できる。

ここで味わえる♪
- ●ポリネシア・カルチャー・センター ▶P.70
- ●ロック・ア・フラ ▶P.42
- ●ワイキキ・スターライト・ルアウ ▶P.43

(↑→)ルアウビュッフェではカルア・ピッグなどの伝統料理が味わえる

HONOLULU, AREA WALKING

歩いて楽しむ

最旬と歴史が調和する街

Contents

- おしゃれ雑貨を求めてショップクルーズ **カイルアタウン** ▶P.140
- 陽気なサーファーが集う街 **ハレイワタウン** ▶P.142
- 王朝ゆかりのスポットを巡る **ダウンタウン** ▶P.144
- ハワイ王朝の栄華を伝える **イオラニ宮殿** ▶P.146
- **美術館・博物館** を巡るプチさんぽ ▶P.148
- ハワイ王国の繁栄から終焉まで約100年の歴史 **王朝時代のハワイ** ▶P.150
- ハワイの砂糖産業を支えた日本人移民たち **日本人移民の変遷** ▶P.152
- 太平洋戦争の口火を切った真珠湾攻撃 **パールハーバーを襲った悲劇** ▶P.154

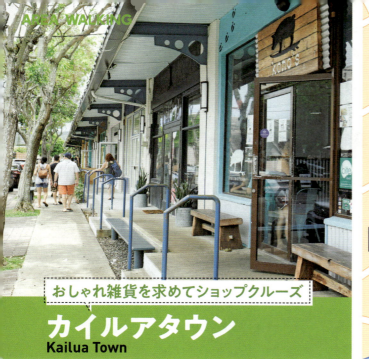

おしゃれ雑貨を求めてショップクルーズ
カイルアタウン
Kailua Town

ワイキキから車で内陸を走り、東海岸に向かって約30分。全米一と評される美しいビーチ、カイルアとラニカイを擁し、グルメやショッピングでも注目の人気エリアだ。

MAP 付録P.20 下図

清楚なイメージのおしゃれなファッションアイテムが勢揃い！

センスのよい雑貨が並ぶセレクトショップ。ファッションアイテムも充実

ブルー・ラニ・ハワイ
Blue Lani Hawaii

オリーブ・ブティック
Olive Boutique

P.117

モケズ・ブレッド・アンド・ブレックファスト
Moke's Bread and Breakfast

カラパワイ・カフェ&デリ
Kalapawai Cafe & Deli

Hoolai St.

Kailua Rd.

素朴なたたずまいの海辺の街にしてスタイリッシュなスポットも満載

　海辺の街らしいのどかな雰囲気と同時に、ヤシの木が並ぶメインストリート沿いには、おしゃれなショップが軒を連ね、洗練された雰囲気が漂う。ホールフーズ・マーケットのような人気のショップや、ハワイらしさを満喫できるスーパーマーケット、個性豊かなセレクトショップ、心地よいカフェなどが点在し、買い物やグルメ面でもワイキキに次ぐおすすめの街だ。特にオーガニックフードやコスメ、バスグッズなどの製品を扱う店が揃っているので、掘り出し物を見つけやすい。ワイキキからのオプショナルツアーも多いが、路線バスで行って時間を気にせずのんびりするのもいい。街からビーチまでは車で行くか、レンタサイクルでの移動もおすすめだ。

アクセス

アラモアナから67番バス、カイルアRd.+オネアワSt.などで下車。所要1時間。車ではワイキキからH-1、61号線経由で30分。

↑ラニカイ・ジュース。ハワイ産の食材で作るヘルシーなスムージーが人気

↑ラニカイ・バス＆ボディは天然素材を使ったお肌にやさしいコスメの店

↑ラニカイ・ビーチ

↑カイルア・ビーチ

ショッピング

グルメ

歩いて楽しむ

アート＆カルチャー

ホテル

AREA WALKING

陽気なサーファーが集う街
ハレイワタウン
Haleiwa Town

ワイキキ●

冬はビッグウェーブを求めて、世界中からプロサーファーが集結し、夏は海水浴客が集う海辺の街。ノスタルジックな雰囲気が漂うノースショアの中心地だ。
MAP 付録P.21

プランテーション時代の雰囲気のなか
個性派ショップやギャラリーが点在

　19世紀からパイナップルやサトウキビ産業で栄えた街で、当時の倉庫を模したショッピングモールもあり、オールドハワイの面影が残る。世界的なサーフィン大会が開催されるサーファーの聖地でありつつ、観光客にも注目のトレンドスポットでもある。スタイリッシュなアパレルショップや、ハワイならではのアートを展示するギャラリーが点在し、ノースショアの情報発信地としてぜひ体験したい街だ。シェイブアイス発祥の店もあり、ヘルシーなメニューを扱うカフェやレストランが多く、サーファー御用達のローカルフードが楽しめるのも魅力だ。カメハメハHwy.に沿ってショップが並び、片道30分ほどで歩ける。のんびり散策してハレイワを堪能しよう。

アクセス
アラモアナから52番バス、カメハメハHwy.沿いで下車。所要1時間45分。車ではワイキキからH-1、H-2、99号線経由で1時間。

ハレイワ・アリイ・ビーチ・パーク
Haleiwa Alii Beach Park

↓レインボー・シロップのシェイブアイスがモチーフ。ミニトートバッグ$15、キーホルダー$8

↑シェイブアイス大$3.50。シロップはレインボー

種類豊富なシェイブアイスが美味
マツモト・シェイブアイス
Matsumoto Shave Ice
MAP 付録P.21 B-2

1951年創業。ハレイワの観光スポットとも呼べるほどの人気店。オリジナルのシロップをかけたシェイブアイスは味がよく、行列必至。種類豊富なTシャツもおしゃれで、シャレが効いたデザインも多い。

☎808-637-4827 交ワイキキから車で1時間 所ハレイワ・ストア・ロッツ(→P.143) 1F 営10:00～18:00 休無休

↓シェイブアイス以外にも、オリジナルグッズやコラボアイテムが勢揃い

ハレイワ・ボート ハーバー	Haleiwa Boat Harbor
アナフル川	Anahulu River
アナフル橋	Anahulu Bridge
サーフ&シー	Surf-n-Sea

SURFER X-INGのロゴで有名な老舗サーフショップ。限定グッズが人気！

Kamehamalu Courtyard

ハレイワの有名店が軒を連ねる

ハレイワ・ストア・ロッツ
Haleiwa Store Lots

MAP 付録P.21 B-2

ハレイワの人気店が集結したモール。マツモト・シェイブアイスのほか、テディーズ・ビガーバーガーなどのレストラン、セレクトショップやギャラリーなどが並ぶ。ハレイワ散歩の休憩に最適のスポット。
☎808-523-8320 ❖ワイキキから車で1時間 ⌂66-111 Kamehameha Hwy., Haleiwa ⌚店舗により異なる ✕無休

ハレイワ・ジョーズ・シーフード・グリル
Haleiwa Joe's Seafood Grill

Haleiwa Rd.

ブラジリアン・スタイルの洗練されたデザインが評判のペルー発のビキニ店

サン・ロレンツォ・ビキニス
San Lorenzo Bikinis

アオキズ・シェイブアイス
Aoki's Shave Ice

Emerson Rd.

古き良きハワイの雰囲気を残して造られた人気のショッピングスポット！

P.143 ハレイワ・ストア・ロッツ
Haleiwa Store Lots
P.142 マツモト・シェイブアイス
Matsumoto Shave Ice

グアバ・ショップ
Guava Shop

↑リリウオカラニ教会

●リリウオカラニ教会
Liliuokalani Church

Kewalo Lane

Opaeula Rd.

↑ノースショア・マーケットプレイス

ノースショア・サーフショップ
North Shore Surf Shop

↑世界中で愛されている老舗ハンバーガーショップ、クアアイナの本店。本場の味を賞味しよう

クアアイナ・サンドイッチ
Kua 'Aina Sandwich

Kamehameha Hwy.

レイズ・キアヴェ・ブロイルド・チキン
Ray's Kiawe Broiled Chicken

マラマ・マーケット
Malama Market

ワイアルア・ベーカリー
Waialua Bakery

ハワイで有名なフリフリチキン。営業は土・日曜9:00〜17:00※なくなり次第終了

↑↓もともとスタッフ用Tシャツだったが、人気が出て市販を開始。メンズ$24(左)、レディス$27(右)

ポリネシアン・トレジャーズ
Polynesian Treasures
コーヒー・ギャラリー
Coffee Gallery
ノースショア・マーケットプレイス
North Shore Marketplace

Joseph P. Leong Hwy.

Cane Haul Rd.

↑サーファーの街らしい、フォトジェニックな看板

ショッピング / グルメ / 歩いて楽しむ / アート&カルチャー / ホテル

143

AREA WALKING

王朝ゆかりのスポットを巡る
ダウンタウン
Downtown

ワイキキ

かつてアメリカ本土からの客船と観光客で賑わったホノルル港周辺に位置するエリア。今も政治経済の中枢で、歴史的スポットも点在する過去と現在が交差する街だ。

MAP 付録P.8-9

新旧が交わるダウンタウンで
ハワイ王朝を体感する歴史散歩

　オールドハワイの面影を残しつつ、政治経済の中心として発展してきた街。近代的な高層ビルと、ハワイ最古の木造建造物（ミッション・ハウス博物館）や、ハワイ最古のキリスト教会（カワイアハオ教会）、カラカウア王が建てたイオラニ宮殿などが点在し、街の歩みを物語る。カメハメハ大王像やリリウオカラニ女王像もここにあり、カメハメハからカラカウアに至るハワイ王朝の歴史を体感しながら散策してみたい。現代ハワイが見られるハワイ州立美術館は、併設のオーガニックレストランも人気だ。街の西側にはロコの台所といえるチャイナタウンがあり、飲茶や中国食材の店が並ぶ。ダウンタウンは夕方に閉まる店が多く、治安の面からも昼間の明るい時間に訪れたい。

アクセス

オールド・ダウンタウンへはワイキキから2・13番バス、N.ホテルSt.+スミスSt.などで下車。チャイナタウンへは20・42番バスでN.ベレタニアSt.+スミスSt.などで下車。所要35分。車ではワイキキからカラカウア大通り、ベレタニアSt.経由で15分。

↑チャイナタウン

ART & CULTURE

王族の住居として造られた、きらびやかなインテリアの宮殿
ハワイ王朝の栄華を伝える**イオラニ宮殿**

ハワイ王朝の栄華と終焉を見守った
アメリカ合衆国唯一の宮殿。
当時の最先端をいく設備と
豪華絢爛な装飾は興味深いものばかり。
ハワイの歴史と文化をより深く知ろう。

> カラカウア王とカピオラニ王妃のための玉座が据えられている

米国で唯一の公式王室の邸宅
王朝時代の繁栄を垣間見る

イオラニ宮殿
Iolani Palace
ダウンタウン MAP 付録P9 D-3

2階〜地階
鑑賞時間
1時間30分

1882年、第7代ハワイ国王カラカウアによって創建され、電灯や電話、水洗トイレなど当時の最先端技術を備えた公邸として使われた。ハワイ王国が崩壊したのち、宮殿内の調度品類のほとんどが売却され散逸してしまったが、徐々に買い戻され、現在は往時の姿を取り戻している。地下ギャラリーには王冠や勲章、宝石などが展示されている。

☎ 808-522-0822 交ワイキキから車で15分 (TheBus)ワイキキから2・13・20・42番で30分 所364 S. King St. 開9:00〜16:00 休日・月曜、祝日【日本語ガイド付きツアー】開水・木曜15:30〜(所要60〜90分) 料$32.95 休不定休【オーディオツアー】開火・金・土曜 9:00〜15:30 料$26.95【地下ギャラリー】開火〜土曜9:30〜16:00 料$5
※チケットはオンラインで購入 www.iolanipalace.org

↓ カラカウア王が贅を尽くして建てた宮殿

玉座の間 Throne Room
宮殿で最も大きな部屋。公式行事や舞踏会が行われていた。モンステラ柄の赤いカーペットが印象的。

青の間 Blue Room
小規模の歓迎会や音楽会に使われた。リリウオカラニ女王のお気に入りの部屋だったとか。

↑ 音楽の才に長けていたリリウオカラニ女王のピアノが置かれている

大階段 Grand Staircase
ハワイ産のコアウッドで作られている。広間には肖像画や世界各地の貴重な装飾品が飾られている。

↑階段の床板部分は宮殿の床材で唯一当時のまま残っている部分

正餐の間 State Dining Room
晩餐会のための様子が再現されている。中央にある国王用の大きな椅子には冠が装飾されている。

↑地下の厨房から料理を運ぶためのエレベーターもある

王妃の寝室 Queens Bedroom
王の寝室は青が基調なのに対し、ワインレッドでまとめられている。

↑ベッドカバーにはハワイ語で王妃のモットー「最善を尽くす」が

執務室 Kings Library
カラカウア王はこの部屋で多くの時間を過ごした。王の書いた手紙や、当時を偲ばせる写真が見られる。

↑カラカウア王が集めた本の一部や、ハワイ最初の電話がある

キルトルーム Quilt Room
リリウオカラニ女王が幽閉されていた部屋。幽閉時に女王が作ったクレイジー・キルトが展示されている。

↑キルトには女王の誕生日や幽閉された日など記念の日付が

information

● ロイヤルハワイアンバンド・コンサート
ハワイの音楽を世界と共有する長い伝統を持つバンドによるコンサート。かつて「キングスバンド」として知られていたこのグループのミュージシャンは、カメハメハ3世王によってまとめられ、州の行事やパレードなどで演奏していた。
● 無料コンサート
不定期に金曜日12:00～13:00にイオラニ宮殿の敷地内で無料コンサートが行われている。公演スケジュールについては、イオラニ宮殿公式HP(https://www.iolanipalace.org)または、ロイヤルハワイアンバンドのHP(www.rhb-music.com)をチェック。

ART & CULTURE

> ハワイのアート空間には、想像以上の感動が詰まっています

美術館・博物館を巡るプチさんぽ

アートマニアにも建物好きにもグルメを楽しみたい派にもおすすめ。
ハワイの美術館で、ひと味ちがう宝物のような時間を体験しよう。

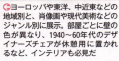
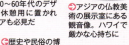

← ヨーロッパや東洋、中近東などの地域別と、肖像画や現代美術などのジャンル別に展示。部屋ごとに壁の色が異なり、1940～60年代のデザイナーズチェアが休憩用に置かれるなど、インテリアも必見だ

ヨーロッパ美術の展示室。ブルーの壁紙が作品を静かに際立て、心地よく鑑賞できる空間だ

→ アジアの仏教美術の展示室にある観音像。ハワイで厳かな心持ちに

← 歴史や民俗の博物館にありそうな作品も展示され、見応えがある

開放的な空間で貴重なコレクションに出会う
ホノルル美術館
Honolulu Museum of Art
ダウンタウン MAP付録P.6 B-2

フランス印象派など西欧絵画から浮世絵などの東洋美術、インドやポリネシアなどの作品をはじめ、約5万5000点の幅広いコレクションを誇るハワイ最大の美術館。建物自体も歴史的価値のあるもので、南国らしい開放的な造りの館内には5つの庭園に面して29の展示室があり、カフェ、ミュージアムショップ、劇場、図書室も併設。ミュージアムカフェでは、日曜にサンデーブランチを提供している。
☎808-532-8700 ワイキキから車で20分 TheBus 2・13番ルートB／ワイキキトロリー・レッドラインで20分 所 900 S. Beretania St. 開 10:00～18:00(金・土曜は～21:00) 休 月・火曜 料 $20、18歳以下無料【日本語ガイド付きツアー】開 金曜13:00～ ※予約不要

↑ 美術館内の庭園は、東洋の庭や地中海の庭など、それぞれテーマがある

©Courtesy the Honolulu Museum of Art

絢爛豪華！ドリス・デュークの夢のような豪邸
シャングリラ
Shangri La
カハラ MAP付録P.3 E-4

海に面した広大な庭とイスラム様式の宮殿のような建物は、大富豪ドリス・デュークの旧自邸。館内はドリスが集めた貴重なイスラム美術や家具調度で飾られ、その文化を知ることができる。ホノルル美術館を通してチケットの予約＆購入を。

☎808-532-3853 ⊗ワイキキから車で15分（TheBus）ホノルル美術館から専用シャトルバスで移動 所4055 Pāpū Cir. 営ツアー開催は木～土曜）、1日4回（9:00～、11:00～、13:00～、15:00～）セルフガイドツアーのみ 休日～水曜 料$25（※日本語ガイド付きツアーは現在なし）

↑ムガール王朝様式の浴室。壁面は可憐な花のモチーフ

↑ドリス（左）と競泳選手サム・カハナモクが楽器を楽しむ

↑邸宅名「シャングリラ」の意味は「理想郷」

↑17世紀のイランの瓶。館内はイスラム美術の宝庫

豪華な客室には噴水やバカラのシャンデリア。しばし別世界を堪能！

王室のゲストハウスだった建物も必見
キャピトル・モダン
Capitol Modern
ダウンタウン MAP付録P.9 D-2

2023年にハワイ州立美術館から名称変更。かつて王室の迎賓館だった美しい建物は、国の歴史的文化財に指定されている。ハワイ在住のアーティストの作品約360点を展示し、ほとんどが1960年代以降のモダンアートで勢いがある。イベント開催時には夕方や夜に開館することもある。

☎808-586-0900 ⊗ワイキキから車で10分（TheBus）2・13番／ハワイトロリー・レッドラインで30分 所2F, 250 S. Hotel St. 営10:00～16:00 休日曜、祝日 料無料

↑見応えあるハワイアンアートの殿堂で、しかも入館無料のうれしさ

↑1928年築、ヨーロピアンスタイルの美しい建物

↑参加型アートもあり、親子で楽しめる

王朝時代のハワイ

ハワイ王国の繁栄から終焉まで約100年の歴史

西欧の武器で敵対勢力を一掃
カメハメハのハワイ統一

ハワイ王国の歴史は、1795年にカメハメハ1世がハワイ諸島をほぼ制圧したことに始まる。1778年、イギリスの探検家ジェームズ・クックが来島するまで、それまで外界との接触を持たなかったハワイに、西欧の技術や知識が流入。西欧人から大砲などの武器を調達したカメハメハ1世は、1810年にハワイ全島を統一した。彼は優れた外交力を発揮して西欧と良好な関係を築く一方、カプと呼ばれる伝統的な戒律を重視し、ハワイの独自性を維持した。

近代化政策と砂糖産業の隆盛
カメハメハ3世の治世

北太平洋の中心にあるハワイは、外国の貿易船が集まる寄港地となり、やがて捕鯨船の中継基地として繁栄。1820年には最初のプロテスタント宣教師が訪れ、キリスト教がハワイの人々に新たな価値観をもたらした。

西欧の影響が強まるなか、1825年に即位したカメハメハ3世は、憲法の制定、政治制度の改革など、近代化政策を推進。土地の個人所有が認められ、西欧人による砂糖プランテーションの経営が本格化することとなる。1849年にはアメリカとの間に和親条約を締結。折しも、ゴールドラッシュに沸いていたアメリカ西海岸へ向けて、砂糖輸出は急速に拡大した。一方、1859年にペンシルベニアで石油が発見されると、燃料や機械油などに使われていた鯨油の需要が減少。ハワイの産業は捕鯨から砂糖生産へと軸足を移していく。

カメハメハ大王によるオアフ島制圧の最後の戦場となったヌウアヌ・パリ。現在では眺望が楽しめる観光名所となっている
P66

農園での労働者確保が急務に
カラカウア王の時代

カメハメハ5世の死後、王族の血筋が途絶えると、議会で選ばれたルナリロが即位。しかし1年ほどで亡くなり、再選挙によりカラカウアが7代王となる。当時、ハワイの砂糖は生産過剰に陥っていた。そこで輸出を促すため、アメリカと互恵条約を結び、砂糖産業は飛躍的に成長した。農園労働者の不足に悩んだカラカウアは、移民調査のため世界一周の旅に出発し、日本にも訪れて明治天皇と会見している。

王権を脅かす悪しき「銃剣憲法」
アメリカ系白人の台頭

カラカウアは、鉄道や電灯、灌漑水路などのインフラ整備を進めるとともに、フラやハワイ音楽といった伝統文化の復興にも力を注いだ。一方、砂糖産業で富を築いたアメリカ系白人の経済力はますます強大となり、アメリカへの併合を求める親米派の動きが加速するなか、王権は弱体化しつつあった。

それを象徴するのが、1887年の改正憲法である。武力の脅しによってカラカウアが承認の署名を強いられたことから、「銃剣憲法」とも呼ばれる。その内容は、国王の権力を大幅に縮小させるもので、さらにハワイアンやアジア系の人々の多くが選挙権を喪失し、裕福な白人ばかりが優遇される結果となった。1891年、カラカウアはサンフランシスコで病気療養中に死去。妹のリリウオカラニが8代女王となる。

ワイキキにあるカラカウア王像。日本人移民を要請するため日本を訪れたこともある
写真提供：ハワイ政府観光局

300	1800		1900	2000
	ハワイ王国		ハワイ共和国	米国領ハワイ	ハワイ州
300年頃 マルキーズ諸島から人々が移住 / 1000年頃 タヒチなどソシエテ諸島から人々が移住	1778 イギリスのジェームズ・クックがハワイ諸島に来航 / 1779 ジェームズ・クックがハワイ島で殺害される / 1780 ハワイ島キラウエア火山爆発。カメハメハ1世、カメハメハ島を制圧 / 1795 カメハメハ1世即位、ハワイ王国を建国 / 1810 カメハメハ1世ハワイ諸島統一 / 1819 カメハメハ2世即位 / 1820 アメリカから宣教師団、初来航 / 1840 憲法発布、立憲君主制が成立 / 1845 ハワイ王国の首都がオアフ島ホノルルになる / 1874 ルナリロ、選挙で選ばれた初のハワイ王に / 1881 カラカウア王、世界周遊。日本にも立ち寄り、明治天皇と会見 / 1891 カラカウア王が死去、カラカウア王即位	1893 クーデターによりハワイ王国滅亡 / 1894 クーデター政権がハワイ共和国を樹立	1898 アメリカがハワイを併合 / 1895 王権派が武装蜂起、リリウオカラニが逮捕、幽閉される	1900 正式にアメリカの領土となる / 1941 第二次世界大戦、終結 12月7日、真珠湾攻撃	1959 アメリカの50番目の州になる
日本	1603年 江戸幕府	1868年 明治維新			

カメハメハ大王のハワイ諸島統一から、1世紀にわたって続いたハワイ王国。
世界への扉を開き近代化を進めたが、結果、白人勢力の侵攻によって崩壊した。
やがてアメリカに併合されるまで、独自の輝きを放ち続けた王朝の歩みを振り返る。

女王の悲劇とハワイ王国崩壊

リリウオカラニの幽閉

兄の後を継いで即位したリリウオカラニの前途は多難だった。アメリカ系白人を中心とする議会との対立、財政赤字など、問題が山積していた。1893年、彼女は王権とハワイアンの人権を取り戻すため、銃剣憲法を改正して新憲法の発布を試みる。しかし反対派に阻止され、そのうえ白人勢力のクーデターにより退位に追い込まれる。間もなく白人勢力が臨時政府を樹立し、1894年、ハワイ共和国が成立。これにより、ハワイ王国の歴史は幕を閉じた。1898年、ハワイはアメリカの属領となり、イオラニ宮殿ではハワイ国旗が降ろされ、星条旗が掲げられた。

1895年1月、王政復古を求める武装蜂起が勃発。リリウオカラニの邸宅の庭から武器が発見されたとして、彼女は反乱首謀者の嫌疑をかけられ、共和国政府により逮捕された。イオラニ宮殿に8カ月間幽閉されたリリウオカラニは、反乱で捕えられた約200人の命を救うため、自らの廃位を認めて誓約書に署名した。

王位を退いたリリウオカラニは、釈放後、長い余生を一般市民として穏やかに過ごし、79歳で波乱の人生を終えた。1917年に亡くなるまで暮らした邸宅「ワシントン・プレイス」は博物館として今も残されており、予約制のガイドツアーで見学することができる。

ワシントン・プレイス Washington Place
ダウンタウン MAP付録P9 D-2
☎808-586-0248 ワイキキから車で15分
320 S. Beretania St. 見学ツアーは木曜10:00～(所要60分) ※要オンライン予約 土・日曜 無料

→見学ツアーでは、リリウオカラニの寝室や愛用のピアノなどが見られる

↑3層吹き抜けの巨大な空間が広がるハワイアン・ホール。木目を生かした内装が美しい

ハワイやポリネシア文化に関わる
膨大な数の貴重な収蔵品を展示

ビショップ・ミュージアム
Bishop Museum
カリヒ MAP付録P5 F-2

ハワイ最大の博物館。1889年、カメハメハ王家の直系子孫であるバニース・パウアヒ王女の追悼のために、夫のチャールズ・リード・ビショップが設立した。当初は、ハワイの伝統工芸品や王女が相続した王家伝来の品々が中心だったが、現在は、ハワイのみならず太平洋諸島全域の歴史文化および自然科学に関する美術工芸品、標本、文献、写真などを収蔵。その数は2500万点以上に及び、世界的にも貴重なコレクションとして注目されている。

☎808-847-3511 ワイキキから車で20分
1525 Bernice St. 9:00～17:00(入館は～16:30) 無休 $33.95

ハワイの人々の尊敬を集める
偉大なる初代国王の姿を伝える像

カメハメハ大王像
King Kamehameha Statue
ダウンタウン MAP付録P9 D-3

ハワイ王国を築いたカメハメハ大王の銅像。1883年、カラカウア王の戴冠式の日に除幕された。金色の衣をまとった威厳ある姿で立ち、毎年6月11日には色とりどりのレイで飾られる。

ワイキキから車で15分
447 S. King St.

→ハワイ州最高裁判所の正面で、イオラニ宮殿を見守るように立つ

オアフ島で最も古い歴史を持つ
サンゴで造られた美しい教会

カワイアハオ教会
Kawaiahao Church
ダウンタウン MAP付録P9 E-3

1842年に建てられたオアフ島最古の教会。ハワイ王族の戴冠式や結婚式も行われた由緒ある教会で、2階の回廊には歴代21人の王族の肖像画が並ぶ。荘厳なパイプオルガンを備え、結婚式の会場としても人気を集める。

☎808-469-3000 ワイキキから車で10分
957 Punchbowl St. 内部見学は月～金曜7:00～16:00 無休 無料

↑約1万4000個のサンゴのブロックを使って造られた。アメリカの国定歴史建造物

往時の華やかな暮らしを物語る
王家ゆかりの優雅な品々

エマ王妃の夏の離宮
Queen Emma's Summer Palace
ヌウアヌ MAP付録P6 A-1

カメハメハ4世の妻であるエマ王妃が、家族とともに夏を過ごした別荘。静かな渓谷にひっそりと建ち、内部には見事な細工が施された家具や調度品、明治天皇から贈られた品などが並ぶ。

☎808-595-3167 ワイキキから車で15分
2913 Pali Hwy. 10:00～15:30 日～木曜 $14(ガイドツアー$20)、$5 (5～12歳) $1 (4歳以下)

↓別名をハワイ語で「ハーナイ・アカマラマ(月の養子)」と呼ばれる宮殿

HISTORY OF HAWAII

ハワイの砂糖産業を支えた日本人移民たち
日本人移民の変遷

幕末の混乱のなかで波乱の船出
日本初の移民「元年者」

砂糖産業の飛躍的な拡大とともに、ハワイサトウキビ農園では労働者不足が深刻化した。一方、西欧人が持ち込んだ病気が蔓延し、農園での労働を担っていたネイティブ・ハワイアンの人口は急激に減少していた。そこでハワイ王国は、外国からの移民受け入れを推進。最初に入植したのは中国人で、その後、ポルトガル、南洋諸島、ドイツ、ノルウェー、スペイン、プエルトリコ、朝鮮半島など、世界各地から多数の移民が流入した。

1868(明治元)年、横浜からホノルルへ向けて153名が出発。日本からハワイへ渡った最初の移民で、のちに「元年者」と呼ばれるようになる。しかし幕末の混乱期にあり、明治政府の正式な許可は得られず、密出国の扱いとなった。彼らの多くは職人や失職した武士などで、農作業には不向きだったことから、1870年に40名が帰国している。

⇨1968年、日本人移民100周年を記念して、京都の平等院を模して建てられたハワイ平等院
写真提供：ハワイ政府観光局

カラカウアの要請で移民を送出
政府が認めた官約移民

明治政府は移民に消極的だったが、1881年、世界一周の途中で来日したカラカウア王は、明治天皇と会見して移民を要請。これを受けて、「元年者」以来途絶えていたハワイへの移民が再開される。

1885年、全国の応募者から選ばれた945名が出発。彼らは明治政府が正式に認めた「官約移民」と呼ばれ、ハワイ王朝終焉の翌年までに、約2万9000人が移住した。数年間の出稼ぎ目的で渡ったものの、帰国を果たせぬまま定住した人々も多かった。

大勢が海を渡った移民の全盛期
私約移民から自由移民へ

ハワイ王国の崩壊後、移民の仲介は政府の手を離れ、民間業者が「私約移民」を送り出すようになる。ハワイがアメリカに併合されると、アメリカの法律が適用され、私約移民は奴隷制と同様とみなされて禁止された。そのため、1900年から1907年は、個人的に移住する「自由移民」の時代へと移行。私約移民や自由移民としてハワイへ渡った日本人は約12万5000人と推定され、アメリカ本土への再移住も増加した。

⇧1994年に開館したハワイ日本文化センター。日系移民の歴史を学ぶことができる

日本人排斥運動の煽りを受けて
日本人移民の全面禁止

ハワイからアメリカ本土へ渡る日本人移民が増えるなか、カリフォルニアを中心に日本人排斥運動が起こる。対応を迫られた日本は、1908年、アメリカとの間に協約を交わし、労働目的で渡米する日本人への旅券発給を自粛する。以後、集団での移住は難しくなり、すでにハワイやアメリカ本土に渡っていた日本人が近親者などを呼び寄せる「呼寄せ移民」の時代となる。

その後も日本人排斥の動きは収束せず、1924年には、排日移民法とも呼ばれるジョンソン・リード法が成立。事実上、日本人のアメリカ入国は不可能となり、1868年に始まったハワイへの日本人移民の歴史は、ここに終止符を打つ。これまでに約22万人もの日本人がハワイに渡ったとされ、彼らはその後のハワイに大きな影響を及ぼした。

1800				1900					2000	
ハワイ王国				ハワイ共和国	米国領ハワイ				ハワイ州	

- 1819 捕鯨船が入港
- 1828 ハワイ島コナでコーヒー栽培が始まる
- 1830 ホノルル、ラハイナは捕鯨船の基地として発展
- 1835 カウアイ島にサトウキビ農園がつくられる
- 1852 サトウキビ畑に中国から契約労働移民が来島
- 1868 日本からの初の契約労働移民（元年者）が来島
- 1878 ポルトガルからの移民が始まる
- 1882 中国人排斥法が成立
- 1885 日本から移民再開（官約移民）
- ●1868年 明治維新
- 1894 クーデター政権がハワイ共和国を樹立
- 1898 アメリカがハワイを併合
- 1900 正式にアメリカの領土となる
- 1900 日本人労働者の移住が制限され、ピクチャーブライドが増加
- 1908 契約移民制度廃止
- 1908 沖縄から初の契約労働移民が来島
- 1924 ジェームズ・ドールのパイナップル栽培が開始
- 1941 移民法が成立、アジアからの移民が事実上禁止に
- 1941 12月7日、真珠湾攻撃
- 1945 第二次世界大戦、終結
- 1959 アメリカの50番目の州になる

152

ハワイの労働力不足を補うため、日本人は移民としてサトウキビ農園に送り込まれた。
彼らは過酷な労働に耐えながら、新たな土地に根づき、社会に溶け込んだ。
激しく変動する時代のなかで力強く生き抜いた移民たちの歴史をたどる。

一致団結した農園労働者たち
過酷な労働とストライキ

移民たちは低賃金で長時間の重労働を強いられ、監督は容赦なくムチをふるった。そんな状況下で彼らは反発の声を上げ、各地でしばしばストライキを起こした。1909年、出身国別の格差撤廃や賃上げなどを求めて約7000人の日本人労働者が3カ月にわたり作業を拒否。1920年には、ハワイ労働史上最大規模となるストライキが勃発し、出身国の違う労働者たちが団結して立ち上がった。オアフ島全農園の77％の労働者が参加したといわれるが、要求が受け入れられることはほとんどなかった。それどころか、1万人以上の日本人労働者が農園の宿舎から追い出され、当時猛威をふるっていたインフルエンザに罹患して死亡する者が続出した。

独特のローカルフードが誕生
移民が育んだ多国籍文化

古くから多国籍の人々が移り住んだ結果、ハワイならではのローカルフードが生まれた。ポルトガルの揚げパンをルーツとするマラサダ、中華まんから発展したマナプア、日本のおむすびの変形であるスパムむすびなど、今やすっかりハワイに定着した料理も、実は他国に由来するものが少なくない。

ハワイアン・ミュージックに欠かせないウクレレも、もとはといえばポルトガル移民が持ち込んだブラギーニャと呼ばれる小型の弦楽器が起源。アロハシャツの多彩なデザインは、日本人が伝えた着物の和柄から影響を受けているといわれる。世界各地からもたらされた多種多様な文化が混ざり合い、現在のハワイを形成している。

↑1950年代に中国からやってきた移民たちによってつくられたチャイナタウンの街並み
写真提供：ハワイ政府観光局

サトウキビ農園で働く移民たちの当時の暮らしを垣間見る
ハワイ・プランテーション・ヴィレッジ
Hawaii's Plantation Village
ワイパフ MAP 付録P2 C-3

かつて製糖業の街として栄えたワイパフに、日本、韓国、ポルトガル、フィリピン、中国などからの移民たちが暮らした村を再現。住居のほか、商店や風呂屋などもあり、国による生活習慣の違いなどもわかり、興味深い。

☎808-677-0110 ✈ワイキキから車で30分
⌂94-695 Waipaku St., Waipahu ⏰9:00～14:00 ❌日曜 💰$17

↑1930年代のプランテーションハウスを復元。当時の生活様式が見て取れる

海の安全を見守ってきたホノルル港のシンボル的存在
アロハ・タワー
Aloha Tower
ダウンタウン MAP 付録P8 B-4

ホノルル港に建つ高さ55mのタワー。1926年の建造で、ホノルル港がハワイの玄関口だった時代には灯台として機能した。10階の展望台から、ホノルル港や周辺の街並みを一望できる。

☎808-544-1453 ✈ワイキキから車で15分
⌂1 Aloha Tower Dr. ⏰9:00～17:00 無休 💰無料

↓完成当時はホノルル随一の高さを誇ったタワー。レトロなデザインが印象的

ハワイの近代化に貢献したアメリカ人宣教師たちの住まい
ミッション・ハウス博物館
Mission House Museum
ダウンタウン MAP 付録P9 F-3

1920年にニュー・イングランドから移り住んだ宣教師たちの住居。彼らはハワイ語をアルファベットに置き換えて聖書を作成し、文字や印刷技術などを伝えた。居間や作業場などが当時のまま残り、ガイドツアーも催行。

☎808-447-3910 ✈ワイキキから車で15分
⌂553 S. King St. ⏰10:00～15:00 ❌日・月曜 💰$10※ガイドツアー＄20

↑現存するハワイ最古の木造建築。宣教師たちの質素な暮らしぶりがうかがえる

日本人移民により建てられたハワイの風土に溶け込む神社
ハワイ出雲大社
Izumo Taishakyo Mission of Hawaii
ダウンタウン MAP 付録P8 A-1

島根県にある出雲大社の分社として1906年に建立。戦時中は財産没収や神職の身柄拘束などの憂き目にあうが、戦後に復興する。ハワイならではのお守りや御朱印を求めて訪れる人も多い。

☎808-538-7778 ✈ワイキキから車で15分、TheBus ワイキキから19・20・42番で30分 ⌂215 N. Kukui St. ⏰8:30～17:00(社務所) 無休 💰御朱印料＄3、御朱印帳持参の場合＄2

↑大きな注連縄が目を引く社殿。規模は小さいが厳かな雰囲気を感じさせる

HISTORY OF HAWAII

太平洋戦争の口火を切った真珠湾攻撃
パールハーバーを襲った悲劇

1941年12月7日、日本軍の攻撃によって真珠湾は猛火と爆音に包まれた。
常夏の楽園として知られるハワイには、深く刻まれた戦争の傷跡がある。

狙われた太平洋の軍事拠点
日本軍の奇襲攻撃

　太平洋戦争は、1941年12月7日（日本時間8日未明）の真珠湾攻撃から始まった。オアフ島の真珠湾に停泊していたアメリカの戦艦や周辺の軍事施設を、日本軍の機動部隊が奇襲攻撃。わずか2時間ほどの間に、主要戦艦を含む船舶12隻が沈没し、180機を超える戦闘機が破壊された。アメリカ側の死者数は2400人以上にのぼり、巻き添えとなった一般市民も含まれていた。

　太平洋の真ん中に位置するハワイは、アメリカにとって重要な軍事拠点だった。日本は先制攻撃によってアメリカの戦意を削ぎ、短期決戦で早期講和にこぎつける目論見だった。

　その後、ハワイにはすぐさま戒厳令が出され、すべてが軍の支配下に置かれた。人々の自由は大幅に制限され、とりわけ日系人は厳しく監視された。

米兵として戦った日系2世
戦時下の日系人

　戦争が始まると、アメリカ西海岸では約12万人の日系人が収容所へ移送された。一方、ハワイでは人口の約4割を日系人が占めていたため、収容所に送られたのは実業家や教師など指導者とみなされた一部の人々に限られた。

　反日感情が高まりをみせるなか、アメリカ国籍を持つ日系2世の若者たちは、忠誠と愛国心を示すため、率先して軍に志願。日系人だけの戦闘部隊も編成され、ヨーロッパ各地で祖国アメリカのために戦った。なかには、日本語能力を生かして暗号解読や通訳、捕虜の尋問などの任務に就く者もいた。最前線に送られた日系部隊は多くの犠牲者を出したが、無事ハワイに帰還した日系兵士もいた。彼らはその後さまざまな分野で活躍し、戦後のハワイで重要な役割を担っていった。

実物の武器や遺品を通して
戦争の記憶を伝える博物館
アメリカ陸軍博物館
U.S. Army Museum
ワイキキ MAP 付録P.15 F-4

真珠湾防衛のために建設された砲台跡地にある博物館。第二次世界大戦や朝鮮戦争、ベトナム戦争など、アメリカ陸軍が関わった戦争の資料が並ぶ。日本軍が使った武器や遺品なども展示。
☎ 808-955-9552　R.H.C.から徒歩10分
2131 Kalia Rd.　10:00～17:00　日・月曜　無料

↑戦車や戦闘ヘリコプターを間近で見学

日本が降伏文書に調印した
第二次大戦終結の舞台
戦艦ミズーリ記念館
Battleship Missouri Memorial
パールハーバー MAP 付録P.4 A-3

第二次世界大戦から湾岸戦争まで、数々の戦争に出動した戦艦。1945年9月2日、東京湾に停泊していたミズーリ号の上で日本は降伏文書に調印した。艦内設備や展示物の見学も可能。
☎ 808-455-1600　ワイキキから車で30分
63 Cowpens St.　8:00～16:00　無休　$34.99

↑全長270mの巨大戦艦がそのまま記念館に

艦船とともに犠牲者が眠る
戦争の痕跡をとどめる追悼施設
USSアリゾナ記念館
U.S.S. Arizona Memorial
パールハーバー MAP 付録P.4 B-3

真珠湾攻撃で沈没した戦艦アリゾナの真上に建てられた施設。最初に映像を視聴したあとボートに乗って記念館へ。壁には犠牲者たちの名前が刻まれ、遺品や写真などが展示されている。
☎ 808-422-3399　ワイキキから車で30分
1 Arizona Memorial Pl.　ビジターセンター7:00～17:00　無休　無料

↑現在もこの下に1102名が眠っている

巨大な旧格納庫に陳列された
大戦当時の航空機コレクション
パールハーバー航空博物館
Pearl Harbor Aviation Museum
パールハーバー MAP 付録P.4 A-4

第二次世界大戦で使われた航空機を保存展示。格納庫を改造した空間に、アメリカのB-25や日本のゼロ戦などがジオラマとともに配置されている。戦闘飛行のシミュレーション施設も。
☎ 808-441-1000　ワイキキから車で30分
Historic Ford Island, 319 Lexington Blvd.　9:00～17:00　無休　$25.99

↑真珠湾に浮かぶフォードアイランドにある

STAY AT THE RELAXING HOTEL

ホテル
大人時間を演出するステイ

Contents

極上のハワイステイを叶える **憧れのラグジュアリー・ホテル** ▶P156
ハワイリゾートに海は欠かせない **眺めが素敵なホテル** ▶P160
リゾート気分を盛り上げる **居心地抜群のホテル** ▶P162
暮らすように泊まるのに最適 **くつろぎのコンドミニアム** ▶P164

HOTEL

極上のハワイステイを叶える
憧れのラグジュアリー・ホテル

リゾートを満喫するのに大事なのはホテル選び。旅行を ワンランクアップしてくれる、ハワイを代表するホテルをチェック!

1.宿泊客のみが利用できる温水プール「マルラニ・プール」。プールサイドでは飲み物や軽食も楽しめる　2.ワイキキ・ビーチの中心にあり、プライベートビーチエリアも所有

上品なピンクが ハワイステイを彩る

各国要人をもてなした名門ホテル
ロイヤル ハワイアン ラグジュアリー コレクション リゾート ワイキキ
The Royal Hawaiian, a Luxury Collection Resort, Waikiki

ワイキキ　MAP 付録P.16 B-3

その外観から"太平洋のピンク・パレス"と称され、ワイキキの中心にありながら都会の喧騒を忘れさせてくれる。2015年に新設された「マイラニ・タワー」は全室オーシャンビュー。

☎ 808-923-7311　R.H.C.から徒歩2分
所 2259 Kalakaua Ave.
料 $509～・室数 529
HP www.royal-hawaiian.jp/
日本での予約先 0120-996-918

3.クラシカルな雰囲気のゲストルーム　4.内装もピンク色　5.焼きたてのペストリーや豊富なギフトアイテム　6.1927年創業の歴史あるホテル　7.ハワイの海の幸を堪能できる「アズーア レストラン」

1

上質な設備とサービス
ハレクラニ
Halekulani

ワイキキ MAP 付録P.16 B-3

「天国にふさわしい館」という意味を持つホテル名にふさわしく、高級感あふれる設備と上質なサービスで数々のホテルアワードを受賞。レストランもハイクオリティなことで知られる。

☎808-923-2311 交R.H.C.から徒歩4分
所2199 Kalia Rd. 料ガーデンコートヤード$620〜 室数453 HP www.halekulani.jp/
日本での予約先 0120-489-823(帝国ホテル ハレクラニリゾーツ予約センター) J

最高のサービスがつくり出す最上級のホテルステイ

3

2

4

5

6

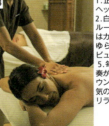

1.正面にダイヤモンド・ヘッドを望む雄大な光景 2.白を基調としたゲストルーム 3.夜のプールではカトレアの花が幻想的にゆらめく 4.オーシャンビューの景色に癒やされる 5.毎日ジャズのライブ演奏が楽しめる「ルワーズラウンジ」 6.開放的な雰囲気の「スパハレクラニ」でリラックス

画像提供:ハレクラニ

ショッピング / グルメ / 歩いて楽しむ / アート&カルチャー / **ホテル**

HOTEL

ワイキキ最古の歴史を誇る
モアナ サーフライダー ウェスティン リゾート&スパ
Moana Surfrider, A Westin Resort & Spa

ワイキキ MAP付録P.16 C-3

1901年創業、ワイキキ最古のホテルで、"ワイキキのファーストレディ"と親しまれる。ホテルの歴史的な場所を訪れる無料の探訪ツアーを実施。

- ☎808-922-3111　R.H.C.から徒歩6分
- 所 2365 Kalakaua Ave.
- 料 $395〜　室数 791
- HP www.moanasurfrider.jp/
- 日本での予約先 0120-996-918

白亜の宮殿でエレガントに過ごす

1.夜にはライトアップされるプール　2.ベランダからは見事なオーシャンビューが広がる　3.カバナのレンタルサービスも　4.樹齢100年を超えるバニヤンツリーを眺められるレストラン　5.ワイキキのランドマーク的存在　6.ワイキキで最初にアフタヌーンティーをスタート

贅沢な空間づくりで身も心も開放的に

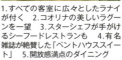

1. すべての客室に広々としたラナイが付く　2. コオリナの美しいラグーンを一望　3. スターシェフが手がけるシーフードレストランも　4. 有名雑誌が絶賛した「ペントハウススイート」　5. 開放感満点のダイニング

6. リゾートの中心にあるセレニティプール
7. 大人専用プールでのんびりと
8. アクティビティも楽しめる

ショッピング／グルメ／歩いて楽しむ／アート＆カルチャー／ホテル

世界的有名リゾートが手がける

フォーシーズンズ・リゾート・オアフ・アット・コオリナ

Four Seasons Resort Oahu at Ko Olina

コオリナ　MAP 付録P.2 B-4

2016年に誕生したラグジュアリーリゾート。平均59㎡とゆとりのあるゲストルームはナチュラルな雰囲気が心地よい。マットレスの硬さを3種類から選べるなど、一流のサービスが光る。

☎808-679-0079　ワイキキから車で45分
所 92-1001 Olani St., Ko Olina
$1100〜　室数 370　fourseasons.com/oahu／日本での予約先 www.fourseasons.com/jp/oahu

HOTEL

ハワイリゾートに海は欠かせない
眺めが素敵なホテル

からりとした空気にどこまでも続く青い空と海。
そんなハワイの絶景をオーシャンビューのゲストルームなら独り占め!

施設充実のハワイ最大級リゾート
ヒルトン・ハワイアン・ビレッジ・ワイキキ・ビーチ・リゾート
Hilton Hawaiian Village Waikiki Beach Resort

ワイキキ MAP付録P.15 D-3

80軒を超えるショップとレストランがある。毎週金曜は打ち上げ花火も。
☎ 808-949-4321 ⊗ R.H.C.から徒歩15分
⌂ 2005 Kalia Rd. ⑤ $270〜 ⓣ $310〜
客数 2860 ⊕ www.hiltonhawaiianvillage.jp
日本での予約先 03-6864-1633／
0120-489-852 Ⓙ

ハワイの魅力が詰まった巨大リゾートでくつろぐ

1. 東京ドーム約2個分の敷地面積を誇る 2. ヤシの木が生い茂る庭園もあり、散策も楽しめる 3. 溶岩と滝に囲まれ、4つのスライダーがある「パラダイスプール」 4. 2023年に改装のタパー・タワー 5. レインボータワーの角部屋はラナイが2つ付いた贅沢な造り

アロハスピリットに満ちたホテルステイを

カラカウア大通りに面する好立地
アウトリガー・ワイキキ・ビーチ・リゾート
Outrigger Waikiki Beach Resort

ワイキキ MAP付録P.16 C-3

好立地に加えて、無料のサーフレッスンなど海遊びのサポートも◎。
☎ 808-923-0711 ⊗ R.H.C.から徒歩5分
⌂ 2335 Kalakaua Ave.
ⓣ $279〜 客数 524
⊕ jp.outriggerwaikiki.com
日本での予約先 公式HPから予約 Ⓙ

1. 落ち着いた色合いでまとめられたハワイアンテイストの客室 2. ワイキキの海が目の前に広がるクラブラウンジ

カピオラニ公園側の隠れ家風ホテル
カイマナ・ビーチ・ホテル
Kaimana Beach Hotel

ダイヤモンドヘッド周辺 MAP付録P.7 E-3

太平洋の碧い海と、雄大なダイヤモンド・ヘッドを望むロケーション。
☎ 808-921-7092 ⊗ ワイキキから車で5分
⌂ 2863 Kalakaua Ave.
ⓣ $279〜 客数 122
⊕ www.kaimana.com/

都会の喧騒から離れゆったりと過ごす

1. ロコも訪れるビーチはのんびりとした雰囲気 2. ベッドに寝転びながらオーシャンビューが堪能できるペントハウスオーシャンワンベッドルームスイート 3. 2方向にラナイが付いた客室はコーナーオーシャンフロント

ハワイの伝統とモダンが融合する

ロビーの巨大水槽が圧巻
アロヒラニ・リゾート・ワイキキ・ビーチ
Alohilani Resort Waikiki Beach

ワイキキ **MAP** 付録P.17 E-2

2018年グランドオープン。ハワイの自然を感じさせるスタイリッシュなホテル。
- ☎ 808-922-1233 ➤ R.H.C.から徒歩14分
- 所 2490 Kalakaua Ave.
- 料 $309〜 室数 839
- HP jp.alohilaniresort.com/
- 日本での予約先 公式HPから予約

1.リゾート感あふれる客室。アメニティはハワイ発のマリエ・オーガニクス 2.インフィニティプールには海水を使用 3.ラ・ベットラがオープンにあわせ2023年に水槽を改造、オーシャナリウムを設置 4.プールサイドにはプライベートカバナもある 5.カラカウア大通り沿いにあり、ワイキキ散策に便利なロケーション

大人も子どもも楽しめる大型リゾート
シェラトン・ワイキキ・ビーチリゾート
Sheraton Waikiki Beach Resort

ワイキキ **MAP** 付録P.16 B-3

客室ベッドは独自開発の低反発のもの。家族連れにうれしいサービス豊富。
- ☎ 808-922-4422 ➤ R.H.C.から徒歩2分
- 所 2255 Kalakaua Ave.
- 料 $499〜 室数 1636
- HP www.sheratonwaikiki.jp/
- 日本での予約先 0120-996-798

多彩な施設を備え幅広い層から人気

1.大人専用のインフィニティプール 2.見事なサンセットが楽しめる「ラムファイヤー」 3.スライダー付きプール 4.「カイ・マーケット」で朝食を 5.海とビーチをイメージしたオーシャンフロントの客室

セレブにもロコにも愛される老舗ホテル

ホテル内のダイニングも評判
ザ・カハラ・ホテル&リゾート
The Kahala Hotel & Resort

カハラ **MAP** 付録P.3 E-4

歴代米大統領も泊まった歴史にふさわしい気品とホスピタリティは一流。
- ☎ 808-739-8888 ➤ ワイキキから車で15分
- 所 5000 Kahala Ave.
- 料 $645〜 室数 338
- HP www.kahalaresort.com
- 日本での予約先 0120-52-8013

1.プールサイドでリラックス 2.ロビーには豪華なシャンデリアが 3.プライベートラグーンではイルカたちとふれあえる 4."カハラシック"と称されるエレガントな客室 5.スパも高評価

HOTEL

リゾート気分を盛り上げる
居心地抜群のホテル

有名ブランドホテルがひしめくハワイ。リニューアルをして、より快適に過ごせるようになったホテルも多数あるから要チェックだ。

設備充実の高級リゾート
ザ・リッツ・カールトン・レジデンス ワイキキビーチ
The Ritz-Carlton Residences, Waikiki Beach

ワイキキ MAP付録P.15 F-2

有名ホテルブランドが手がける高級コンド式ホテル。全室オーシャンビュー。
- ☎808-922-8111 ✈R.H.C.から徒歩6分
- 所 383 Kalaimoku St.
- 料 $635～ 室数 300
- HP www.ritzcarlton.com/jp/waikiki
- 日本での予約先 0120-996-918(マリオット予約センター)

一流ホテルのサービスで上質なリゾートステイ

1.2016年夏にオープン　2.スパでは多様なトリートメントを受けられる　3.各棟ににあるインフィニティプール　4.大人専用インフィニティプールからの眺めも素晴らしい　5.24時間利用できるフィットネスセンター　6.大きな窓からは自然光がたっぷり入る

ビュッフェレストランも自慢
ハイアット リージェンシー ワイキキ ビーチ リゾート&スパ
Hyatt Regency Waikiki Beach Resort & Spa

ワイキキ MAP付録P.17 D-2

定期開催のファーマーズ・マーケットやカルチャーイベントが豊富。
- ☎808-923-1234
- ✈R.H.C.から徒歩3分
- 所 2424 Kalakaua Ave.
- 料 $279～ 室数 1230
- HP www.HyattRegencyWaikiki.com
- 日本での予約先 0120-923-299

1.八角形のツインタワーが目印　2.ワイキキ・ビーチが目の前　3.海やホノルルの絶景を一望する快適なゲストルーム

グルメ&ショッピングも楽しめる充実ホテル

絶好の立地に建つホテル
カ ライ ワイキキビーチ, LXRホテルズ&リゾーツ
Ka La'i Waikiki Beach, LXR Hotels & Resorts

ワイキキ MAP付録P15 F-3

最高級の設備、豊富なアクティビティなど、贅沢なホテルライフを。
- ☎808-683-7777 ✈R.H.C.から徒歩6分
- 所 223 Saratoga Rd.
- 料 スタンダード$505～ 室数 462
- HP https://www.hilton.com/en/hotels/hnlwiol-ka-lai-waikiki-beach/
- ※2024年トランプインターナショナルから改名。2025年改装予定。

ステイを自分好みにカスタマイズ!

1.バリアフリー設備も整っている客室　2.上階からはビーチやワイキキの花火も一望　3.インフィニティプール　4.イベントスペースなども

注目を集めるデザイナーズホテル
ザ・レイロウ・オートグラフ・コレクション
The Laylow, Autograph Collection

ワイキキ MAP付録P.16 C-2

フォトジェニックな空間が魅力。盛りだくさんなウェルカムバスケットも好評。

☎808-922-6600 ⊗R.H.C.から徒歩6分
⊕2299 Kuhio Ave. ⊕⊕$359〜 ⊕251
⊕www.laylowwaikiki.com/

1. 流線的なプールチェアもおしゃれ。1階の部屋はラナイから直接プールに行ける 2. ベッドはキングサイズで広々と

乙女心をくすぐられるレトロかわいい

ダイヤモンドヘッドを間近で一望

1 2

ワイキキのビーチフロントホテル
ツインフィンワイキキ
Twin Fin Waikiki

ワイキキ MAP付録P.17 F-3

85%の客室から見える青く美しい海。観光の拠点としても便利な立地。

☎808-922-2511 ⊗R.H.C.から徒歩13分
⊕2570 Kalakaua Ave. ⊕⊕$239〜
⊕645 ⊕jp.twinfinwaikiki.com/

1. 朝食付きの宿泊プランでは、21Fのココナッツクラブが利用可能 2. プライベートラナイからのパノラマビューは最高！

いたるところにアート作品が展示
クイーン カピオラニ ホテル
Queen Kapiolani Hotel

ワイキキ MAP付録P.17 F-2

2018年にリニューアル。それでいてお手ごろな価格帯の部屋もあるのが◎。

☎808-922-1941 ⊗R.H.C.から徒歩16分
⊕150 Kapahulu Ave.
⊕$199〜 ⊕315
⊕jp.queenkapiolani.com/
日本での予約先 公式HPから予約

女王の名を冠する隠れ家的人気ホテル

1. グランドレアヒ 1 ベッドルームスイートのラナイ 2. オーシャンビューも必見 3. オーシャンビューの2クィーンベッドルームの部屋から

地元セレブも訪れるハイセンスなホテル

大人の休日を過ごすのにぴったり
ザ・モダン・ヒルトン、バケーションクラブ
The Modern Honolulu, A Hilton Vacation Club

ワイキキ MAP付録P.14 B-3

中規模ながら施設も充実。プールサイドのデイベッドは大人気で予約必至。

☎808-943-5800 ⊗アラモアナセンターから徒歩13分 ⊕1775 Ala Moana Blvd. ⊕⊕$210〜 ⊕247 ⊕www.themodernhonolulu.com/ 日本での予約先 公式HPから予約

1. ワイキキとアラモアナの間に位置。ヨットハーバーの絶景が広がる 2. 日光浴にもよさそうなサンライズ・プール 3. 白を基調としたさわやかな印象の客室

HOTEL

暮らすように泊まるのに最適

くつろぎのコンドミニアム

キッチンや洗濯機などの家電も揃ったコンドミニアムは、長期滞在や大人数の宿泊にピッタリ！ロコ気分でハワイステイを楽しもう。

別荘気分に浸れる高級コンドミニアム

全室オーシャンビューで眺望抜群
アストン・ワイキキ・ビーチ・タワー
Aston Waikiki Beach Tower

ワイキキ MAP 付録P.17 D-2

1フロアに4室のみの贅沢な造りで、すべての部屋が広々としている。
- ☎ 808-926-6400　R.H.C.から徒歩7分
- 2470 Kalakaua Ave.
- $620〜　客室140
- www.aquaaston.com/hotels/aston-waikiki-beach-tower
- 日本での予約先 0120-080-102

1.貴重なコアウッドの家具を配したリビングルーム　2.3.眺望のいいレクリエーションデッキにはプールもある　4.広々としたラナイからの眺めにテンションも上がる 5.寝室は1部屋のタイプと2部屋のタイプがある

子ども連れに人気の巨大コンドミニアム

観光地へのアクセスも良好
アストン・アット・ザ・ワイキキ・バニアン
Aston at the Waikiki Banyan

ワイキキ MAP 付録P.17 E-2

レクリエーションデッキの施設が充実しており、大人も子どもも楽しめる。
- ☎ 808-922-0555　R.H.C.から徒歩10分
- 201 Ohua Ave.
- $186〜　客室876
- www.aquaaston.com/hotels/aston-at-the-waikiki-banyan
- 日本での予約先 0120-080-102

1.全室1ベッドルーム。ハワイらしいインテリアがあしらわれている　2.便利な立地に建つツインタワーのコンドミニアム

TRAVEL INFORMATION
旅の基本情報
📍

旅の準備

パスポート（旅券）

旅行の日程が決まったら、まずはパスポートを取得。各都道府県、または市町村のパスポート申請窓口で取得の申請をする。すでに取得している場合も、有効期限をチェック。ハワイ州があるアメリカへの入国時には、パスポートの有効残存期間が90日以上は残っているのが望ましい。

ESTA（電子渡航認証システム）

アメリカへの入国はESTA（電子渡航認証システム）と呼ばれるシステムによる事前申請が必要。公式HPから渡航の72時間前までに手続きを済ませ、認証してもらおう。手続きの詳細は➡P.166へ。

ビザ（査証）

ESTAによる渡航認証、出国用航空券、IC旅券があれば90日以下の観光、商用目的での滞在はビザ不要。

海外旅行保険

海外で病気や事故に遭うと、思わぬ費用がかかってしまうもの。特にアメリカは医療費が高いので、保険には必ず加入しておきたい。保険会社や旅行会社の窓口やインターネットで加入できるほか、簡易なものであれば出国直前でも空港にある自動販売機でも加入できる。クレジットカードに付帯しているものもあるので、補償範囲を確認しておきたい。

- -

☎ **日本からホノルルへの電話のかけ方**

010	→	1	→	808	→	相手の電話番号
国際電話の識別番号		アメリカの国番号		ハワイのエリアコード		

荷物チェックリスト

◎	パスポート	
◎	パスポートのコピー（パスポートと別の場所に保管）	
◎	ESTAの申請番号控え	
◎	現金	
◎	クレジットカード（2枚以上を推奨）	
◎	航空券またはeチケット	
◎	ホテルの予約確認書	
◎	海外旅行保険証	
◎	ガイドブック	
	洗面用具（歯みがき・歯ブラシ）	
	常備薬・虫除け・生理用品	
	化粧品・日焼け止め	
	着替え用の衣類・下着	
	冷房対策用の上着	
	水着	
	ビーチサンダル	
	雨具・折りたたみ傘	
	帽子・日傘	
	サングラス	
	防水ポーチ・防水スマホケース	
	部屋着	
	エコバッグ	
	携帯電話・充電器・モバイルバッテリー	
	デジタルカメラ・充電器・メモリーカード	
	Wi-Fiルーター	
	ウェットティッシュ・ティッシュ・ハンカチ	
△	スリッパ（ホテルでも使用）	
△	アイマスク・耳栓	
△	エア枕	
△	筆記具	

◎必要なもの　△機内で便利なもの

TRAVEL INFORMATION

入国・出国は慌てずスマートに手続きしたい!

落ち着いて行動するために、事前に流れをシミュレーション。荷物や申請に不備がないか確認しておけば安心。

アメリカ(ハワイ)入国

① 入国審査
到着後、スタッフの指示に従い入国審査所へ向かう。審査官にパスポートと税関申告書(求められれば復路の航空券も)を提出し、滞在の期間や目的を伝える。指紋採取、顔画像撮影を行い、パスポートに入国スタンプを押してもらったらOK。

② 預けた荷物の受け取り
モニターで自分の搭乗便を確認。該当のターンテーブルで預けた荷物を受け取る。荷物が出てこない場合はバゲージクレーム・タグを係員に見せ手続きする。

③ 税関手続き
申請するものがなければ緑の通路へ。申告するものがあれば、赤の通路の係員に申請する。税関を通過したら、個人旅行者用出口から到着ロビーへ。

ハワイ入国時の免税範囲
アルコール類	酒類1ℓまで(21歳以上)
たばこ	紙巻たばこ200本、または葉巻50本(21歳以上)
物品	$100相当まで
現金	制限はないが、合計$1万相当以上の場合は申告が必要

 出発前に確認しておきたい!

ESTA(電子渡航認証システム)
アメリカ入国までに渡航認証されている必要があるので、公式HPから申請する。申請料は$21。認証されていないとチェックインができない可能性が高いので注意。渡航72時間前までに申請することが推奨されている。
🔗 https://esta.cbp.dhs.gov/esta/

ESTA申請で検索すると公式ではない申請サイトもヒットするので注意。

① **公式HPにアクセス**
専用HPの「新規の申請」から「個人の申請」を選択し、免責事項を確認。

② **必要事項を記入**
氏名やパスポート番号などの申請者の情報と、渡航情報を入力し、質問に回答。項目内容を確認してから送信する。

③ **支払いと認証の確認**
クレジットカードで申請料を支払う。トップページの「既存の申請内容を確認」から控えておいた申請番号でアクセスし、認証が承認されていれば完了。

Webチェックイン
搭乗手続きや座席指定を事前にWebで終わらせておくことで、空港で荷物を預けるだけで済み大幅に時間を短縮できる。一般的に出発時刻の24時間前からチェックイン可能。パッケージツアーでも利用できるが一部は対象外で、その際は空港カウンターでの手続きとなる。

飛行機機内への持ち込み制限
- **液体物** 100mℓ(3.4oz)を超える容器に入った液体物はすべて持ち込めない。100mℓ以下の容器に小分けにしたうえで、ジッパー付きの透明なプラスチック製袋(縦横40cm以内)に入れる。免税店で購入したものは100mℓを超えても持ち込み可能だが、乗り継ぎの際に没収されることがある。
- **刃物** ナイフやカッター、ハサミなどの刃物。
- **電池・バッテリー** 100Whを超え160Wh以下のリチウムを含む電池は2個まで。100Wh以下や本体内蔵のものは制限はない。160Whを超えるものは持ち込み不可。
- **ライター** 小型かつ携帯型のものを1個まで。
- **粉末状物質** 粉末は350mℓ(12oz)まで。アメリカ行き国際線のみの規制。粉ミルクは例外となる。

注意が必要な持ち込み品
アメリカへ植物、果物、肉類、土などを持ち込むことはできない。肉、卵などの畜産物はエキスの入った加工品(インスタント製品や缶詰)もNGだ。

アメリカ(ハワイ)出国

① 空港へ向かう
搭乗する航空会社によってターミナルが違うため、事前によく確認しておきたい。チェックインがまだであれば2時間前、Webチェックインを済ませていても1時間前には着いていたい。

② チェックイン
チェックインがまだであれば、カウンターでパスポートと搭乗券(eチケット)を提示。預ける荷物をセキュリティチェックに通し、バゲージクレーム・タグを受け取る。預け入れ荷物は施錠できないので、スーツケースベルトなどを活用したい。ただし、TSAロックのスーツケースなら施錠可。

③ セキュリティチェック
セキュリティチェックはテロ対策で時間がかかることもあるので、余裕をもって受けたい。機内持ち込み荷物のX線検査とボディチェックを受ける。ボディチェックはベルト、携帯、時計、アクセサリーなどの金属類をはずして行う。

④ 搭乗
セキュリティチェック後は出発フロアで免税店でのショッピングやグルメを楽しめる。30分前には搭乗ゲート前に到着しておきたい。機内で配られる「携帯品・別送品申告書」も記入しておこう。

日本帰国時の免税範囲

アルコール類	1本760ml程度のものを3本
たばこ	紙巻きたばこ200本、葉巻たばこ50本、その他250g、加熱式たばこ個装等10個のいずれか
香水	2oz(オーデコロン、オードトワレは含まない)
その他物品	海外市価1万円以下のもの。1万円を超えるものは合計20万円まで

※アルコール類、たばこは20歳以上のみ

日本への主な持ち込み制限品

持ち込み禁止品	麻薬類、覚醒剤、向精神薬など
	拳銃などの鉄砲、弾薬など
	ポルノ書籍やDVDなどわいせつ物
	偽ブランド商品や違法コピーDVDなど知的財産権を侵害するもの
	家畜伝染病予防法、植物防疫法で定められた動植物とそれを原料とする製品
持ち込み制限品	ハム、ソーセージ、10kgを超える乳製品など検疫が必要なもの
	ワシントン国際条約の対象となる動植物とそれを原料とする製品
	猟銃、空気銃、刀剣など
	医療品、化粧品など

📍 こちらもチェックしておきたい！

預け入れ荷物の施錠
アメリカからの出発・乗り継ぎ便はテロ対策として、預け入れ荷物のスーツケースなどに鍵をかけないよう通知されている。鍵をかけていた場合、最悪鍵が壊されることもあり、さらに保険の対象外だ。貴重品は預け入れではなく、手荷物として機内に持ち込みたい。

空港での別送品の申告
海外から物品を別送する場合は、日本入国時に「携帯品・別送品申告書」を2通税関に提出する。うち1通は税関に確認印を押してもらい、保管する。通関手続きが終了すると、税関外郵出張所からお知らせのハガキが届くので確認印が押された申告書を提出する。

出入国の自動化ゲート、顔認証ゲート
日本の一部空港では、パスポートと指紋の登録でスムーズに出入国を行える「自動化ゲート」や、登録なしで顔認証により自動的に出入国手続きが済む「顔認証ゲート」が運用されている。どちらもパスポートへの入国スタンプは押されないので、必要な場合は各審査場事務室の職員に申し出よう。

荷物の重量制限
帰国時に重くなりがちな預け入れ荷物。JALやANAなどLCCではない航空会社であれば、1個23kgまでの荷物が2個まで預け入れ無料のところがスタンダード。重量オーバーすると別途料金が必要になるので、重い荷物をバランスよく2つに分けることが重要だ。

TRAVEL INFORMATION

ダニエル・K・イノウエ国際空港
Daniel K. Inouye International Airport

MAP 付録P.5 D-4

ワイキキから北西約16kmのところにあるハワイ州最大の空港。世界中からの国際便のほか、ハワイ諸島への便も飛んでいる。ターミナルは3つあり、日本からの発着便が到着するのはターミナル2。改修工事が終わったターミナル1はハワイアン航空のアメリカ国内便が発着。

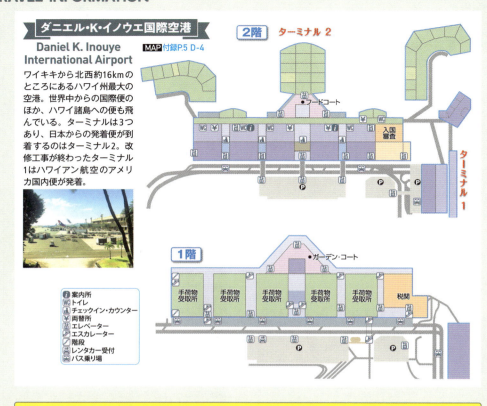

- 案内所
- トイレ
- チェックイン・カウンター
- 両替所
- エレベーター
- エスカレーター
- 階段
- レンタカー受付
- バス乗り場

空港からホテルへはスムーズにアクセスしたい！

時間やお金の節約のためにも、事前にどの交通機関を利用するかを検討し、必要であれば予約を済ませておきたい。

空港からワイキキへ

最も安いのはザ・バスだが荷物が持ち込めないので、タクシーかエアポート・シャトルの利用が一般的な手段。

 タクシー ※チャーリーズタクシーの定額プランで$29　所要 約20〜30分　料金 $40〜45

空港1階の到着ロビーを出たところに乗り場があり、黄色シャツの係員が目印。料金はメーター制だが、チャーリーズタクシーなど一部では予約制の定額プランがある。荷物1個につき$2程度と18％程度のチップが別途必要。配車サービスの「Uber」「Lyft」➡付録P.29も利用価値が高い。

 エアポート・シャトル ※料金はロバーツ・ハワイ・エアポート・シャトルの場合　所要 約30〜50分　料金 $20〜23

ワイキキの主要ホテルまで直行してくれる乗り合いのミニバンで約20〜30分間隔で運行。乗り場と運行会社はいくつかあり、1階到着ロビーを出たところで係員からチケットを購入する。帰りも利用する場合は往復分購入するのもOK。予約不要だがWebから予約も可能。

 レンタカー 所要 約20〜30分　料金 レンタカー会社により異なる

空港向かいにあるレンタカーセンター（CONSOLIDATED RENT-A-CAR FACILITY 一通称：CONRAC）に、各社のカウンターがある。

 ザ・バス 所要 約50〜70分　料金 $3

19・20番のWAIKIKI BEACH & HOTELSなどを利用。荷物は膝の上や足元に納まる程度のもののみ持ち込み可能。乗り場は2階のターミナル2に2カ所、ターミナル1に1カ所ある。

168

電話／インターネット事情を確認しておきたい！

現代の旅には欠かせないスマートフォンやタブレットを快適に利用するため、通信の手立てを考えておきたい。

電話をかける

🖊 国番号は、日本が81、アメリカが1

ハワイから日本への電話のかけ方

ホテル、公衆電話から

ホテルからは外線番号 → 011 → 81 → 相手の電話番号
　　　　　　　　　　国際電話の　日本の　※固定電話の市外局番、携帯
　　　　　　　　　　識別番号　　国番号　電話とも最初の0は不要

携帯電話、スマートフォンから

0または＊を長押し → 81 → 相手の電話番号
※機種により異なる　日本の　※固定電話の市外局番、携帯
　　　　　　　　　国番号　電話とも最初の0は不要

固定電話からかける

ホテルから　外線番号（ホテルにより異なる）を押してから、相手先の番号をダイヤル。たいていは国際電話もかけることができる。

公衆電話から　硬貨やテレホンカードで利用できるほか、クレジットカード式のものも。市内通話（オアフ島内）は1回50¢で時間無制限。

日本へのコレクトコール

緊急時にはホテルや公衆電話から通話相手に料金が発生するコレクトコールを利用しよう。

● KDDIジャパンダイレクト
☎ 1-877-533-0051
オペレーターに日本の電話番号と話したい相手の名前を伝える

携帯電話／スマートフォンからかける

国際ローミングサービスに加入していれば、日本で使用している端末でそのまま通話ができる。滞在中、オアフ島内の電話には市外局番「808」の後に番号をダイヤルするだけでよい。日本の電話には、＋を表示させてから、国番号「81」＋相手先の番号（最初の0は除く）。同行者の端末にかけるときも、国際電話としてかける必要がある。

海外での通話料金　日本国内での定額制は適用されず、着信時にも通話料が発生するため、料金が高額になりがち。ホテルの電話やIP電話を組み合わせて利用したい。同行者にかけるときも日本への国際電話と同料金。

IP電話を使う　インターネットに接続できる状況なら、SkypeやLINE、Viberなどの通話アプリの利用で、同じアプリ間であれば無料通話ができる。有料プランでハワイの固定電話にもかけられ、一般的に国際電話料金より安い料金設定になっている。

インターネットを利用する

ほとんどのホテルでWi-Fiを利用することができる。有料のこともあるので予約時に確認を。街なかでは、主要なショッピングセンターやカフェなどでも利用できる。鍵マークが付いていない無料Wi-Fiスポットは通信内容が読み取られる可能性があるので、カード番号など重要な情報を含む通信を行わないように注意。

● 無料Wi-Fiがある主なスポット

アラモアナセンター／ロイヤル・ハワイアン・センター／インターナショナル・マーケットプレイス／DFSワイキキ／スターバックス／マクドナルド

インターネットに接続する

各携帯電話事業者の海外データ定額サービスに加入すれば、1日1000円程度でのデータ通信が可能。通信事業者によっては空港到着時に自動で案内メールが届くこともあるが、事前の契約や手動での設定が必要なこともあるため、よく確認を。定額サービスに加入せずにデータ通信を行うと高額な料金となるため、不安であれば電源を切るか、機内モードやモバイルデータ通信をオフにしておきたい。

プリペイドSIMカード／レンタルWi-Fiルーター

頻繁に利用するならば、現地用SIMカードの購入や海外用Wi-Fiルーターのレンタルも検討したい。SIMフリー端末があれば、Webサイトなどで事前購入したプリペイドSIMカードを差し込むだけで、期間中、決まったデータ容量の範囲内でデータ通信と通話ができる。5日間利用で2000～3000円など。デザリングすれば複数人でも使用可能。Wi-Fiルーターの料金はさまざまだが大容量プランで1日500～1500円ほど。複数人で同時に使えるのも魅力。

	カメラ／時計	Wi-Fi	通話料	データ通信料
電源オフ	×	×	×	×
機内モード	○	○	×	×
モバイルデータ通信オフ	○	○	$	×
通常モバイルデータ通信オン	○	○	$	$

○ 利用できる　　$ 料金が発生する

オフラインの地図アプリ

Google Mapsなどの地図アプリでは、地図データをあらかじめダウンロードしておくことで、データ通信なしで利用可能になる。機内モードでもGPS機能は利用できるため、通信料なしで現在位置を把握できる。

TRAVEL INFORMATION

ホノルルのお金のことを知っておきたい！

事前に大まかな支出を算出して、現金払いか、カード払いか想定しておけば適切な両替額もわかりやすくなる。

通貨

通貨はドル($)とセント(¢)で、$1=100¢。

$1 ＝ 約155円
(2019年8月現在)
1万円 ＝ 約$64.5

紙幣は$1～100まで7種類あるが、よく見かけるのは$20までで、$2紙幣はほぼ流通していない。硬貨は1～25¢の4種類。チップに便利な$1や$5を常に用意するのがよい。

紙幣　　　硬貨

$1　　25¢ クォーター

$2　　10¢ ダイム

$5　　5¢ ニッケル

$10　　1¢ ペニー

$20

$50

$100

両替

どこで両替をすればいい？

場所や店舗により異なるが、一般的にホテルや空港はレートが悪く、手数料が高い。銀行はレートは良いが営業時間が短いので、ワイキキに点在する民間の両替所がレートも良くおすすめ。必要最小限の現金を日本の空港やワイキキの両替所で両替したら、基本はカード払いするほうがポイントなどを考慮するとお得で安全性も高い。現金が足りなくなったらATMでキャッシングを利用するのもおすすめ。

📝 日本円からの両替は BUYING

レート表の見方

CURRENCY (通貨)	SELLING	BUYING
JAPANESE YEN	156.78	157.28
BRITISH POUND	199.44	200.49

両替する通貨／ドルを日本円に両替するときのレート／日本円をドルに両替するときのレート。この場合、1万円が$63.50の換算

クレジットカードのキャッシング／デビットカード

クレジットカードのキャッシングによる現地通貨の引き出しは利息が発生するが、帰国後すぐに繰上返済すれば、現金での両替よりもレートが有利なこともある。事前にキャッシングの可否やPIN(暗証番号)の確認を忘れずに。また、VISAかJCBのデビットカードもATMで現地通貨の引き出しが可能。即時決済なのでクレジットカードのように借り入れになるのが気になる人におすすめ。

海外トラベルプリペイドカード

プリペイドカードを利用して事前に日本で必要な分だけ入金しておき、ATMで現地通貨を引き出せる。多額の金額しかカードに入っていないので安全性が高く、為替手数料は現地両替所やほかのカードと比べて割安なことがある。

クレジットカード

ホノルルでは、マーケットなどを除けば多くの場所でクレジットカードが利用できる。多額の現金を持ち歩くのは危険なので、うまく組み合わせて利用したい。ホテルやレンタカー会社などで保証金代わりとして求められることもある。非対応の場合や、紛失などのトラブルに備えて2枚以上あると安心。

ATMの使い方

暗証番号を入力 ENTER PIN
PIN（暗証番号）を入力と表示されたら、クレジットカードの4ケタの暗証番号を入力し、最後にENTER（入力）を押す

取引内容を選択 SELECT TRANSACTION
クレジットカードでのキャッシングも、国際キャッシュカードやデビットカード、トラベルプリペイドカードで引き出すときもWITHDRAWAL（引き出し）を選択

取引口座を選択 SELECT SOURCE ACCOUNT
クレジットカードでキャッシングする場合はCREDIT（クレジットカード）、トラベルプリペイドカードなどで預金を引き出す場合はSAVINGS（預金）を選択

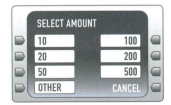

金額を選択 SELECT AMOUNT
引き出したい現地通貨の金額を選ぶ。決められた金額以外の場合はOTHER（その他）を選ぶ。現金と明細書、カードを受け取る。

物価

ホノルルの物価は日本の都市部と同程度。食事代は日本よりも高く感じるが量も多いので、シェアするとよい。

バス片道料金
$3（約465円）

タクシー初乗り
$3.50（約543円）

ミネラルウォーター
（500㎖）
$2前後
（約310円）

ビール
$4〜
（約620円）

パンケーキ
$10〜20（約1550〜3100円）

プレートランチ
$10〜20（約1550〜3100円）

予算の目安

東京〜ホノルル間の航空券は時期により8万〜25万円程度。下記のほかにオプショナルツアー代やおみやげ代をプラス。

宿泊費 ワイキキの場合、格安ホテルで1室あたり1.5万〜2万円、中級ランクで3万〜5万円、ホテル滞在が旅のメインになる高級リゾートなら7万円以上に。

食費 ステーキハウスやホテルのダイニングは1人$80〜100は必要。プレートランチやフードコートなら1人$15前後で安く済ませられる。

交通費 バス移動は片道$3と交通費を節約できるが、限られた時間を有効に使うため、タクシーやツアーの送迎など多少の出費も必要。

チップ

サービスを受けたときに渡す習慣で、最少額は$1。レストランやツアー、タクシーなどは18〜25％程度を払う。カードで払う場合もチップの金額を上乗せしてレシートの「Tip」の欄に書き込んで支払う。伝票に「Tip」や「Service Charge」などの名目ですでに金額が計上されている場合はチップが含まれているので、額面どおりの支払いでOK。

金額の目安

ホテル・ベッドメイキング	$3〜5
空港やホテルのポーター	荷物1つにつき$1〜2
バレーパーキング	$3〜5（手間により多めに）
エステ・マッサージ	利用料金の18〜25％程度

TRAVEL INFORMATION

滞在中に知っておきたいホノルルのあれこれ！

現地で慌てないよう、ハワイならではの習慣やマナーを知って心の準備をしておけば、より楽しい旅に。

飲料水

ホノルルの水道水は飲用しても問題ない。日本の軟水と同じ軟水だが、気になるならミネラルウォーターを購入したい。500mlペットボトルが$2程度で、ABCストアやコンビニ、ドラッグストアなどいたるところで売られている。

トイレ

ワイキキでは、ショッピングセンターやビーチ内の清潔で無料のトイレを利用できるため、困ることは少ない。ほとんどが日本の洋式と同じ形で水洗、トイレットペーパーも流してよい。郊外に出ると公衆トイレもかなり少なくなるので、ガソリンスタンドや飲食店で立ち寄りを。トイレは「restroom（レストルーム）」と呼ぶのが一般的。

各種マナー

路上で　横断歩道以外の場所で道路を横断する「ジェイウォーク」や歩きスマホ、歩行者用信号の点滅時に横断歩道を渡り始める行為はすべて条例で禁止されている。違反した場合は罰金刑の対象となるので、歩行者も交通安全を十分に意識しておきたい。

ビーチで　喫煙や飲酒が禁じられているほか、ウミガメやハワイアン・モンクシール（アザラシ）などの海洋生物との接触や餌付けも禁止。

ホテルで　景観保護のためラナイに洗濯物を干す行為は禁止。ほかホテルに限らず12歳以下の子どもの単独行動・放置は虐待とみなされる。

度量衡

日本とは異なるヤード・ポンド法が使われている。下の表を参考にメートル法で数値を置き換えてみて。

主な単位

長さ	1mile（マイル）＝約1.6km	重さ	1lb（ポンド）＝約453g
長さ	1In（インチ）＝約2.54cm	重さ	1oz（オンス）＝約28g
長さ	1Ft（フィート）＝約30.5cm	体積	1Pt（パイント）＝約473ml
温度	0℃（摂氏）＝32℃（華氏）	体積	1Gal（ガロン）＝約3.78ℓ

ドレスコード

南国なので基本的にはカジュアルな服装でよいが、高級レストランではリゾートカジュアルを設定しているところが多い。短パンやビーチサンダル、水着、タンクトップなどを避けて、男性なら襟付きシャツかアロハシャツに長ズボンと靴、女性ならブラウスやワンピースであれば問題ない。また、ホテル内や大通りを水着で歩くのはNGなので、ビーチの行き帰りに軽く上下に着るものを用意しておきたい。

電化製品の使用

電圧は日本と異なる

ハワイの電圧は110～120V（ボルト）、周波数60Hz（ヘルツ）と日本の電圧100V、周波数50～60Hzより少し高め。近年の携帯電話やデジタルカメラの充電器は、さまざまな電圧に対応しているため変圧器は必要はないが、事前に対応電圧を確認しておきたい。ドライヤーやヘアアイロンは海外の電圧に対応していないことがあり、変圧器を通しても壊れることがあるので海外対応の機器を購入しよう。

プラグはA型が主流

日本と同じく2つの穴があるA型なので変換プラグは不要。3つ目の丸い穴はアースプラグで、使わなくても大丈夫。

A型プラグ

郵便

はがき／手紙

日本へ航空便で送る場合、所要4～5日ほど。はがき、封書（First-Class Mail International）は定形サイズであれば1オンス（28g）まで世界中どこの国へも$1.55。「AIRMAIL」と「JAPAN」と記載しておけば、宛名は日本語でも可。

小包

郵便局の窓口から専用の箱に入れて送る場合、航空便小包（Priority Mail International）は20ポンド（9.06kg）まで送ることができ、料金は$47～。6～10営業日で届く。速達郵便（Priority Mail Express International）は$71～、1～3営業日で届く。

飲酒と喫煙

飲酒、喫煙とも21歳から。

公共の場での飲酒、酒類の深夜の販売は禁止

酒類の購入にはID（身分証明書）の提示が必要で、24時～翌6時はスーパーやコンビニでの酒類の販売が禁じられている。また、街なかやビーチ、公園などの公共スペースでの飲酒も禁止で、蓋のあいた酒瓶の持ち歩きもNGだ。

喫煙は喫煙スペースで

公園、街なか、ビーチなどの屋外公共スペースはもちろん、ホテルやレストランなどの屋内、テラスも含めほぼ禁煙。設けられた喫煙スペースを探そう。たばこ購入にはIDが必要。

172

病気、盗難、紛失…。トラブルに遭ったときはどうする?

万が一のときのために、事前にトラブルの可能性を確認し、対応策を考えておけば安心だ。

治安が心配

ハワイはアメリカ内では比較的治安の良い州だが、観光客はスリや詐欺、置き引き、ひったくりなどに狙われやすい。油断せずに十分な注意を払おう。

緊急時はどこへ連絡?

事故や事件に巻き込まれた場合は迷わず警察へ。想定外の事態に巻き込まれて困った場合は大使館に相談。

警察・消防・救急 ☎911

大使館
在ホノルル日本国総領事館
ダウンタウン MAP 付録P.6 A-2
☎808-543-3111(24時間) 所1742 Nuuanu Ave. ⊕ https://www.honolulu.us.emb-japan.go.jp/itprtop_ja/index.html

病院
ドクターズ・オン・コール
Doctors On Call
ワイキキ MAP 付録P.16 B-3
☎808-971-6000(10:00〜20:00) 所シェラトン・ワイキキ・ビーチリゾート マノア・ウィングB1内
ワイキキ MAP 付録P.15 D-3
☎808-973-5250(月〜金曜8:00〜16:00) 所ヒルトン・ハワイアン・ビレッジ・ワイキキ・ビーチ・リゾート内

病気・けがのときは?

海外旅行保険証に記載されているアシスタンスセンターに連絡するか、ホテルのフロントに医者を呼んでもらう。海外旅行保険に入っていれば、提携病院で自己負担なしで安心して治療を受けることができる。

パスポートをなくしたら?

① 最寄りの警察に届け出を行い、盗難・紛失届出証明書(Police Report)を発行してもらう。

② 証明書とともに、顔写真2枚、本人確認用の書類(日本国籍を確認できるもの)、帰国の便名が確認できる書類を用意し、在ホノルル日本国総領事館で紛失一般旅券等届出書、渡航書発給申請書を記入し、提出する。

③ 「帰国のための渡航書」は1〜2日で発行してもらえる。手数料は$18。帰国時1回限りにつき有効で、日本で再度パスポートを取得する必要がある。※手数料はおつりのないよう現金で用意。毎年為替レートに合わせて変更

新規パスポートも申請できるが、発行に所要5日(土・日曜、祝日は含まない)、戸籍謄本(抄本)の原本が必要となる。手数料は、5年有効が$79、10年有効が$115。

旅のトラブル実例集

強盗・暴行

事例1 ローカルエリアで観光した帰りに公衆トイレに入ったところ、暴行を受け、金品を盗られた。

事例2 夜間、公園に停めたレンタカーで就寝中に、侵入されて拳銃を突きつけられ金品を強奪された。

対策 夜間の単独行動や、繁華街でないエリアの狭い道や公衆トイレを利用しない。野宿やレンタカー宿泊は絶対に行わない。どうしても行きたいスポットがあれば、昼間に人通りの多い道を選んで訪れる。

クレジットカードをなくしたら?

不正利用を防ぐため、カード会社にカード番号、最後に使用した場所、金額などを伝え、カードを失効してもらう。再発行にかかる日数は会社によって異なるが、翌日〜3週間ほど。事前にカード発行会社名、紛失・盗難時の連絡先電話番号、カード番号をメモし、カードとは別の場所に保管しておくこと。

現金・貴重品をなくしたら?

現金はまず戻ってくることはなく、海外旅行保険でも免責となるため補償されない。荷物は補償範囲に入っているので、警察に届け出て盗難・紛失届出証明書(Police Report)を発行してもらい、帰国後保険会社に申請する。

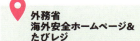

外務省
海外安全ホームページ&
たびレジ

外務省の「海外安全ホームページ」には、治安情報やトラブル事例、緊急時連絡先などが国ごとにまとめられている。出発前に確認しておきたい。また、「たびレジ」に渡航先を登録すると、現地の事件や事故などの最新情報が随時届き、緊急時にも安否の確認や必要な支援が受けられる。

詐欺

事例1 ショッピングセンターで親子に話しかけられ、弱者支援のための高額の寄付をもちかけられた。

事例2 カラカウア大通りで強引にオウムを肩にのせられ、記念撮影代と称して金銭を払うよう迫られた。

事例3 横断歩道以外の道を歩いてしまい、警察官風の男から違反金の罰金だとして金銭を要求された。

対策 怪しい人から話しかけられた場合は応答せずに無視する。レイ(花の首飾り)をかけられて金銭を要求するタイプもある。偽警察官詐欺は、偽であることを明かして記念に騙された人にサインをもらっているとして金銭支払い書にサインさせる二重の騙しになっていることも。

置き引き・ひったくり

事例1 海に入っている間に、ビーチに置いていた荷物を盗まれる。

事例2 道を尋ねられて気をとられているうちに、後方からやってきた自転車に荷物を剥ぎ取られた。

事例3 レンタサイクルで信号待ちしている間にカゴに入っていたバッグをひったくられた。

対策 レストラン、ショップ、ホテルなどではけっして荷物から目を離さず、レンタカーなどでも荷物を車内に残さない。2人以上の場合は、必ず1人はしっかりと荷物の番をする。基本的に貴重品は不必要に持ち歩かず、ショルダーかけやベルト付き、リュックなど体にしっかり固定できるタイプのバッグを使用する。

INDEX

旅を豊かで楽しくする✈
スポット

INDEX

インデックス

◆ 観光＆アクティビティ

あ アメリカ陸軍博物館 ‥‥‥‥‥ 154
アラワイ運河 ‥‥‥‥‥‥‥ 12
アラワイ・ヨットハーバー ‥‥ 12
アロハ・タワー ‥‥‥‥‥‥ 153
イオラニ宮殿 ‥‥‥‥‥‥‥ 146
エマ王妃の夏の離宮 ‥‥ 66／151

か カイヴィ・ショアライン・トレイル ‥ 67
カイルアタウン ‥‥‥‥‥‥ 67
カイルア・タウン・ファーマーズ・
マーケット ‥‥‥‥‥‥‥ 51
カイルア・ビーチ ‥‥‥‥‥ 61
カヴェヘヴェヘ ‥‥‥‥‥‥ 12
カカアコ・ファーマーズ・マーケット ‥‥ 50
カピオラニ・パーク ‥‥‥‥ 13
カメハメハ大王像 ‥‥‥‥‥ 151
カワイアハオ教会 ‥‥‥‥‥ 151
キャピトル・モダン ‥‥‥‥ 149
クアロア・ランチ ‥‥‥‥ 69／72

さ サタデー・ファーマーズ・
マーケット＠KCC ‥‥‥‥ 48
サンドバー ‥‥‥‥‥‥‥‥ 60
シーライフ・パーク・ハワイ ‥ 63
シャングリラ ‥‥‥‥‥‥‥ 149
スカイライン ‥‥‥‥‥‥‥ 16
スポナビハワイ ‥‥‥‥‥‥ 35
戦艦ミズーリ記念館 ‥‥‥‥ 154

た ダイヤモンド・ヘッド ‥‥‥ 64
タンタラスの丘 ‥‥‥‥‥‥ 41
デューク・カハナモク像 ‥‥‥ 13
ドールプランテーション ‥‥‥ 68
ドルフィン＆ユー ‥‥‥‥‥ 62

な ヌウアヌ・パリ展望台 ‥‥‥ 66

は パールハーバー航空博物館 ‥‥ 154
ハッピー・ハツミ・ヨガ ‥‥‥ 34
ハナウマ湾 ‥‥‥‥‥‥ 61／66
ハレイワタウン ‥‥‥‥‥‥ 69
ハワイ出雲大社 ‥‥‥‥‥‥ 153
ハワイ・プランテーション・
ヴィレッジ ‥‥‥‥‥‥‥ 153
ハンズ・ヒーデマン・サーフスクール ‥ 29
ビショップ・ミュージアム ‥‥‥ 151
ペレの椅子 ‥‥‥‥‥‥‥‥ 67
ホノルル動物園 ‥‥‥‥‥‥ 13
ホノルル美術館 ‥‥‥‥‥‥ 148
ポリネシア・カルチャー・センター ‥ 69／70

ま マイタイ・カタマラン ‥‥‥‥ 29
マカプウ展望台 ‥‥‥‥‥‥ 67
マジック・アイランド ‥‥ 12／40
ミッション・ハウス博物館 ‥‥ 153

U USSアリゾナ記念館 ‥‥‥‥ 154

ら ライエ・ポイント ‥‥‥‥‥ 69

ラニカイ・ビーチ ‥‥‥‥‥ 61
ロイヤル・ハワイアン・センターの
無料レッスン ‥‥‥‥‥‥ 56

わ ワイカイ ‥‥‥‥‥‥‥‥‥ 29
ワイキキ水族館 ‥‥‥‥‥‥ 13
ワイキキの街並み ‥‥‥‥‥ 41
ワイキキの魔法石 ‥‥‥‥‥ 12
ワイキキ・ビーチ・ウォーク・
オープン・マーケット ‥‥‥ 51
ワイキキ・ビーチ・サービス ‥‥ 28
ワイキキ・ファーマーズ・マーケット ‥ 51
ワイマナロ・ビーチ ‥‥‥‥‥ 67
ワイメア・ベイ・ビーチ ‥‥‥ 69
ワシントン・プレイス ‥‥‥‥ 151

◆ グルメ

あ アイランド・ヴィンテージ・コーヒー
‥‥‥‥‥‥‥‥‥‥‥‥ 114
アロハ・テーブル ‥‥‥‥‥ 116
アロハ・ビア・カンパニー ‥‥‥ 46
アンクル・クレイズ・ハウス・
オブ・ピュア・アロハ ‥‥ 128
ウィキ・ウィキ・チーズバーガー ‥
‥‥‥‥‥‥‥‥‥‥‥‥ 118
ウルフギャング・ステーキハウス ‥ 131
エタァル ‥‥‥‥‥‥‥‥‥ 119
エッグスン・シングス ‥‥ 38／110

か カイ・コーヒー・ハワイ ‥‥‥ 127
カニ・カ・ピラ・グリル ‥‥‥‥ 45
グーフィー・カフェ＆ダイン ‥‥ 121
クヒオ・アベニュー・フード・ホール 124
クラッキン・キッチン ‥‥‥‥ 132
クリーム・ポット ‥‥‥‥‥‥ 38

さ サーフ ラナイ ‥‥‥‥‥‥‥ 39
ザ・カウンター ‥‥‥‥‥‥ 119
ザ・ビーチ・バー ‥‥‥‥‥‥ 44
ザ・ベランダ ‥‥‥‥‥‥‥ 36
ザ・ボイリング・クラブ ‥‥‥ 133
ジュエル・オア・ジュース ‥‥‥ 115
ショア ‥‥‥‥‥‥‥‥‥‥ 37
ジョバンニ ‥‥‥‥‥‥‥‥ 133
スカイワイキキ ‥‥‥‥‥‥ 136
ストレイツ・ハワイ ‥‥‥‥‥ 17
ステーキ・シャック ‥‥‥ 31／123
ストリップステーキ ア マイケル・
ミーナ・レストラン ‥‥‥ 130
スミス＆キングス ‥‥‥‥‥ 118

た ダイヤモンドヘッド・コーブ・
ヘルスバー ‥‥‥‥‥‥‥ 114

ダイヤモンドヘッドマーケット＆グリル 123
ダウンタウン・コーヒー・ホノルル ‥‥ 127

タッカー＆ベヴィー・ピクニックフード ‥ 30
チャヤ小鉄 ‥‥‥‥‥‥‥‥ 122
チャンピオンズ・ステーキ＆シーフード
‥‥‥‥‥‥‥‥‥‥‥‥ 122
ディーン＆デルーカ ハワイ ‥‥ 117
デック ‥‥‥‥‥‥‥ 116／137
テッズ・ベーカリー ‥‥‥‥‥ 129
テディーズ・ビガー・バーガー ‥‥ 119
デルズ・キッチン＆ベーカリー ‥‥ 123
デュークス・レーン・
マーケット＆イータリー ‥‥ 125
デュークス・ワイキキ ‥‥‥‥ 45
トミー・バハマ・レストラン＆バー ‥ 137
トロピカル・トライブ ‥‥‥‥ 115

な ノッツ コーヒー ロースターズ ‥‥ 31／126

は ハイウェイ・イン ‥‥‥‥‥ 117
ハイドアウト・アット・ザ・レイロウ・
‥‥‥‥‥‥‥‥‥‥‥‥ 126
パイナップル・カウンティー・
マーケット ‥‥‥‥‥‥‥ 17
パイナ・ラナイ ‥‥‥‥‥‥ 124
パイ・ホノルル ‥‥‥‥‥‥ 134
ハウ・ツリー・ラナイ ‥‥‥‥ 120
バサルト ‥‥‥‥‥‥‥‥‥ 39
バナン ‥‥‥‥‥‥‥‥‥‥ 128
ビアラボ・ハワイ ‥‥‥‥‥‥ 47
ファイヤーグリル ‥‥‥‥‥ 131
ブーツ＆キモズ ‥‥‥‥‥‥‥ 39
ブホ・コシーナ・イ・カンティーナ ‥ 137
ブルー・ハワイ・ライフスタイル ‥‥ 115
ヘブンリー・アイランド・
ライフスタイル ‥‥‥‥‥ 121
ペスカ・ワイキキビーチ ‥‥‥ 133
ホーリー・グレイル・ドーナツ ‥‥ 128
ボガーツ・カフェ ‥‥‥‥‥‥ 121
ホクズ ‥‥‥‥‥‥‥‥‥‥ 134
ホノルル・コーヒー・
エクスペリエンス・センター ‥‥ 127
ホノルル・ビアワークス ‥‥‥‥ 47

ま マイタイ バー ‥‥‥‥‥‥‥ 45
マウイ・ブルーイング・カンパニー ‥ 47
マカナ ラニ ‥‥‥‥‥‥‥‥ 37
マグロ・ブラザーズ ‥‥‥‥‥ 132
マツモト・シェイブアイス ‥‥‥ 142
マヒナ＆サンズ ‥‥‥‥‥‥ 135
マルゴット ‥‥‥‥‥‥‥‥ 135
マンゴーマンゴー・デザート ‥‥‥ 17
モートンズ・ステーキハウス ‥‥ 130
モーニング・グラス＋コーヒー・カフェ ‥ 127
モケズ・ブレッド・アンド・
ブレックファスト ‥‥‥‥ 117

ら ラナイ＠アラモアナセンター ‥‥ 125
ラ・ベットラ ‥‥‥‥‥‥‥ 135

ラニカイ・ジュース ・・・・・・・・・・・ 115
リリハ・ベーカリー ・・・・・・・・・・・ 129
ルーズ・クリス・ステーキハウス ・・ 131
レインボー・ドライブ・イン ・・・・・ 116
レナーズ・ベーカリー ・・・・・・・・・ 129
わ ワイキキ・ブリューイング・
　　カンパニー ・・・・・・・・・・・・・・ 47
ワイキキマーケット ・・・・・・・・・・ 125
ワンハンドレッド セイルズ
　　レストラン&バー ・・・・・・・・・・・ 37

◆ ショッピング

あ アラモアナセンター ・・・・・・・・・・ 76
アロハーレン ・・・・・・・・・・・・・・・ 90
インターナショナル・マーケットプレイス ・・・ 78
ウクレレ・ストア ・・・・・・・・・・・・ 92
ウクレレ・ぷあぷあ ・・・・・・・・・・ 92
88ティーズ ・・・・・・・・・・・・・・・・ 85
ABCストア ・・・・・・・・・ 97／104／110
エンジェルズ・バイ・ザ・シー・・・ 83
か カイ・コーヒー・ハワイ ・・・・・・・ 106
カハラ ・・・・・・・・・・・・・・・・・・・ 89
カマカ・ウクレレ ・・・・・・・・・・・・ 93
クレイジーシャツ ・・・・・・・・・・・・ 84
ココネネ ・・・・・・・・・・・・・・・・・・ 86
コナ・ベイ・ハワイ ・・・・・・・・・・・ 88
コナ・マウンテン・コーヒー ・・・・・ 106
さ ザ・クッキーコーナー ・・・・・・・・ 107
サン・ロレンゾ・ブラジリアン・ビキニ
　　・・・・・・・・・・・・・・・・・・・・・・ 80
シグニチャー バイ ザ カハラホテル
　　&リゾート ・・・・・・・・・・・・・・ 108
ジャナ・ラム・スタジオ・ストア ・・・ 87
シュガー・シュガー・ハワイ ・・・・ 82
スプラッシュ・ハワイ ・・・・・・・・・ 80
ソーハリビング ・・・・・・・・・・・・・ 86
ソルト・アット・アワ・カカアコ ・・ 55／79
た ターゲット ・・・・・・・・・・・・・・・ 105
ダウン・トゥ・アース
　　・・・・・・・・・・・・ 97／104／109／110
T.J. マックス ・・・・・・・・・・・・・・ 103
デュークス・レーン・
　　マーケット&イータリー ・・・・・・ 105
ドジャース・クラブハウス ・・・・・・ 17
トリ・リチャード アラモアナ店 ・・・ 89
ドン・キホーテ ・・・・・・・・・・・・・ 103
な No.8 ジュエリー ・・・・・・・・・・・・ 94
ニーマン・マーカス ・・・・・・・・・ 100
ノースショア・ソープ・ファクトリー ・・ 68
ノードストローム ・・・・・・・・・・・ 101
ノードストローム・ラック ・・・・・・ 102
は ハウス・オブ・マナ・アップ ・・・・ 97
ハッピー・ハレイワ ・・85／109／110
ハレイワ・ストア・ロッツ ・・・・・・ 143
ハワイアナス ・・・・・・・・・・・・・・ 81
ハワイアンサウスショア ・・・・・・・・ 84

ビッグ・アイランド・キャンディーズ ・・・・ 107
ファイティング・イール ・・・・・・・・ 82
ブアラニ ・・・・・・・・・・・・・・・・・ 81
フィッシャー・ハワイ ・・・・・・・・・ 54
フィッシュケーキ ・・・・・・・・・・・・ 87
フードランドファームズ
　　アラモアナ ・・・・・・・・105／109／110
ブルー・ハワイ・ライフスタイル ・ 109
ベイリーズ・アンティークス&
　　アロハシャツ ・・・・・・・・・・・・・ 89
ホールフーズ・マーケット クイーン店
　　・・・・・・・・・・・・・・・・・・・ 52／97
ホノルル・クッキー・カンパニー ・・・ 107
ホノルル・コーヒー ・・・・・・・・・ 106
ま マーシャルズ ・・・・・・・・・・・・・ 102
マウイ・ダイバーズ・ジュエリー
　　・・・・・・・・・・・・・・・・・・・・・ 95
マキシ ・・・・・・・・・・・・・・・・・・ 95
マノア・チョコレート ・・・・・・・・・ 108
マノア・ラブ・デザイン ・・・・・・・・ 94
マヒナ ・・・・・・・・・・・・・・・・・・ 83
マリエ・オーガニクス ・・・・・・・・ 96
メイシーズ ・・・・・・・・・・・・・・・ 101
モニ・ホノルル ・・・・・・・・・・・・・ 85
ら ラニカイ・バス&ボディ ・・・・・・・ 96
レッド・パイナップル ・・・・・・・・・ 86
ロイヤル・ハワイアン・キルト ・・・ 91
ロイヤル・ハワイアン・センター ・・ 77
ロコ・ブティック ・・・・・・・・・・・・ 81
ロノ ゴッド・オブ・ピース ・・・・・・ 95
ロノハナ・エステート・チョコレート ・・ 108
ロベルタ・オークス ・・・・・・・ 83／88
ロングス・ドラッグス ・・・・・・・・・ 104
わ ワード・ビレッジ ・・・・・・・・・・・ 79
ワイキキ・ビーチ・ウォーク ・・・・ 77
ワイキキ・ビーチボーイ ・・・・・・・ 81

◆ エンタメ

あ エンターテインメント・ショー ・・・ 33
か キロハナ・フラショー ・・・・・・・・・ 17
ク・ハアヘオ ・・・・・・・・・・・・・・ 33
クヒオ・ビーチ・フラ・ショー ・・・ 33
さ スター・オブ・ホノルル
　　ディナー・クルーズ ・・・・・・・ 43
は ハウス ウィズアウト ア キー ・・・ 32
ヒルトンの花火ショー ・・・・・・・・ 41
ら ロイヤル・グローブ・
　　エンターテインメント ・・・・・・ 33
ロック・ア・フラ® ・・・・・・・・・・・ 42
わ ワイキキ・スターライト・ルアウ ・・・ 43

◆ ビューティ&リラックス

あ アクア・ネイル ・・・・・・・・・・・・ 98
アバサ・ワイキキ・スパ ・・・・・・ 58
か カフナ&マナ・マッサージ 2 ・・・ 59

さ サロン・シェリー ・・・・・・・・・・・ 99
な ネイルサロン・アイ ・・・・・・・・・・ 99
ネイルラボ ・・・・・・・・・・・・・・・ 98
は ピュア・ネイルズ ・・・・・・・・・・・ 99
ま モアナ ラニ スパ～ヘブンリー
　　スパ バイ ウェスティン～ ・・・・・・・ 58
ら ルアナ・ワイキキ・ハワイアン・
　　ロミロミ・マッサージ&スパ ・・・・・ 59
ロミノ・ハワイ ・・・・・・・・・・・・・ 59

◆ ホテル

あ アウトリガー・ワイキキ・
　　ビーチ・リゾート ・・・・・・・・・・ 160
アストン・アット・ザ・
　　ワイキキ・バニアン ・・・・・・・・・ 164
アストン・ワイキキ・
　　ビーチ・タワー ・・・・・・・・・・ 164
アロヒラニ・リゾート・
　　ワイキキ・ビーチ ・・・・・・・・・ 161
ウェイファインダー ワイキキ ・・・ 16
か カイマナ・ビーチ・ホテル ・・・・ 160
カライ ワイキキビーチ、
　　LXRホテルズ&リゾーツ ・・・ 16／162
クイーン カピオラニ ホテル ・・・・ 163
さ ザ・カハラ・ホテル&リゾート ・・ 161
ザ・モダン・ヒルトン・
　　バケーションクラブ ・・・・・・・・ 163
ザ・リッツ・カールトン・
　　レジデンス ワイキキビーチ ・・・・ 162
ザ・レイロウ・オートグラフ・
　　コレクション ・・・・・・・・・・・・ 163
シェラトン・ワイキキ・ビーチリゾート
　　・・・・・・・・・・・・・・・・・・・・・ 161
た ツイン フィン ワイキキ ・・・・・・・・ 163
は ハイアット リージェンシー ワイキキ
　　ビーチ リゾート&スパ ・・・・・・ 162
ハレクラニ ・・・・・・・・・・・・・・ 157
ヒルトン・ハワイアン・ビレッジ・
　　ワイキキ・ビーチ・リゾート ・・・ 160
フォーシーズンズ・リゾート・
　　オアフ・アット・コオリナ ・・・・・ 159
ま モアナ サーフライダー
　　ウェスティン リゾート&スパ ・・ 158
ら ロイヤル ハワイアン ラグジュアリー
　　コレクション リゾート ワイキキ ・・ 156

STAFF

● **編集制作 Editors**
K&Bパブリッシャーズ K&B Publishers

● **取材・執筆 Writers**
高橋靖乃 Yasuno Takahashi
上田由美 Yumi Ueda

デラクーバ浩世 Hiroyo De la Cuba
ミチ モイヤー Michi Moyer
袰岩奈々 Nana Horoiwa
山根英樹 Hideki Yamane
堀内章子 Shoko Horiuchi

森合紀子 Noriko Moriai
堀井美智子 Michiko Horii
山下涼香 Sayaka Yamashita
西連寺くらら Kurara Sairenji

● **撮影 Photographers**
村山博則 Hironori Murayama
石丸智仁 Tomohito Ishimaru
内田恒 Wataru Uchida
クニ ナカイ Kuni Nakai
酒井康 Sakai Yasushi

● **コーディネート Coordinate**
ホリコミュニケーション Hori Communication

● **カバー・本文デザイン Design**
山田尚志 Hisashi Yamada

● **地図制作 Maps**
トラベラ・ドットネット TRAVELA.NET

● **表紙写真 Cover Photo**
アフロ Aflo

● **写真協力 Photographs**
ハワイ政府観光局
PIXTA
iStock.com

● **総合プロデューサー Total Producer**
河村季里 Kiri Kawamura

● **TAC出版担当 Producer**
君塚太 Futoshi Kimizuka

● **エグゼクティヴ・プロデューサー Executive Producer**
猪野樹 Tatsuki Ino

おとな旅プレミアム
ホノルル

2024年7月8日 初版 第1刷発行

著　　　　者	TAC出版編集部
発　行　者	多　田　敏　男
発　行　所	TAC株式会社 出版事業部
	（TAC出版）

〒101-8383 東京都千代田区神田三崎町3-2-18
電話 03（5276）9492（営業）
FAX 03（5276）9674
https://shuppan.tac-school.co.jp

印　　　　刷	株式会社　光邦
製　　　　本	東京美術紙工協業組合

©TAC 2024　Printed in Japan　ISBN978-4-300-11283-0
N.D.C.299　　　　　　　　落丁・乱丁本はお取り替えいたします。

本書は、「著作権法」によって、著作権等の権利が保護されている著作物です。本書の全部または一部につき、無断で転載、複写されると、著作権等の権利侵害となります。上記のような使い方をされる場合には、あらかじめ小社宛許諾を求めてください。

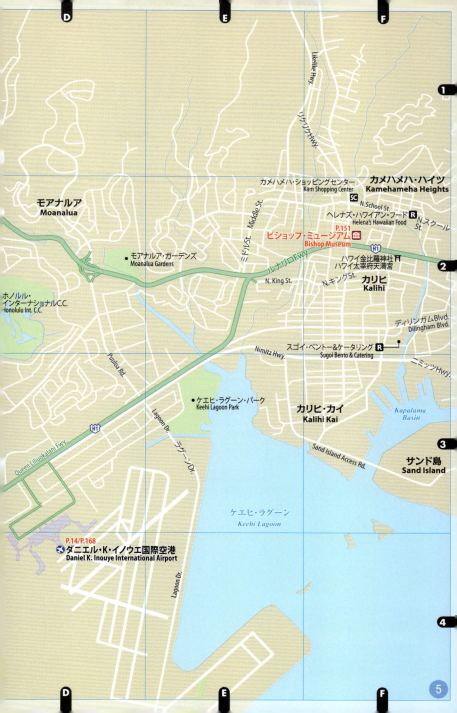

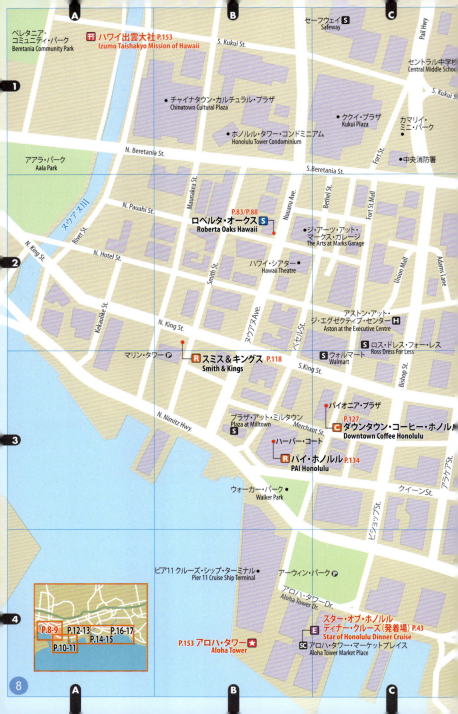

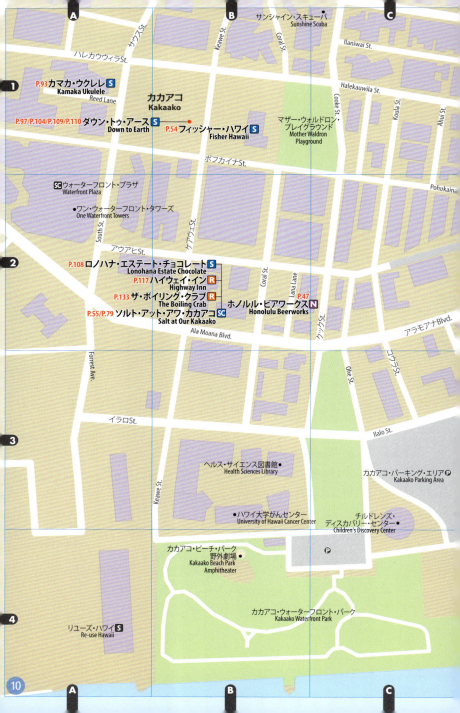

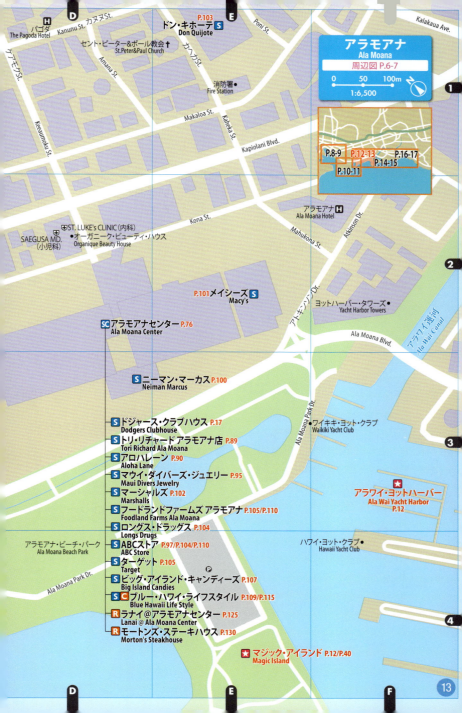

アラワイ・コミュニティ・パーク
Ala Wai Community Park

★ アラワイ運河 P.12
Ala Wai Canal

P.135 マヒナ＆サンズ R
Mahina & Sun's

Ala Wai Blvd.

アラワイBlvd.

P.38
R クリーム・ポット
Cream Pot

ウィンダム・バケーション・リゾーツ・
ロイヤル・ガーデン・アット・ワイキキ
Wyndham Vacation Resorts Royal Garden at Waikiki H

ココナツ・
ワイキキ・
ホテル
Coconut H
Waikiki Hotel

アロハ・タワーズ・コンドミニアム
Aloha Towers Condominium

サーフジャック・ホテル＆スイム・クラブ H
Surfjack Hotel & Swim Club

Kalakaua Ave.

H ホリデー・イン・エクスプレス・
ホノルル・ワイキキ
Holiday Inn Express Waikiki

R ディーン＆デルーカ ハワイ P.117
Dean & Deluca Hawaii Kuhio Ave.

P.47
N ワイキキ・ブリューイング・カンパニー
Waikiki Brewing Company

ダブルツリー・バイ・ヒルトン・ホテル・
アラナ・ワイキキ・ビーチ
DoubleTree by Hilton Hotel Alana Waikiki Beach

カラカウア王銅像
King David Kalākaua Statue

ホテル・ラ・クロワ
Hotel La Croix

クヒオ通り

H ザ・リッツ・カールトン・レジデンス
ワイキキビーチ P.162
The Ritz-Carlton Residences,
Waikiki Beach

カラカウア大通り

キング・
カラカウア・プラザ
King kalakaua plaza SC

P.17 パイナップル・カウンティー・マーケット R
Pineapple County Market

ラグジュアリー・ロウ SC
Luxury Row

アヴァンティ・シャツ S
Avanti Shirts

P.137 トミー・バハマ・レストラン＆バー N
Tommy Bahama Restaurant, Bar

S プラダ
Prada

Maluhia Rd.

P.38/P.110 エッグスン・シングス R
Eggs 'n Things

Post Office ワイキキ郵便局 ✉

リージェンシー・オン・ビーチウォーク・
ワイキキ・バイ・アウトリガー H
Regency on Beachwalk Waikiki by Outrigger

Beach Walk

カリアRd. Kalia Rd.

ブレーカーズ・ホテル H
The Breakers Hotel

ザ・グランド・アイランダー・
バイ・ヒルトン・グランド・バケーションズ
The Grand Islander by Hilton Grand Vacations H

P.77
ワイキキ・ビーチ・ウォーク SC
Waikiki Beach Walk

Lewers St.

Saratoga Rd.

E ヒルトンの花火ショー P.41
Hilton Fireworks

エンバシー・スイーツ・バイ・
ヒルトン・ワイキキ・ビーチ・ウォーク®
Embassy Suites by Hilton Waikiki Beach Walk®

E ワイキキ・スターライト・ルアウ P.43/P.138
Waikiki Starlight Luau at Hilton Hawaiian Village

P.33 ク・ハアヘオ
Ku Ha'aheo

カライ ワイキキビーチ、
LXRホテルズ＆リゾーツ H
Ka La'i Waikiki Beach,
LXR Hotels &Resorts
P.16/P.162

S コナ・マウンテン・コーヒー P.106
Kona Mountain Coffee

P.51
ワイキキ・ビーチ・ウォーク・
オープン・マーケット S
Waikiki Beach Walk Open Market

ドクターズ・オン・コール P.173
Doctors On Call

ハレ・コア・ホテル
Hale Koa Hotel

P.89 カハラ
Kahala Waikiki S

フォート・デ・ルッシー・
ビーチ・パーク
Fort DeRussy Beach Park

H ヒルトン・ハワイアン・ビレッジ・
ワイキキ・ビーチ・リゾート P.160
Hilton Hawaiian Village Waikiki Beach Resort

P.92 ウクレレ・ストア S
Ukulele Store

ハッピー・ハツミ・ヨガ
（集合場所）P.34
Happy Hatsumi Yoga

P.107 ホノルル・クッキー・カンパニー S
Honolulu Cookie Company

🏛 アメリカ陸軍博物館 P.154
U.S.Army Museum

ワイキキ・ショア by アウトリガー H
Waikiki Shore by Outrigger

P.131 ルースズ・クリス・ステーキハウス R
Ruth's Chris Steak House

P.31/P.123 ステーキ・シャック R
Steak Shack

● アトランティス・サブマリン
Atlantis Submarines Waikiki

アウトリガー・リーフ・ワイキキ・ビーチ・リゾート H
Outrigger Reef Waikiki Beach Resort

P.45 カニ・カ・ピラ・グリル R
Kani Ka Pila Grille

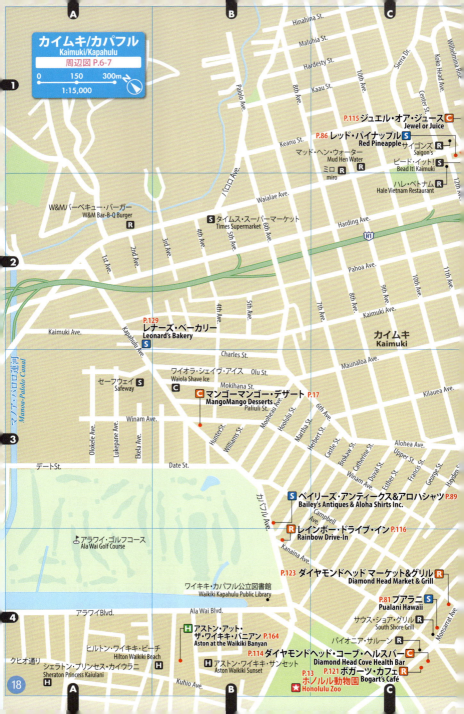

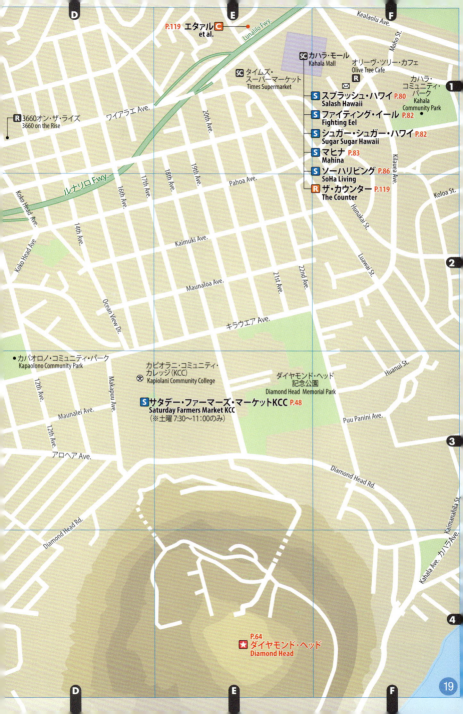

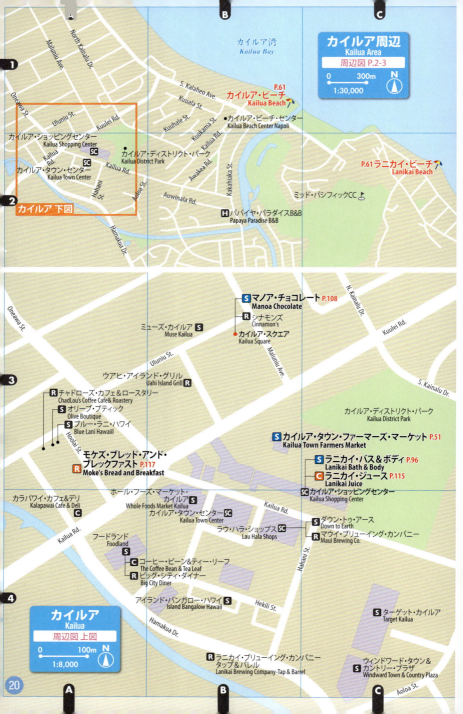

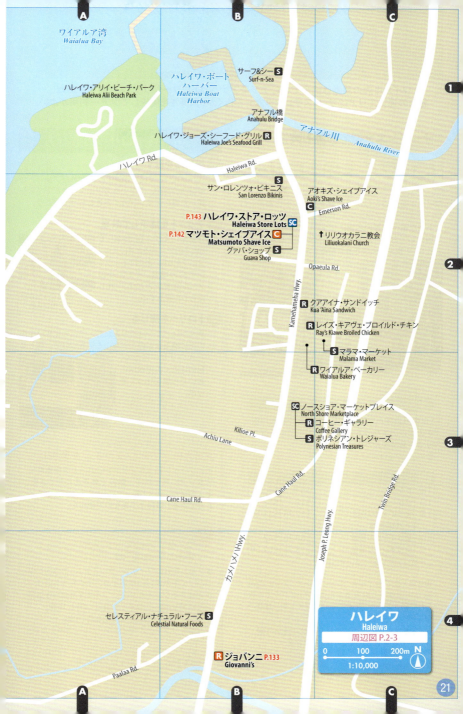

TRAFFIC INFORMATION
オアフ島内の交通

ワイキキ内の移動は徒歩でOK。アラモアナへはトロリーかザ・バスがおすすめだ。
島内の遠方エリアはザ・バスやレンタカーで行くか、気楽さを優先してツアー利用がよい。

オープンエア型で移動も爽快に

ワイキキトロリー
Waikiki Trolley

ワイキキを中心とした主な観光スポットを巡るトロリーバス。サンフランシスコのケーブルカーを模したレトロな車体が街の名物になっている。4つのラインが運行しており、ルートや停留所は変更も多いので、公式HPや観光案内所で最新情報を手に入れたい。

チケットの種類

1日乗り放題バスのみ車内でも現金で購入可能。そのほかのチケットは現地で入手できるほか、Webで事前購入できる。
🌐 https://waikikitrolley.com/jp/

期間	ライン	大人	子供
1日	ピンク	$5.5	$5.5
1日	グリーン	$19	$12.75
1日	全ライン乗り放題＋2日目無料	$57.75	$31.50
4日	全ライン乗り放題	$68.25	$42
7日	全ライン乗り放題	$78.75	$52.50

※子供は3〜11歳。2歳以下は無料

現地購入場所　ワイキキ・ショッピング・プラザ1階のトロリーチケット販売所またはツアーデスクでの購入も可能。トロリー車内では1日1ライン乗り放題バスのみ現金で販売。

ワイキキ・ショッピング・プラザ　メインロビー1階
ワイキキトロリー・チケット・カウンター
ワイキキ MAP 付録P.16 B-2
☎808-591-2561　⏰8:00〜17:00　休無休

ワイキキトロリーの乗り方

① 停留所を探す
「WAIKIKI TROLLEY STOP」と書かれたプレートが停留所の目印。チケットカウンターなどでバスを買った場合はマップガイドをもらっておこう。

② チケットを提示して乗車
停留所に人がいると停車してくれるので、乗るときにスタッフにチケット、またはオンライン予約の場合、Eチケットのメール画面かプリントアウトしたものを提示する。

車内では日本語アナウンスも

③ トロリーを降りる
乗車中はバギーは折りたたむ、子どもは車体中央の席に座るなどのルールにも気をつけて。降りるときのブザーはなく、目的地近くの停留所に着いたら席を立って降りる。

完全に止まってから席を立とう

JCBカードでピンクラインが無料に
ピンクラインはJCBブランドのカードを乗車時にスタッフに見せれば、無料で乗ることができる。本人のほか、大人1名、子ども2名まで同乗することができる。登録は不要なので便利だ。

 ### ワイケレショッピングツアー
Waikele Shopping Tour

ホノルル郊外のワイケレ・プレミアム・アウトレットとワイキキを1日2往復する、ワイキキトロリーが主催するシャトルバス。ワイキキ発は9時55分〜と11時55分〜、ワイケレ発は14時と16時。
チケット　$29。公式HPによる事前予約制。
出発場所　プリンス ワイキキ／ハレコアホテル前・ヒルトン ハワイアン・ビレッジ／カライ・ワイキキ・ビーチ／ワイキキ・ショッピング・プラザ／デューク・カハナモク像／ツイン フィン ワイキキ

ワイキキトロリーの路線

ライン名	色	運行時間	主な行き先
ピンクライン アラモアナ・ショッピング& ダイニングシャトル	ピンク	●1周約60分、約15分間隔で運行 ●始発10時〜19時15分発	ワイキキ・ショッピング・プラザ、 アラモアナセンター
レッドライン ダウンタウン・ホノルル、ハワイ の英雄と伝説ツアー	赤	●1周約110分、約60分間隔で運行 ●始発10時〜15時発	ホノルル美術館、チャイナタウン/ ダウンタウン、カメハメハ大王像、 ワード・センター
グリーンライン ダイヤモンドヘッドシャトル	緑	●1周約60分、約60分間隔で運行 ●始発7時30分〜13時30分発	ホノルル動物園、ダイヤモンド・ ヘッド・クレーター、KCCファー マーズ・マーケット
ブルーライン 東海岸周遊& ローカルグルメツアー	青	●1周約110分、約40分間隔で運行 ●始発8時30分〜13時50分発	ハロナ潮吹き穴、シーライフ・パー ク、カハラ・モール

小回りが利く自転車で街を走る

 ビキ biki

ホノルルを中心に展開するシェア型レンタルサイクル。
約130ある無人のbikiストップで、いつでも自由にレ
ンタルできる。自転車には鍵がないので、一時駐輪は
できない。 https://gobiki.org/japanese

料金プランの種類

以下のプランのほか、長期滞在者や在住者向けの
月額利用のプランも（公式HPより登録が必要）。

気軽に利用できる1回プラン

シングルライド　Single Ride

最初の30分は$4.50で、以降30分ごとに$5の延
長料金が加算される。

たっぷりサイクリングするならこのプラン

エクスプローラー　Explorer

300分(5時間)で$30のパス。300分以内であれば
何回でも使用可能。ただし、購入したパスの有効
期限は1年間。

bikiの乗り方

① bikiストップを探す

最寄りのbikiストップを公式
HPやアプリなどで検索。自
転車の脇に設置されている端
末の画面にタッチして、左上
の言語選択で日本語を選ぶ。

② プランを選択する

案内に沿って自転車の台数や
プランを選択。クレジット
カードまたはデビットカード
を奥まで挿入して、ゆっくりと引き出す。クレ
ジットカードの利用確認がOKだったら電話番号
（日本のもので可）、郵便番号（省略可）を入力。

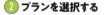
タッチパネル
を操作しよう

③ 乗車コードを入力

支払いが完了すると5桁
の乗車コードが発行され
るので印刷する。使用し
たい自転車のハンドル左
下にあるキーパッドに
コードを入力し、緑のラ
ンプが点いたら乗車OK。赤のランプが点いた場
合は再度挑戦して。コードは5分間有効なので、
間に合わなかった場合は端末に戻り「バスを持っ
ています」を選択して再度コードを発行する。

使用する自転車
は先に決めよう

④ 返却

目的地近くのbikiストッ
プで、車輪止めに自転車
をしっかり押し入れる。
緑のランプが点いたら返
却完了。

返却されたか、
しっかり確認

ワイキキトロリー路線図

- レインボー・ドライブ・イン
- カハラ・モール
- ダイヤモンドヘッド マーケット＆グリル
- KCCファーマーズマーケット（土曜日のみ停車）
- ダイヤモンドヘッド
- ダイヤモンド・ヘッド・サーフ・ルックアウト（車窓）

- パンチボウル（国立太平洋記念墓地）
- フォスター植物園
- 出雲大社
- ハワイ州庁前/イオラニ宮殿
- ホノルル美術館
- チャイナタウン/ダウンタウン
- カメハメハ大王像/イオラニ宮殿/カワイアハオ教会
- アラモアナ・ビーチ・パーク
- アロハ・タワー/ホノルル・ハーバー
- ワード・センター前（ワード・ビレッジ/ホールフーズ）
- アラモアナセンター（海側）
- ソルト・アット・アワ・カカアコ

島内をくまなくまわるローカルの足

ザ・バス　The Bus

オアフ島を網羅する公共のバスで、運行時間は6〜24時ごろ。路線数は多く、複雑だが、乗車距離にかかわらず1回$3なので交通費を節約することができる。ルートマップや時刻表はワイキキ中心の限られたABCストア、アラモアナセンターや各ホテルに無料のものがある。インターネットを利用できるなら、ザ・バスの無料アプリ「DaBus 2」やグーグルマップが最寄りの停留所や目的の便を探せるので便利だ。日本のように時刻表に正確ではないので、余裕をもって行動したい。

チケットの種類

旅行者が主に利用するのは以下の2つ。マンスリーパス$80などもあるが、事前購入が必要。

長距離になればなるほどお得になる

| 片道　One-Way Fare |

現金を運転席横の料金箱に投入する。乗り換えはできないので注意。
|購入場所|現金のみ（おつりは出ない）|
|料金|$3、6〜17歳$1.50、6歳未満無料。|

3回以上乗車するならお得な乗り放題パス

| ホロカード　HOLO Card |

ザ・バスの紙チケットが廃止になって導入された電子乗車カード。同日に3回以上乗車すると、自動的にワンデー・パス（$7.50）の扱いになり、翌日の午前2:59まで何回でも乗車可能で便利。
|購入場所|ザ・バス・パス・オフィス、シティーホール、ABCストア（一部店舗）、フードランド、タイムズ・スーパーマーケット、スカイラインの駅にある券売機|
|料金|ホロカードは$2で。購入時に最低$3の入金が必要。|

バスで気をつけたいマナー

飲食、喫煙は禁止。荷物はひざの上に乗る大きさまでなので、スーツケースなどは難しいが、ベビーカーは折りたためばOK。水着での乗車はNG。走行中の運転手への声かけはやめておこう。

バスの乗り方

1 バス停を探す

バスのイラストが描かれた黄色の看板が目印。日本と異なりバス停名などは書かれておらず、ポールなどに看板が打ち付けられているだけの簡素なものもある。繁華街では多くのバス停があり、ワイキキではクヒオAve.がバス通りになっている。

✎ 停車する路線の番号をチェック

2 バスに乗る

バス正面に表示されたバス番号と目的地を確認。前方の扉から乗車し、運転席横の料金箱に運賃を投入する。「PRIORITY SEATS」は優先席なので空けておこう。

✎ おつりは出ないので注意して

3 バスを降りる

目的のバス停に近づいたことをアナウンスや電光掲示板で確認。自信がなければ、乗り込むときに運転手に目的地を告げておこう。降車の合図は窓際に張られているワイヤーを引っ張るか、ボタンを押す。バスが停まり、扉上の緑のランプが点灯したら降車。扉の黄色の部分に軽く触れると自動で開く。前後どちらから降車してもよいが、基本的には後ろの扉から降りよう。

✎ ワイヤーを引いて運転手に合図

観光に便利な路線

路線番号／発着	おもな行き先
⑧ ⑳ ㉓ ㊷ など ワイキキ ➔アラモアナセンター	非常に便数が多く、いずれも10分ほどで到着する。8番バスはモンサラットAve.からアラモアナセンターを結ぶ使いやすい路線だ。
② ㉓ ワイキキ ➔ダイヤモンド・ヘッド	毎週土曜に開催されるKCCで開かれるファーマーズ・マーケットへ。23番はダイヤモンド・ヘッド入口まで行ける。
② ⑬ ⑳ ㊷ など ワイキキ ➔ダウンタウン	ダウンタウンを経由するルートはたくさんあり、2番、13番は本数も多い。イオラニ宮殿やチャイナタウン、ハワイ州庁舎前へ行く。
㊻ アラモアナセンター ➔カイルア	アラモアナセンター始発でカイルアの中心部まで約1時間。ラニカイ・ビーチに行くならカイルアで674番バスに乗り換える。
㊾ ㉖ アラモアナセンター ➔ハレイワ	アラモアナセンター始発。52番はドールプランテーションを経由する。60番はクアロア・ランチやポリネシア・カルチャー・センター、ワイメア・ビーチなどを経由する。
㉓ ワイキキ ➔シーライフ・パーク	23番はアラモアナセンター始発でダイヤモンド・ヘッド、カハラ・モールなどを経由。

気まま自由な旅にもってこい

レンタカー Rent a car

時間や距離を気にせず、行きづらい場所にもアクセスできる機動力が魅力。人数が多ければ交通費の節約にもなる。レンタカー会社には日本の問い合わせ先があるところも多いので、事前予約がおすすめ。コース検討も含め下準備はスムーズなドライブのキモとなる。

予約時に確認しておきたいポイント

運転免許証
ハワイでは日本の運転免許証があれば運転OKなレンタカー会社が多い。国際免許証が必要なら居住区の免許センターなどで取得できる。事故が起きた際に手続きがスムーズにいくので取得しておけば万全。

保険への加入
会社によりシステム・内容は異なるが、大手であれば予約時に自車両損害補償制度(LDW/CDW)、自動車損害賠償保険(LI/LP)は自動的に加入になることが多い。ほかにも任意で加入できる保険があるので、高額の医療費や盗難などに備え適宜加入しておくとよい。代表的なもので搭乗者傷害保険/携帯品保険(PAI/PEC)、追加自動車損害賠償保険(LIS/TPL)などがある。

チャイルドシート
ハワイの州法では9歳までの子どもはチャイルドシート、ブースターシートなどの利用が義務付けられている(約144cm以上の場合はシートベルト着用で可)。予約時にオプションで追加しておきたい。

主なレンタカー会社と車種
オアフ島の主な大手は、アラモ、エイビス、ダラー、ニッポン、ハーツ、バジェットあたり。いずれも空港とホノルル市街のどちらにも営業所がある。

運転制限の年齢に注意
ハワイのレンタカー利用年齢は21歳以上(一部レンタカー会社では20歳から可)、かつ免許取得後1年以上に制限されている。また、25歳未満のヤングドライバーは別途料金がかかる場合がほとんどだ。

レンタカー利用の手順

① 車を予約する
現地でも申し込めるが、人気の車種や繁忙期の車両確保を考えると日本で予約するのがよい。事前予約は割引になることもあるし、保険込みで選べるタイプなら現地での手続きも最小限で済む。届いた予約確認証は現地に持参する。

② 車を借りる
現地営業所へ。空港の営業所が到着ターミナルから離れている場合は、専用の送迎バスを利用。窓口で予約確認書、運転免許証、国際クレジットカード(デポジットとして)、パスポートを提示し、必要事項を契約書に記入する。

保険未加入ならここで確認

③ 車を返却する
ガソリンは満タンにして返す場合と、そのまま返却してから精算する場合がある。返却予定店舗に着いたら鍵を返し、車を点検してもらう。問題なければ明細書をもらって完了。

近くのスタンドを調べておこう

ガソリンの入れ方 (セルフサービスの場合)

① 車を停め、前払いする
車の給油口が給油機の前にくるように停車する。キャッシャーへ行き、給油機の番号、油種を伝えて必要な量のガソリンの料金を支払う。満タンにするなら$60前後が目安。クレジットカードの場合は給油機にカードを差し込み、画面の指示に従う。

給油機ごとに番号が付いている

② 給油開始
「Unleaded(無鉛)」のタイプをONにして、給油ノズルを給油タンクの注入口に挿入。メーター表示が「0」になっているか確認し、レバーを引く。満タンになると自動的に給油が止まる。

レバーは手動でも止められる

③ 給油完了、精算
現金の場合は、ノズルを戻して終了。クレジットカードの場合は同様にノズルを戻し、レシートが必要か不必要かを選択したら終了だ。

ドライブのマナーとトラブル対策

●右側通行／一方通行
ハワイの車両は右側通行で左ハンドル。左折時や発進時に注意。ワイキキは一方通行の道も多く、カラカウア大通りとアラワイ Blvd. が該当する。

●マイル表示／制限速度
車の速度や距離はマイルで表示。1マイル＝1.6㎞。制限速度は市内で25マイル（約40km/h）、ハイウェイで55マイル（約88km/h）。

●スクールバスの追い越し禁止
スクールバスが停止している間は、上下線とも停止して子どもの乗り降りを待たねばならない。中央分離帯があれば対向車線は停車せずともよい。

●ドライブ中の携帯電話使用禁止
運転中の携帯電話、電子通信端末の使用は禁止。

●赤信号で右折可能
赤信号でも安全を確認できれば右折可能。一時停止し、歩行者がいないかを確認しよう。ただし「NO TURN ON RED」の表示がある場合は不可。

●交差点の「STOP」と「4WAY」
信号のない交差点で「STOP」「4WAY（ALLWAYの場合もあり）」の表示がある場合は、一時停止し、交差点に入った車両から順に走行する。

●ヒッチハイク禁止
アメリカの法律ではヒッチハイクは禁止。自ら行わないのはもちろん、乗せないこと。

●駐車禁止ゾーン
「TOW AWAY」表示の場所、消火栓の前、赤・黄の縁石がある場所、障がい者用駐車スペースなど、ほんの一瞬でも違反切符が切られてしまう。

●子どもの放置
チャイルドシートなどの着用義務はP.28のとおり。12歳以下の子どもの放置も法的に禁じられており、車内に子どもを置いて出かけるのはNG。

●事故に遭った場合の対処
車を右の路肩に停車させ、警告灯を点ける。けが人を救護したら警察・救急（911）、レンタカー会社、保険会社に連絡し、指示を待つ。警察による事故報告書がないと保険はおりないので注意。

パーキングの種類

パーキング・メーター
路上などに設置されており、1時間$1.50程度で利用可。最長1～2時間までで、時間超過は駐車違反になるので注意。

バリデイテッド・パーキング
ショッピングセンターやホテルなどの駐車場を利用した場合、無料や割引になる仕組み。駐車券をカウンターに提出してスタンプやシールをもらう。

バレー・パーキング
スタッフに鍵を渡して車の出し入れをしてもらうシステム。ホテルやレストランに多く、チップが必要。

夜間や荷物が多いときに便利

タクシー Taxi

どこから乗る？
流しのタクシーはほとんどないので、ホテル入口やショッピングセンターの乗り場で拾おう。待機車両がいない場合は、乗り場に設置された専用電話機で手配可能。ホテルのフロントや、レストラン、ショップのスタッフに呼んでもらうのも手だが、チップを払うことを忘れずに。タクシー会社によっては日本語OKなところもあり、自分で電話して手配することもできる。

タクシーのドアは自分で開ける

チャーリーズ・タクシー Charley's Taxi
☎808-531-1331（日本語）、808-233-3333（英語）
営6～22時（日本語）、24時間（英語）

ザ・キャブ The Cab
☎808-422-2222　営24時間　※専用アプリでの予約も可能

ハナタクシー Hana Taxi
☎808-955-2255（日本語）　営24時間　※LINE予約も可能

料金はどのくらい？
通常はメーター制で会社により金額やシステムは多少異なる。観光地への定額料金を設定している会社も。いずれも15％程度のチップが必要で、サーフボードなど大きな荷物は1つにつき$6.40程度上乗せする。荷物をトランクに入れた場合も$1程度のチップを渡そう。

タクシー料金の目安

初乗り （1/10イル＝160mまで）	$3.50
以降、160mごと	$0.42加算
待ち時間45秒ごと	$0.746加算

自動車配車アプリ「Uber」「Lyft」

近年、世界的に普及しているライドシェアサービス。日本ではあまり普及していないためなじみがないが、乗車前に料金がわかる、スマートフォンでのカード決済、一般的にタクシーよりも安く済む、と利点は多い。アプリで現在位置と目的地、車種などを選択するためデータ通信可能な環境が必要。ダニエル・K・イノウエ国際空港2階には専用の乗降場が3カ所あり、いずれかが指定される。

ショッピングセンター見取図

アラモアナセンター ①
Ala Moana Center ▶本誌 P.76

ショッピングセンター見取図

アラモアナセンター❷
Ala Moana Center　▶本誌 P.76

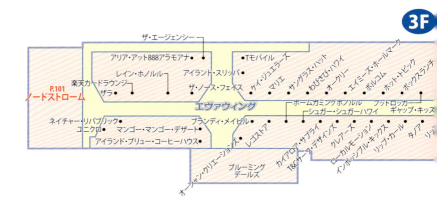

3F

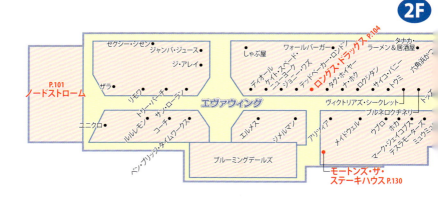

2F

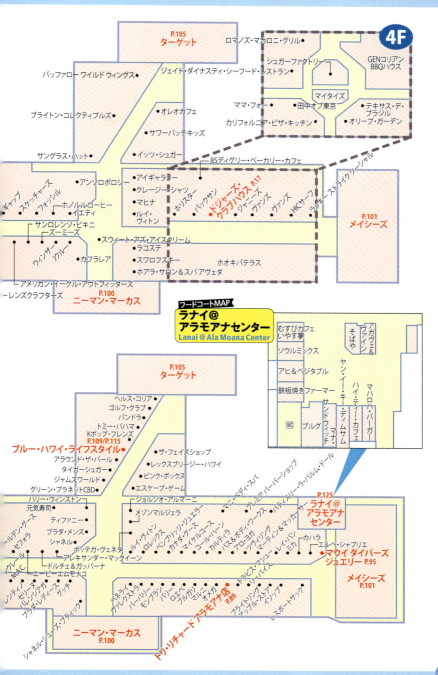

ショッピングセンター見取図
ロイヤル・ハワイアン・センター
Royal Hawaiian Center ▶本誌 P.77

ショッピングセンター見取図
インターナショナル・マーケットプレイス
International Marketplace ▶本誌 P.78

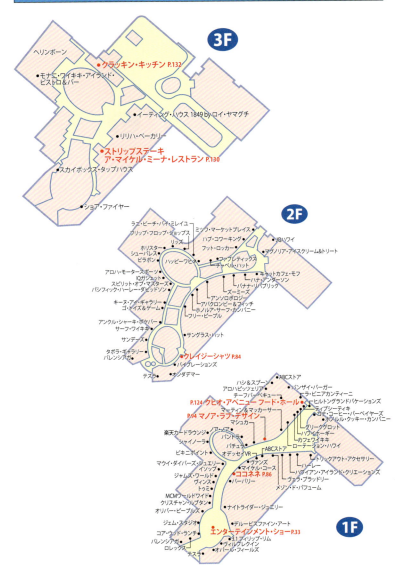

ワイキキ・ビーチ・ウォーク
Waikiki Beach Walk ▶本誌 P.77

旅の英会話
ENGLISH CONVERSATION

ハワイでは日本語が通じる店も多いが、現地の人と意思の疎通を図るために基本的な英語は覚えておきたい。

基本フレーズ

☐ をください(お願いします)。
☐, Please.
プリーズ

ex. コーヒーをください。
Coffee, Please.
コーフィー プリーズ

──────────

☐ はどこで買えますか。
Where can I get ☐.
ウェア キャナイ ゲット

ex. 水はどこで買えますか。
Where can I get mineral water?
ウェア キャナイ ゲット ミネラル ウォーター

──────────

☐ まで距離はどのくらいですか。
How far is it from here to ☐?
ハウ ファ イズィット フロム ヒヤ トゥ

ex. カイルアまで距離はどのくらいですか。
How far is it from here to Kailua?
ハウ ファ イズィット フロム ヒヤ トゥ カイルア

──────────

☐ へはどうやって行けばいいですか。
How do I get to ☐.
ハウ ドゥ アイ ゲットゥ

ex. ハレイワへはどうやって行けばいいですか。
How do I get to Haleiwa?
ハウ ドゥ アイ ゲットゥ ハレイワ

──────────

《タクシー内で》☐ まで行ってください。
To ☐, Please.
トゥ　プリーズ

ex. ハレクラニ・ホテルまで行ってください。
To Hotel Halekulani, Please.
トゥ ホテル ハレクラニ プリーズ

──────────

☐ 行きのバス乗り場はどこですか。
Where is the bus stop for ☐?
ウェア イズ ダ バス ストップ フォー

ex. ホノルル美術館行きのバス乗り場はどこですか。
Where is the bus stop for Honolulu Museum of Art?
ウェア イズ ダ バス ストップ フォー ホノルル ミュージアム オブ アート

──────────

このバス(トロリー)は ☐ へ行きますか。
Dose this bus(trolley) go to ☐?
ダズ ディス バス(トロリー) ゴートゥ

ex. このバスはダイヤモンド・ヘッドへ行きますか。
Dose this bus go to Diamond Head?
ダズ ディス バス ゴートゥ ダイヤモンド ヘッド

街なかでの会話

タクシー乗り場はどこですか。
Where can I get a taxi?
ウェア キャナイ ゲッタ タクスィー

《バス・トロリー内で》この席は空いていますか。
May I sit here?
メイアイ シット ヒア

両替はどこでできますか。
Where can I exchange money?
ウェア キャナイ エクスチェンジ マニー

写真を撮っていただけますか。
Could you take our pictures?
クッジュー テイク アワ ピクチャーズ

日本語を話せる人はいますか。
Is there anyone who speaks Japanese?
イズ ゼア エニワン フゥ スピークス ジャパニーズ

トイレはどこですか。
Where is the restroom?
ウェア イズ ダ レストルーム

ショッピングでの会話

見ているだけです。
I'm just looking.
アイム ジャスト ルッキング

試着してもいいですか。
Can I try it on?
キャナイ トゥライット オン

大きい(小さい)サイズはありませんか。
Do you have a bigger(smaller) one?
ドゥ ユー ハヴァ ビッガー(スモーラー) ワン

これはいくらですか。
How much is this?
ハウ マッチ イズ ディス

これをください。
I'll take this.
アイル テイク ディス

クレジットカードで払えますか。
Can I use a credit card?
キャナイ ユーズァ クレディット カード

領収書をください。
Can I have a receipt, please.
キャナイ ハヴァ リシート プリーズ

返品(交換)したいのですが。
I'd like to return(exchange) this.
アイドゥ ライク トゥ リターン(エクスチェンジ) ディス

38